정동 자본주의와 자유노동의 보상

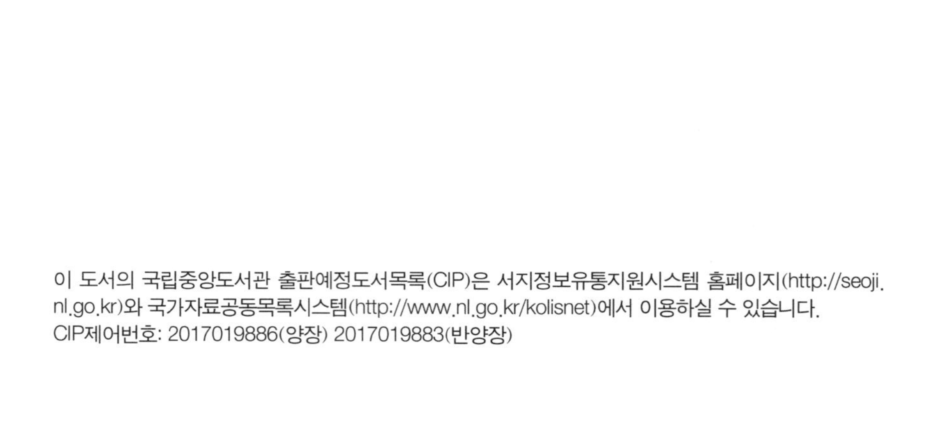

이 도서의 국립중앙도서관 출판예정도서목록(CIP)은 서지정보유통지원시스템 홈페이지(http://seoji.nl.go.kr)와 국가자료공동목록시스템(http://www.nl.go.kr/kolisnet)에서 이용하실 수 있습니다.
CIP제어번호: 2017019886(양장) 2017019883(반양장)

정동 자본주의와 자유노동의 보상

독점 지대, 4차 산업
그리고 보편적 기본소득

The Affective Capitalism and the Compensation for Free Labor
Monopoly Rent, Industry 4.0, and Universal Basic Income

이항우 지음

ℭ 차례

제1장

서론

현대 경제는 비물질재가 수익 창출의 핵심 원천이 되는 정동 자본주의(affective capitalism)로 전화하고 있다. 비물질재는 노동 생산물이 무형적이고 비물질적인 형태를 띠는 재화로 정의할 수 있는바, 일반적으로 지식, 정보, 정동, 소통, 관계, 문화, 혁신 등을 지칭하며, 가장 넓게는 사회구성원의 전반적 자질과 사회문화적 소양, 실용적·암묵적 지식과 경험, 사회관계와 상호작용의 질, 조직의 역량 등을 포괄하고, 좀 더 구체적으로는 연구 개발, 소프트웨어, 교육, 광고와 판촉, 로열티, 라이선스 등의 경제적 범주를 아우르는 개념이라 할 수 있다. 축적 양식의 측면에서, 정동 자본주의는 원료나 단순 노동과 같은 물질 요소보다는 지식이나 정동과 같은 비물질 요소에 대한 투자가 자본 축적의 관건이 되는 경제 체제이다. 지난 30여 년 사이에 주요 경제협력개발기구(OECD) 국가들이 물질 자산보다 비물질 자산에 대한 투자 비율을 더 많이 증대시켜온 것은 이러한 변화의 방증이다. 생산양식의 측면에서도, 정동 자본주의는 기업 내부의 위계적이고 수직적인 노동 분업보다는 전체 사회의 네트워킹을 통한 인구들 사이의 대규모 협업에 더욱 의존하는 경제 시스템이다. 비물질재의 생산을 위하여 개별 공장 담벼락을 넘어선 사회 전체의 긍정적 네트워크 외부성을 최대한 확보하는 것에 집중하는 경제인 것이다. 그리하여 오늘날 사회적 부와 가치 생산은 기존의 고용된 임금노동에 국한되지 않고 고용 관계 외부의 다양한 일상적·사회적 활동이 지닌 인지적·문화적·심미적·정동적 요소에 기인하는 것이 되고 있다.

그런데 정동 자본주의가 흥미, 평안, 만족, 긴장, 관심, 흥분 등과 같은 우리 몸과 마음의 활력으로 정의할 수 있는 정동(affect)의 관리와 개입을 통해 이윤을 축적한다는 점에서, 그것은 마라찌(2013)가 주장하는 '생명 자본주의(biocapitalism)'로 이해될 수도 있다. 오늘날 자본의 잉여가치 획득은 상품의 직접적 생산뿐만 아니라 유통과 소비 그리고 삶의 재생산과정 전반을 대상으로 조직되고 있다. 그래서 마라찌가 말했듯이, 경제의 핵심 불변자본은 종종 사회인구의 모든 일상 활동을 실시간으로 수집하고 분석하는 언어 기계로서의 알고리즘으로 대변되며, 가변자본은 소비, 생활 방식, 재생산, 상상력 등을 구성하는 사람들 사이의 관계, 감정, 욕망, 상호작용 등으로 표상된다. 그리고 상품의 가치도 생산에 투입된 노동의 양이라는 전통적인 정치경제학적 범주가 아니라 브랜딩(branding)과 관련한 사람들 사이의 관심, 공통 의견, 평판, 유행을 조직하는 활동, 즉 '폴리네이션(pollination, 受粉)'에 의해 결정된다(Boutang, 2011). 노동의 가치 법칙이 정동의 가치 논리로 대체되고 있는 것이다. 노동시간으로 측정되는 노동의 양이 전 세계 가치 생산에서 차지하는 비중이 1890년대에는 약 90%였다가 1990년대 초반에는 약 10%대로 떨어진 반면(Arvidsson, 2012: 140), 금융 시장에서 기업 수익 대 기업 시가 총액의 사이의 비율이 1950년대에는 약 1 대 2 정도였다가 최근에는 1 대 9 정도로 확대된(Arvidsson and Colleoni, 2012: 145) 것은 오늘날의 정동 자본주의가 디지털 네트워크 속 인구들의 일상적 생명 활동 전반을 자본 축적의 원천으로 삼는 경제임을 잘 보여주는 지표라 할 수 있다.

그런 점에서 정동 자본주의는 인류의 오랜 사회적·공통적 자원의 사유화, 즉 토지와 지식에 이은 최근의 정동에 대한 제3의 엔클로저에 토대를 둔 경제라 할 수 있다. 정동은 전통적으로 사람들의 개인적 관계나 소규모의 일차적 사회관계에 전형적인 현상으로 간주되었으나, 오늘날의 디지털 네트워크는 사적 정동이 공개적이고도 공식적으로 표출될 수 있는 공간을 확대하고 있으며, 자본은 인구들 사이의 관계와 소통에서 형성되고 유동하는 이러한 정동의 상품화와 화폐화를 이윤 창출의 새로운 주요 수단으로 삼고 있다. 그리고 구글(Google), 아마존(Amazon), 애플(Apple), 페이스북(Facebook) 등과 같은 대표적인 플랫폼 기업들이 이러한 변화를 선도하고 있다. 그런데 역사상의 모든 엔클로저가 자본에게 지대(rent) 수익을 가져다주었듯이, 정동 엔클로저도 이들 플랫폼 자본에게 막대한 지대 수익을 안겨주고 있다. 다시 말해서, 현대 경제에서 이윤은 점점 더 지대가 되고 있다. 플랫폼에서 유통되고 생산되는 거의 모든 콘텐츠와 데이터는 사용자들이 스스로 만들고 생성한 것들이지만, 그로부터 나오는 모든 경제적 부와 가치는 플랫폼을 제공한 자본에 의해 사적으로 전유된다. 예컨대, 2006년 11월 종업원 수 65명에 불과한 신생 기업 유튜브(YouTube)가 무려 16억 5000만 달러의 가격으로 구글에 매각된 것은 당시 자신이 만든 동영상을 올리고 서로 공유한 월간 평균 약 3400만 명의 방문자들에 의해 만들어진 세계 최대 동영상 사이트라는 브랜드 가치에 힘입은 바가 컸다. 하지만 구글과 유튜브 사이의 거래에서 콘텐츠와 데이터의 생산자들이 얻은 경제적 수익은 거의 전무하다. 지주와 마찬가지로, 자본은 더 이상 상품의 생산과정에는 직접적으로 개입하지 않으면서도, 단지 플랫폼을 제공했다는 이유로 생산된 가치의 대부분을 생산의 외부에서 가져가고 있는 것이다.

그런데 현대 자본주의의 이러한 지대 수취 경제로의 전환은 종종 1960년대의 히피 문화나 반전시위보다도 더 근본적인 저항 문화의 유산으로 평가받는 해커주의 동료생산 모델이 역설적이게도 자본의 혁신적 경영 전략으로 적극 채택된 데서 연원한 것이라 할 수 있다. 일반적으로, 1960년대의 해커(hacker) 문화로부터 많은 영향을 받아 출현한 동료생산은 개인들이 시장의 논리나 조직의 위계와는 독립적으로 서로가 공유할 수 있는 재화를 동등한 위치에서 자발적으로 협력하여 만들어내는 생산 방식을 가리키는 말이며, 1980년대 중반의 자유 소프트웨어(free software) 운동에서 본격화하기 시작했다. 해커 윤리(hacker ethic)는 정보의 자유, 반권위주의, 탈중심성, 실적 중심주의 등을 강조했고, 이는 소프트웨어의 자유로운 사용, 연구, 복제, 공유, 변경, 재배포를 보장하는 일반공중라이선스(General Public License: GPL)를 통해 지식과 정보의 공유를 실현하고자 한 카피레프트(copyleft) 운동으로 이어졌다. 최근까지 그누/리눅스(GNU/Linux), 아파치(Apache), 파이어폭스(Firefox), 펄(Pearl), 마이스퀼(MySQL), 센드메일(Sendmail), 오픈 디자인(Open Design), 프로젝트 구텐베르크(Project Gutenberg), 위키피디아(Wikipedia) 등의 다양한 동료생산 모델들이 등장했다. 이러한 과정에서 애초의 해커주의 윤리는 '참여', '협력', '공유'라는 광범위한 동료생산의 조직 원리로 확장되었지만, 2000년대 이래 자본은 이것을 새로운 이윤 창출의 주요 전략 요소로 삼기 시작했다. 동료생산에서 배울 것은 리눅스나 위키피디아 그 자체가 아니라 그것을 가능하게 만든 원리라 보고, 그러한 동료생산의 정동을 핵심 지렛대로 활용하는 다양한 웹 2.0 사업 모델을 만들어낸 것이다. 오늘날 '사용자-제작 콘텐츠(user-generated contents)'로 표상되는 동료생산 원리가 웹 2.0 자본 축적을 위한 유력하고도 효과적인 수사로 널리 동원되고 있는 상황은 애초 자본 권력에 매우 비판적이었던 해커주의 윤리와 동료생산의 정동이 종국적으로 정동 자본주의의 재생산 시스템에 굴복하고 순치된 한 가지 모습으로 이해될 수도 있을 것이다.

그리하여 최근의 정동 자본주의에서 계급적 모순은, 워크(Wark, 2004)가 말했듯이, 기본적으로 벡터 계급(vectoral class)과 해커 계급(hacker class) 사이의 대결로 대변될 수 있다. 벡터 계급은 정보재, 정보 흐름, 정보의 분배 수단을 소유한 정동 자본주의의 새로운 지배 계급이다. 그것은 음악, 영화, 방송, 출판, 신문 등의 부문에서 지적 재산권의 소유와 통제를 통해 막대한 지대를 축적하는 전통적인 콘텐츠 벡터(contents vector) 계급과 데이터베이스, 서버, 소프트웨어 서비스 등의 부문에서 플랫폼의 소유와 통제를 통해 커다란 새로운 지대 수익을 얻는 플랫폼 벡터(platform vector) 계급으로 나뉜다. 그리고 해커 계급은 일차적으로는 디지털 네트워크 사회의 하드웨어, 소프트웨어, 웨트웨어(wetware)를 직접 생산하는 사람들을 지칭하지만, 더욱 넓게는 예술, 과학, 철학, 문화를 포함한 일상생활 전반에서 많은 데이터, 정보, 아이디어, 지식을 만들어내는 일반적 사회인구 집단까지도 포괄한다. 콘텐츠 벡터 계급과 플랫폼 벡터 계급은 지적 재산권의 소유와 사용을 둘러싸고 종종 서로 대립하고 갈등하지만, 디지털 네트워크에서 창출되는 경제적 부와 가치는 그들 사이에서 대체로 원만하게 나눠진다. 반면, 정동 자본주의의 다양한 비물질재를 직접 생산하는 해커 계급은 자신들의 집합적 노동 생산물인 정보와 지식과 문화의 상품화와 사유화에 저항하고 그것의 자유로운 사용과 집합적 소유를 위해 싸운다. 더욱 중요하게, 흔히 '자유/무료 노동(free labor)'으로 불리는 디지털 네트워크 속 인구들의 분명한 가치 생산 활동은 사실상 플랫폼 기업들에 의해 사적으로 전유되어 정동 자본주의의 새로운 착취 형태와 관련한 중요한 문제를 제기한다. 플랫폼 이용자들이 아무리 스스로 좋아서 한 일이라고 할지라도, 그것이 생성한 방대한 양의 콘텐츠와 데이터를 플랫폼 기업들이 이용 약관에 대한 동의를 근거로 소유하고 통제하여 막대한 독점적 수익의 원천으로 삼는 것은 오늘날 '사회-공장' 시대에 주목해야 할 착취의 새로운 양태라 할 수 있다. 자유노동에 대한 화폐적 보상 방안으로 최근 '보편적 기본소득(universal basic income)' 관념이 부상하고 있는 것도 이러한 정동 자본주의와 착취라는 맥락 속에서 이해될 수 있다.

이 책은 정동 자본주의로 정의될 수 있는 현대 경제의 특징을 분석한다. 그것의 축적 체제, 생산양식, 노동, 가치, 착취, 보상 등의 문제를 구글과 페이스북 등의 플랫폼 기업 활동에 대한 경험 분석을 통해 고찰한다. 제2장에서는 구글과 페이스북으로 대표되는 오늘날의 플랫폼(platform) 경제가 정동의 엔클로저를 통한 독점 지대(monopoly rent) 수취 경제임을 밝힌다. 자본이 생산의 외부 요소가 되고 지대 추출에 집중함에 따라 이윤은 점점 더 지대가 된다. 지대 획득을 위한 경쟁이 매우 제한되는 상황에서 발생하는 독점 지대는 양질의 토지, 인간 활동의 중심지나 선망 장소, 지적 재산, 그리고 복제 불가능한 진품성과 특이성을 인정받은 대상 등에 토대를 둔다. 사용자 정동의 가시화와 서열화의 독창적 특허 재산인 구글의 페이지랭크(PageRank)와 페이스북의 에지랭크(EdgeRank) 알고리즘은 독점 지대 형성의 원천이 되며, 각기 검색과 사회관계 활동의 세계적 중심지인 구글과 페이스북 사이트는 광고와 금융의 막대한 독점 지대 추출 플랫폼이 된다. 이들 기업의 지적 재산은 본사-해외 자회사 간 사실상의 기업 내부 거래에서 독점 지대 확보의 효과적 장치로 활용되며, 그 과정에서 '더블 아이리시(Double Irish)'와 '더치 샌드위치(Dutch Sandwich)'라는 법인세 납부 회피 기법이 동원된다. 그러나 불로소득 우선 과세 원리를 근거로, '이윤의 지대되기(becoming rent of profit)'에 상응하는 법인세 특별부과세와 같은 적극적인 과세 수단을 모색할 필요가 있다.

제3장은 최근 많은 사회적 주목을 받고 있는 '동료생산(peer production)'에 관한 문헌 리뷰를 통해 동료생산이 현대 사회생활의 조직 방식 변화에 어떤 의의와 한계를 갖는지 탐구한다. '인지 자본주의(Cognitive Capitalism)', '네트지배 자본주의(Netarchical Capitalism)', '벡터 자본주의(Vectoral Capitalism)', '네트워크화된 정보 경제(Networked Information Economy)' 등과 같은 관념들은 동료생산 모델이 현대 자본주의 생산에 갖는 급진적 의미를 강조한다. 모듈화와 미세화에 바탕을 둔 동료생산의 분산성은 다양한 기술적·법적·문화적·조직적 통합 메커니즘에 의해 뒷받침된다. 비독점, 비시장, 공유 원리가 확산될 것이라는 낙관론이 등장하고 있지만, 동료생산이 오히려 시장 생산을 강화한다는 비관론도 적지 않다. 시장 친화성을 분명하게 밝힌 오픈소스(open source) 운동의 분기, 동료생산을 압도하는 웹 2.0 사업의 팽창, 지적 재산권 기한 연장 등과 같은 흐름이 비관론의 주요 근거이다. 임금 관계, 기업 위계, 시장 논리로부터 자유로운 생산 방식을 지향하는 동료생산이 영리기업들의 강력한 '공유 경제(sharing economy)' 구축의 지렛대로 활용되고 있는 것은 심각한 역설이다.

제4장은 위키피디아의 사례 분석을 통해 '집단지성(collective intelligence)'의 신뢰성 문제를 고찰한다. 위키피디아에 대한 비판은 흔히 그것이 반(反)전문가주의 혹은 반(反)엘리트주의적이며, 밴덜리즘(Vandalism)에 취약하기 때문에 기사의 신뢰성을 담보하기가 어렵다는 것으로 모아진다. 이 장은 위키피디아 신뢰성에 관한 기존의 검증 결과들을 소개하고, 위키피디아가 기사의 정확성과 신뢰성을 높이기 위해 어떤 행동 규범과 제도적 장치들을 운용하고 있는지를 살펴본다. 구체적으로, '중립적 관점', '검증 가능성', '독창적 연구 배제'라는 위

키피디아의 공식적인 세 가지 핵심 편집 원칙이 어떻게 집단지성의 원리를 구현하는 수단이 되고 있는지를 논의한다. 아울러, 위키피디아 기사의 양질성과 신뢰성 제고를 위해 도입된 일반 편집자, 관리자, 관료, 조정위원회의 상향적 위계 시스템, '밴덜프루프(VandalProof)', '위키스캐너(Wikiscanner)', '클린업 태스크포스(Cleanup Taskforce)', 양질의 동료 심사(Quality-based Peer Review), '위키피디아: 특집 기사들(Wikipedia: Featured articles)' 등과 같은 시스템이 집단지성의 조직화에 갖는 의의를 검토한다.

제5장은 구글에 대한 사례 연구를 통해 오늘날의 정동 자본주의가 어떻게 소비자의 관심과 정동을 이윤 창출 메커니즘에 통합시키는지를 분석한다. 정동 자본주의는 디지털 네트워크 속 행위자들의 정동 노동을 사적으로 전용한다. 정동의 산물이자 가시화 기술인 '페이지랭크'는 사용자의 경험, 감정, 태도, 생활 양식, 믿음 등과 같은 가능한 한 모든 형태의 정동을 구글 브랜드와 결합시키는 특허 재산이다. 구글의 정동 경제에서, 광고와 정보의 간격은 좁아지지만 개인 데이터와 프라이버시의 거리는 멀어진다. '무료'의 '더 나은' 검색을 위해 더 많은 정동 데이터가 수집 활용되어야 한다는 논리는 이메일과 같이 매우 사적인 영역조차도 구글의 통제권 아래 두는 공세적인 프라이버시 방침으로 이어진다. 구글 검색은 웹에서는 모든 것이 복제될 수 있다는 것을 하나의 원칙으로 만들었지만, 지적 재산의 '공정 이용(fair use)'이 정동 노동에 미치는 효력은 균등하지 않다. 또한 대부분의 일반 콘텐츠 생산자들이 만든 지적 재산은 플랫폼에서 보호받지 못하기 때문에, '안전 피난처(safe harbor)'는 가능한 한 많은 정동 노동을 플랫폼에 모음으로써 벡터 계급의 수익 분점을 뒷받침해주는 장치 이상의 의의를 갖지 못한다. 정동 경제의 착취 문제는 지불 노동의 회복보다는 공유체제의 강화 속에서 해결책을 찾아야 할 것이다.

제6장은 정동 자본주의 노동, 가치, 착취 개념에 관한 문헌을 검토하고, 정동의 가치 논리가 빅 데이터(big data) '폴리네이션'을 통해 어떻게 발현되는지를 탐구한다. 정동 경제에서 노동은 생산, 소비, 여가와 일상 활동 전반을 아우르는 개념으로 이해된다. 가치는 노동가치설의 본질주의적 관점보다는 재화에 대

한 공통 의견이나 평판의 형성과 같은 사회적 구성의 맥락에서 설명된다. 착취는 강제되고 소외된 노동의 임금과의 불균등 교환이라는 차원에서만이 아니라 사회적이고 공통적으로 생산된 가치에 대한 사적 포획 혹은 '자유/무료 노동' 생산물에 대한 자본의 전유라는 차원에서 규명된다. 정동 자본주의의 가장 최신 비물질재인 빅 데이터의 폴리네이션은 '21세기 천연자원', '인과성을 대체하는 상관성의 과학', '정부, 기업, 개인 모두에게 유익한 맞춤형 서비스 제공', '갈라파고스화 경계를 위한 규제 완화' 등과 같은 담론 기제를 통해 그것에 대한 정동을 끌어모으고 사회적 수용성을 높인다.

제7장은 애초의 가상(virtual) 영역을 넘어서 물리적(physical) 사물들의 네트워크까지도 포괄하는 오늘날의 사물 인터넷(Internet of Things: IoT) 시대에 데이터 소유권은 어떻게 이해되어야 하는지를 고찰한다. 사물 인터넷의 사회적 영향에 관한 최근 연구는 대체로 그것이 가져다줄 사회적 편익이라는 차원에서 설계되고 그것의 부정적 효과는 주로 프라이버시 침해 측면에 초점을 맞추고 있다. 반면, 사물 인터넷과 관련된 데이터의 소유권 문제와 데이터 사용을 통해 창출되는 수익의 배분 문제를 비판적으로 살펴보는 논의는 상대적으로 등한시되고 있다. 그런데 사물 인터넷의 거의 모든 것이 궁극적으로는 막대한 개인 데이터의 수집과 저장과 분석과 활용에 관한 것이라고 해도 과언이 아니다. 그리고 개인 데이터는 해당 개인이 동의한 범위 안에서만 다른 주체들의 소유권이 인정될 수 있다는 점에서, 개인 데이터의 다중적 소유권은 기본적으로 한정적인 것이라 할 수 있다. 따라서 사물 인터넷 속의 개인들은 거대 플랫폼과 데이터 기업의 수익 창출을 위한 마이크로프로세서로서가 아니라 자신들이 창출한 경제적 가치를 화폐적 형태로 정당하게 보상받을 수 있는 주체로 재정립될 필요가 있다.

제8장은 빅 데이터, 사물 인터넷, 인공 지능과 함께 이른바 4차 산업혁명의 핵심 요소로 간주되는 블록체인(Blockchain) 기술이 기존 사회관계의 중심화/탈중심화 동학에 미치는 영향을 냅스터(Napster)와 비트토렌트(Bittorrent) 등으로 이어져온 피어-투-피어(Peer-to-Peer, 이하 '피투피') 네트워킹 사례를 통해 살펴본

다. 이 장은 오늘날 사회생활의 거의 모든 부문이 컴퓨팅과 디지털 네트워킹에 의해 매개되면서 음악, 영화, 신문, 방송, 도서, 인터넷 플랫폼, 은행, 증권 거래소, 등기소 등 기존의 벡터 계급 혹은 중간자(middleman)들이 누리던 독점적 지위가 피투피 네트워킹에 의해 점점 더 도전받고 있는 것으로 본다. 무엇보다도, 컴퓨터와 이동 기기로 거의 항상 인터넷에 연결되어 있는 세계 대다수 인구가 이미 대규모 정보 생산과 배포의 물질적 수단과 경제적 비용을 스스로 책임지고 있기 때문이다. 그래서 이 장은, 한편으로는 탈중심적·분산적 피투피 네트워크를 구축하려는 다양한 실천들이 어떻게 진행되어왔으며, 다른 한편으로는 컴퓨터 네트워크를 클라우드 컴퓨팅과 같은 거대한 서버 중심의 중앙집중적 구조로 만들려는 노력이 어떻게 피투피 네트워킹을 통제하고 관리해왔는지를 보여줌으로써, 지난 수십 년간의 컴퓨팅과 네트워킹 과정이 인터넷의 탈중심화/중심화, 생산소비자/중간자, 해커/벡터 계급 사이의 끊임없는 충돌의 역사로 이해될 수 있음을 밝힌다.

제9장은 자유노동의 화폐적 보상 방안을 소액결제(micropayment) 시스템과 보편적 기본소득 관념을 중심으로 살펴본다. 네트워크 속 인구들의 자원적(自願的)이고 자발적인 활동과 상호작용으로 구성되는 자유노동은 현대 경제의 물질재와 비물질재 생산 모두를 포괄한다. 자율적 조직화라는 기본 작업 논리에서 수행되는 자유노동은 자본 기능의 생산과정 외부화 혹은 자본의 지대되기 경향을 가속시킨다. 부불(Unpaid) 노동이 창출한 사회적·공통적 생산물에 대한 자본의 사적 전유는 정동 자본주의 착취의 핵심 요소가 되며, 플랫폼 제공 기업이 요구하는 약관에 대한 동의는 사회관계 속에 배태된 강제성의 표식으로 해석될 수 있다. 콘텐츠 벡터 계급은 디지털 저작권 관리(Digital Rights Management) 기술의 도입으로 디지털 공유지의 엔클로저를 심화시키고 있는 반면, 소액결제 시스템이라는 시장주의적 접근을 통해 정동 자본주의 부와 가치의 불공정 분배 문제를 다루려는 다양한 흐름도 나타나고 있다. 그러나 보편적 기본소득 제도야말로 자유노동의 사회적 공통적 가치 생산 특성에 부합하는 적절한 화폐적 보상 방안이 될 수 있을 것이다.

이 책의 결론부에 해당하는 제10장은 최근 부상하고 있는 4차 산업혁명 담론을 정동 자본주의의 맥락에서 살펴본다. 우선, '산업 4.0(Industry 4.0)'의 핵심 기술 요소인 사이버 물리 시스템(Cyberphysical System), 사물 인터넷, 빅 데이터, 클라우드 컴퓨팅(Cloud Computing)의 특징을 살펴보고, 산업 기술과 생산력에 초점을 맞추는 산업혁명 담론을 생산을 조직하는 사회적 관계와 관련한 자본주의의 역사적 유형 담론과 연결시킨다. 이를 통해, 오늘날의 정동 자본주의가 1차 산업혁명에서 4차 산업혁명까지 자본주의적 생산의 점증하는 사회화의 최신 산물임을 밝힌다. 아울러, 사회의 경제적 부와 가치가 이른바 '사회-공장'에서 창출되는 경제에서, 이윤의 지대되기 경향은 더욱 강화되며, 그만큼 디지털 네트워크 속 인구들의 광범위한 자유노동에 대한 수탈도 심화되고 있음을 밝힌다. 이 장은 디지털 네트워크 속 인구들에 관한 실시간 정동 데이터의 수집과 분석과 활용을 통해 생산력 수준을 급격하게 높이고 있는 4차 산업혁명의 시대에, 보편적 기본소득 제도야말로 디지털 네트워크 이용자들의 자유노동에 대한 화폐적·물질적 보상의 유력한 방안이 될 수 있음을 주장한다.

마지막으로, 이 책의 몇몇 장들은 저자가 기존에 학술지에 발표한 논문들로 구성되어 있다. 구체적으로, 제2장은 ≪한국사회학≫ 50(1)호, 제3장은 ≪경제와사회≫ 99호, 제5장은 ≪경제와사회≫ 102호, 제6장은 ≪경제와사회≫104호, 그리고 제9장은 ≪경제와사회≫ 107호에 게재된 바 있음을 밝힌다.

제2장

'이윤의 지대되기'와 정동 엔클로저

1. 머리말

재산의 소유권에서 나오는 소득은 대부분 불로소득(unearned income)이다. 자신의 노력이나 기여와는 무관하게 얻게 된 소득, 경쟁에서 자유로운 독점력에서 생기는 소득, 인구 증가로 특정 지역이나 대상의 가치가 상승함으로써 발생하는 소득은 모두 불로소득에 속한다. 부동산 지대, 금융 이자, 주식 배당금, 지적 재산권 사용료 등은 그것의 대표 범주들이다. 근로소득과의 질적인 차이 때문에, 불로소득은 특별 과세와 같은 장치를 통해 사회적으로 환수하는 것이 마땅할 것 같지만, 현실은 오히려 정반대의 상황이 지배적이다. 대부분의 경제협력개발기구 회원국에서 자본소득에 대한 세율은 근로소득이나 법인소득에 대한 그것보다도 낮다. 예컨대, 미국의 근로소득세는 최고 55.9%이고 법인세는 최고 39%이지만, 자본소득세는 최고 23.8%에 머문다. 그리고 영국은 근로소득세 최고 45%와 법인세 최고 20%, 스웨덴은 각각 59.7%와 22%, 호주는 49%와 30%, 한국은 38%와 22%이다. 반면, 경제협력개발기구 회원국의 평균 자본소득세율은 18.4%에 불과하다(Forbes, 2015; KPMG, 2015; The Heritage Foundation,

2015). 불로소득에 대한 세율이 근로소득에 대한 그것보다 오히려 더 낮은 실정인 것이다. 이는 최근 경제의 중심축이 금융, 보험, 부동산 부문으로 이행한 헤게모니 질서의 반영이겠지만, 어쨌든 현대 경제가 광범위한 불로소득에 토대를 두고 있다는 사실을 보여주는 것임에는 분명하다.

금융 부문과 더불어, 수십 억 인터넷 사용자들의 자유노동을 활용하여 커다란 수익을 얻는 오늘날의 이른바 웹 2.0 플랫폼 경제도 이러한 불로소득 경제의 한 축을 형성한다. 예컨대, 구글과 페이스북은 사용자들에게 각각 검색과 사회관계망 서비스를 무료로 제공하는 대신 그들의 플랫폼 활동을 지속적으로 추적하고 체계적으로 분류하여 많은 맞춤형 광고 수익을 얻는다. 이들 기업의 사업모델은 흔히 사용자와 기업 모두에게 혜택을 주는 매우 성공적인 혁신으로 간주된다. 사용자들은 종종 자신에 관한 데이터를 이들 기업이 세밀하게 관리하는 것에서 프라이버시 침해를 우려하기도 하지만, 그것은 대개 검색과 사회관계망 서비스의 무료 이용에 대한 일종의 합당한 대가로 간주된다. 기업의 입장에서도, 서비스 제공에 소요되는 거의 모든 원료가 사용자 스스로가 생산한 콘텐츠와 데이터로 이루어져 있기 때문에, 서비스 무료 제공이 수익성을 크게 악화시킬 일은 별로 없다.

이것이 바로 플랫폼 기업과 사용자 사이의 '누이 좋고 매부 좋은' 관계를 뒷받침하는 경제심리적 구도이지만, 여기에는 중요한 비대칭성이 숨겨져 있다. 구글과 페이스북은 명확한 경제적 비용과 편익의 관점에서 플랫폼 사업을 전개하지만, 사용자들에게 플랫폼의 경제적 의미는 그다지 중요하지 않다. 그래서 종종 제기되는 플랫폼 기업들의 사용자 제작 콘텐츠와 데이터의 광범위한 활용에 대한 비판은 대부분 감시와 연관된 문제로 귀착될 뿐, 그러한 활용이 낳는 경제적 수익을 플랫폼 기업이 독점하는 것이 과연 온당한가라는 문제에는 좀처럼 이르지 못한다. 그러나 이러한 비대칭성으로 인해 잘 드러나지는 않지만, 플랫폼 이용자들의 콘텐츠와 데이터 생산 노동은 플랫폼 기업들에 많은 불로소득을 가져다주고 있는 것이 사실이다.

이러한 불로소득의 문제는 최근 수 년 간 인터넷 플랫폼 수익의 지대적 성격에 주목하는 일련의 연구들에 의해 직·간접적으로 다루어진 주제다(Pasquinelli, 2009; 강남훈, 2008; 백욱인, 2014; 신병현, 2014). 지대는 일반적으로 토지, 장소, 그리고 특허나 저작권 등과 같이 공식적 특권에 의해 형성된 자산의 사용 비용이나 그것으로부터 얻게 된 소득을 일컫는다. 그런데 오늘날 그것은 디지털 네트워크에서 창출되는 가치의 전유 과정에 대한 설명에도 적용될 수 있다. 실제로, 디지털 공간의 특정 노드에 많은 사람들이 모이게 되면 수요의 집중에 의한 지대가 발생하는 것으로 간주되는가 하면(강남훈, 2008; Pasquinelli, 2009), 신자유주의 금융화는 디지털 네트워크 속에서 고용 관계 외부의 다양한 비노동 영역(일상생활, 웹 서핑, 소비, 브랜드 평가 등)을 가치 창출 기제 속으로 포섭시킴으로써 지대 수익을 얻는 것으로 평가되기도 한다(신병현, 2014). 또한, 디지털 플랫폼 이용자들이 생산한 콘텐츠와 데이터가 플랫폼 제공자에게 일종의 현물 지대로 양도되는 것으로 이해되는가 하면(백욱인, 2014), 플랫폼 지대의 실체는 모든 이용자들의 소득 일부가 사회적으로 이전된 것으로 설명되기도 한다(강남훈, 2008). 이러한 논의들은 대체로 플랫폼 지대를 사회적·공통적으로 생산된 초과이윤이 플랫폼 소유자에게 사적으로 이전된 결과물로 본다는 점에서 플랫폼 수익의 불로소득적 성격에 주목하고 있는 것으로 이해될 수 있다. 플랫폼 지대를 이처럼 "사회 전체에서 생산된 잉여가치의 공제, 혹은 교환을 통한 총 잉여가치의 재분배"(Harvey, 1982: 350)로 볼 수 있다면, 그러한 '공제'와 '재분배'가 과연 얼마나 적정한 것인지는 사회적으로 충분히 검토될 필요가 있다. '공제'와 '재분배'의 근거는 무엇인지, 그것의 불로소득적 성격은 무엇인지, 그리고 그것에 대한 정당한 과세 혹은 사회적 환수 필요성과 방법은 무엇인지 등에 관한 논의가 이루어져야 한다는 것이다. 특히, 토지 불로소득에 관한 헨리 조지(Henry George)의 지공주의(地公主義) 사상이 어떻게 인터넷 플랫폼의 불로소득에 대한 과세에 적용될 수 있는지를 따져볼 필요가 있다(길준규, 2005; 김윤상, 2005; 이우진, 2009; 임윤수, 2006).

이 책은 구글과 페이스북의 사례를 통해 오늘날의 디지털 플랫폼 경제가 어떻게 독점 지대 수취에 의존하는지를 밝히고, 그것의 불로소득이 어떻게 사회적으로 환수될 수 있는지를 살펴보고자 한다. 구체적으로, 이 연구는 '이윤의 지대되기'를 현대 경제의 두드러진 특징으로 파악하고, 그것을 '독점 지대 추출'과 자본의 '생산 영역 외부 요소화'를 중심으로 살펴본다. 그 속에서 오늘날의 웹 2.0 경제가 광범위한 정동 엔클로저를 통한 독점 지대 창출에 의존하고 있음을 밝힌다. 다음으로, 이 연구는 구글과 페이스북의 독점 지대 수취 경제가 어떻게 알고리즘, 플랫폼, '구글세(Google Tax)' 문제와 연관되는지를 분석한다. 마지막으로, 법인의 부동산 거래 수익에 대한 특별 과세 장치인 법인세 특별부가세와 같은 제도적 방안이 웹 2.0 플랫폼 경제에 도입되어야 할 필요성에 관하여 논의한다.

2. '이윤의 지대되기'

1) 독점 지대 추출

하비가 밝혔듯이, 모든 지대는 "지구 상의 특정 부분에 대한 사적 소유자의 독점적 권력에 토대를 두고 있다"(Harvey, 1982: 349). 재산의 독점적 소유권자는 가치 생산의 외부에서도 자신의 소득을 강제할 수 있다. 다양한 지대 형태를 토지에 한정하여 살펴보면, 우선 절대 지대(absolute rent)는 토지를 소유하고 있다는 사실만으로 토지 소유자가 강제할 수 있는 소득이다. 토지의 생산성이 아무리 낮더라도 그것을 무료로 다른 사람에게 빌려주는 지주는 없다는 점에서, 모든 토지는 지대를 징수할 수 있는 것으로 볼 수 있다. 또한 자본의 자유로운 유입을 막는 체계적인 장벽이 세워질 때 절대 지대는 발생할 수 있다. 다음으로, 차액 지대(differential rent)는 토지의 비옥도나 산출량의 차이에서 발생하는 지대다. 그것은 도심에 가까운 토지가 그렇지 않은 토지에 비해 더 높은 가치를 가질 수 있는 것처럼 위치적 요인에 의해서도 형성될 수 있다. 마지막으로, 독점 지대는 특정 토지의 생산물이 갖는 독점 가격에서 발생하는 지대다. 특정 토지가 지닌 독특하고도 예외적인 양질성이 경쟁을 제한하고 독점 가격을 실현할 때 독점 지대가 창출될 수 있다.

많은 연구자들은 지대 관념이 토지 부문을 넘어서서 적용될 수 있다고 보며, 오늘날의 네트워크화된 정보 경제의 특징을 그것을 통해 설명한다. 그러나 과연 그것이 어떤 종류의 지대인지에 대해서는 아직 합의된 견해가 없다. 강남훈(2008)과 파스퀴넬리(Pasquinelli, 2009)는 토지의 비옥도나 위치로부터 차액 지대가 발생하듯이, 네트워크 속의 중심성이나 접근성으로부터 차액 지대가 발생할 수 있다고 본다. 그런데 모든 차액 지대의 원천은 일차적으로 특정 장소가 갖는 생산성의 자연적 우위성에 있다(Harvey, 1982: 356). 따라서 구글과 같은 네트워크 자본이 누리는 초과 이윤을 차액 지대로 볼 수 있으려면, 그것의 영구적인 자연적 우위성이 무엇인지를 밝힐 수 있어야 한다. 네트워크 자본은 중심성, 접근성, 수요의 집중 등에서 지대를 얻는다고 말할 수는 있겠지만, 그렇다고 해서 그것들이 무엇보다도 영구적인 자연력의 차이에서 비롯되었다고 말하기는 어렵다. 디지털 네트워크는 어떤 구성 부분도 천부적인 생산력의 차이를 갖지 않으며, 어떤 장소도 중심이 될 수 있을 정도로 물리적 접근성이 거의 문제가 되지 않는다는 점에서, 차액 지대 개념을 디지털 네트워크 경제에 적용하는 것은 별로 적절해 보이지 않는다.

대신, 개별 네트워크 자본이 제공하는 서비스의 특출함이나 탁월성 때문에 중심성이나 수요의 집중이 발생하게 되었고, 그것이 지대 형태의 초과 이윤을 얻는 것을 가능하게 했다고 볼 수 있다. 실제로, 젤러는 사유화된 지식과 정보에서는 차액 지대가 출현할 수 없다고 주장하는바, 지식과 정보는 그 자체로 독특하며, 각기 특수한 목적의 상품생산에 특수한 방식으로 사용되기 때문이다(Zeller, 2008: 98). 정보 경제에서 지대는 결국 각각의 특이한 재화와 서비스가 소비자들로 하여금 독점 가격을 감당하게 할 정도로 어떤 탁월한 속성을 각인시키는가의 여부에 달린 것이라 할 수 있다. 따라서 네트워크 자본이 누리는 지대는 서비스의 특이성이나 예외적 양질성과 연관된 개념인 독점 지대로 설명하는 것이 더욱 적절해 보인다.

하비에 따르면, 독점 지대는 "어떤 중요한 측면에서 독특하고 복제 불가능한, 직·간접적으로 거래할 수 있는 물품에 대한 배타적 통제를 통해 오랜 기간 높은 소득을 실현할 수 있기 때문에 나타나는"(Harvey, 2003: 94) 소득이다. 차액 지대와 달리, 그것은 재화와 자원의 특출함으로 인해 독점 가격이 실현될 수 있을 때 발생한다. 최상질의 포도밭에서 생산되는 와인이나 인구밀집 지역의 고급 주택에서 나오는 초과 이윤은 독점 지대라 할 수 있다. 독점 가격을 강제할 수 있는 한, 양질의 토지나 인간 활동의 중심지나 선망의 대상이 되는 장소는 독점 지대를 발생시킬 수 있다. 실제로 오늘날 초국적 자본이나 투기적 목적의 금융 자본은 그러한 토지와 장소에 대한 투자를 통해 막대한 양의 독점 지대를 수취하고 있다. 토지와 더불어, 지적 재산권도 독점 지대 수취의 주요 원천이다. 지적 재산권은 각기 특이한 지적 재화에 대한 인위적 희소성을 창출하고 대체재로부터의 직접적 경쟁을 제한함으로써 소유자에게 독점 지대를 가져다준다. 그런데 오늘날의 웹 2.0 경제에서 소프트웨어가 독점 지대를 창출하는 방식은 이전의 그것과는 매우 다른 점이 있다. 마이크로워드나 엑셀과 같은 전통적 소프트웨어는 기업 내 연구 개발과 새로운 버전의 출시라는 패키지 소프트웨어 모델에 따라 생산되는 반면, 구글의 페이지랭크나 페이스북의 에지랭크와 같은 웹 2.0 소프트웨어는 집단지성의 활용과 사용자 반응의 실시간 반영과 업그레이드라는 서비스 소프트웨어 모델에 따라 생산된다. 그리하여, 최근의 독점 지대 창출에서는 소프트웨어의 '독점'뿐만 아니라 광범위하고도 자유로운 '사용'도 매우 중요해진다. 한편으로, 웹 2.0 소프트웨어는 특허 재산으로서 전통적 방식의 지적 재산권 수익을 창출하지만, 다른 한편으로, 검색과 사회관계망 활동에서 표출되는 실시간 정동의 관리와 활용이라는 새로운 방식의 독점 지대 수취를 가능케 하기 때문이다.

그런데 복제 불가능한 진품성, 독창성, 특이성 등과 같은 문화적 상징적 의미를 각인시킬 수 있다면, 다양한 물리적 대상들도 독점 지대를 창출할 수 있다. 하비에 따르면, "지구화된 시장 전체는 사유 재산의 독점적 특권을 지속할 뿐만 아니라 상품들을 비교 불가능한 것으로 묘사함으로써 독점적 지대를 추출하려

한다"(Harvey, 2003: 100). 역사적으로 형성된 문화재, 삶의 방식, 인간 생활의 자연적 인문적 환경은 모두 복제 불가능한 특이성이라는 상징 자본의 구축을 통해 독점 지대를 얻을 수 있다는 것이다. 파리, 런던, 뉴욕, 아테네, 로마 등의 관광 산업이 거두어들이는 수익은 그러한 도시들이 지닌 집합적 상징 자본에서 나오는 것이며, 그러한 상징 자본은 각 도시의 특이성과 유일무이성에 대한 사회적 담론 구성의 결과물이라 할 수 있다. 이러한 논리를 연장하면, 현대 경제에서 기업과 상품의 브랜드 가치가 갖는 중요성도 독점 지대 관념으로 설명할 수 있다. 윌모트에 따르면, 역사적으로 브랜드의 경제적 가치는 세 가지 단계를 거치며 확대되어왔다. 첫 번째 단계에서, 브랜드는 주로 상품의 신뢰성을 담보하는 수단으로 활용되었다. 두 번째 단계에서, 그것은 경쟁 브랜드와 확실히 구분되는 상징적 의미를 구축함으로써 상품의 프리미엄 가격을 획득하는 장치로 활용되었다. 세 번째 단계에서, 브랜드는 상품의 직접적 판촉을 넘어서서 금융시장에서의 기업의 가치 평가에 매우 중요한 요소가 되었다. 브랜드는 금융 시장에서 기업이 자신의 물질적 자산이 가진 가치 이상으로 거래될 수 있도록 하는 전략적 무형 자산이 된 것이다(Willmott, 2010: 523). 이러한 사실은 주요 기업들의 시가 총액에서 브랜드 가치가 차지하는 비중을 통해 확인할 수 있는데, 2005년 현재 주요 기업들의 시가 총액에 대한 브랜드 기여율은 맥도널드 71%, 디즈니 68%, 코카콜라 51%, 노키아 51%, 아이비엠(IBM) 39%, 인텔 22%, 마이크로소프트(Microsoft) 21%인 것으로 알려져 있다(Willmott, 2010: 530). 성공적인 브랜드가 상품의 매출이나 기업의 시장 가치 평가에 커다란 긍정적 기여를 한다면, 이는 기본적으로 해당 브랜드가 다른 경쟁 브랜드에 비해 소비자들로부터 독보적이고 우월적인 의미를 인정받았다는 사실에 기인한 것이라 할 수 있다. 요컨대, 브랜드는 오늘날의 경제에서 독점 지대 획득의 관건적 요소가 되었다.

그런데 이처럼 상품의 문화적·상징적 가치를 부각시킴으로써 독점 지대를 획득하는 전략은 현대 경제의 광범위한 정동 엔클로저와 긴밀하게 결부되어 있다. 흔히 "정신과 육체 모두에 깃든 편안함, 안녕, 만족감, 흥분 등과 같은 삶의 활력"(네그리·하트, 2008: 158)으로 이해되는 정동은 시장에서 거래되는 모든 상품에 대한 소비자들의 관심과 애착과 평판 형성의 토대가 되고 있다. 점점 더 많은 기업들이 이러한 정동의 실시간 흐름을 포착하고 관리하고 활용함으로써 수익을 얻는 것에 집중한다. 그리하여 정동은 "소비자의 욕망, 감정, 선호에 영향을 미칠 수 있도록 생산적으로 조정되고 조종될 수 있는 일상적 감정"(Andrejevic, 2011a: 615)이 되었고, 자본은 그것에 대한 상업적 통제와 관리로부터 창출되는 거의 모든 경제적 부와 가치를 사실상 독점한다. 토지에 대한 엔클로저가 토지와 노동력을 자본주의적 상품으로 전환시키기 위해 공통적인 것을 몰수한 과정이었다면, 지식과 정보에 대한 엔클로저는 인간이 오랜 시간에 걸쳐 사회적·공통적으로 생산하고 축적한 지적 자산을 사유화하고 몰수하는 과정이었다. 이러한 엔클로저는 오늘날 디지털 네트워크 속 인구들 사이의 관계와 소통에서 형성되고 공유되는 정동의 상품화와 사유화로 더욱 확장되고 있다. 정보 검색과 사회관계망으로 각기 대변되는 구글과 페이스북의 정동 경제는 이러한 디지털 자본주의의 새로운 모범으로 자리 잡았으며, 수많은 전통적 기업들도 디지털 네트워크가 제공하는 플랫폼을 통해 사용자와 소비자의 정동을 독점 지대 수취의 지렛대로 삼는 경영 전략을 적극적으로 도입하고 있다.

2) 자본의 '생산 외부적 위치'

토지와 지식에 이은 정동의 엔클로저는 현대 경제의 금융화와 결합하여 '지대의 완전한 귀환' 혹은 '이윤의 지대되기' 경향을 강화한다(마라찌, 2013; Hardt, 2010; Pasquinelli, 2009; Vercellone, 2008). 지대를 재산의 독점적 소유권에서 발생하는 소득으로 본다면, 사실 지대와 이윤이 서로 근본적으로 다른 개념이라고 말하기 어려운 측면이 있다. 이윤도 궁극적으로는 자본의 독점적 소유권에서 획득되는 것이기 때문이다. 그럼에도 불구하고, 지대와 이윤은 통상 재산 소유자가 가치 생산과정에 직접적으로 개입하는가의 여부에 따라 서로 구분되는 것으로 이해되어왔다. 지대는 대체로 재산 소유자가 가치 생산과정 외부에서 다른 수단에 의해 생산된 가치를 단순히 추출한 결과인 반면, 이윤은 재산 소유자가 협력 노동이나 규율 체제 부과 등과 같이 생산과정에 직접 개입하여 얻은 수익으로 간주되어왔던 것이다. 그런데 현대 경제에서는 이러한 이윤과 지대 사이의 경계가 점점 더 모호해지고 있다. 베르첼로네(Vercellone, 2008)는 지대의 완전한 부활과 증식 그리고 이에 따른 지대와 이윤 사이의 경계 해체, 즉 '이윤의 지대되기'를 현대 자본주의의 주요 특징으로 간주한다. 핵심 근거는 노동가치설의 위기와 자본의 경영 기능과 독립적으로 수행되는 노동 협력의 확대다. 그에 따르면, '이윤의 지대되기'는 마르크스가 『자본론』 3권에서 제기한 명제인데, 마르크스는 자본을 '소유'와 '기능'의 두 영역으로 나누고, 신용 및 주식회사의 발전이 자본의 소유와 경영 사이의 분리를 더욱 심화시켰다고 보았다. 그리고 자본 소유는 토지 지대와 유사한 성격, 즉 노동의 조직화와 관련한 어떠한 기능도 수행하지 않으면서도 생산된 잉여가치를 생산 영역의 외부에서 추출하는 지대와 같은 성격을 지니게 된다고 주장했다. 나아가, 그는 자본의 경영 기능조차도 특유의 지식을 갖춘 노동자들이 자본과는 독립적으로 스스로 협력생산을 조직할 수 있는 '일반 지성(general intellect)'의 등장으로 인해 생산에 불필요한 요소가 된다고 보았다. 요컨대, 마르크스는 자본은 소유와 경영의 양 측면에서 모두 비생산적인 것이 되며 자본의 지대되기는 불가피한 것이라고 전망한 것이다. 베르첼로네는 포드주의의 산업 자본주의 시대에는 금융 시장에 대한 통제, 토지 지대에 대한 누진세, 화폐 공급 관리, 구상과 실행의 분리에 토대를 둔 경영 논리의 우세, 고정자본에 대한 강조와 지적 재산권의 제한 등으로 인해 지대는 매우 주변적인 요소로 남았다고 주장한다. 그런데 이러한 질서는 포드주의의 위기와 함께 균열되는바, 한편으로는 생산의 외부에서 잉여가치의 일부를 가져가는 다양한 형태의 재산권과 신용의 역할이 강화되고, 다른 한편으로는 독점 형성이나 기업 경계 외부에서의 가치 전유 능력 확보 등과 같은 시장에 대한 지휘가 생산과정에 대한 직접 지휘를 대체한 결과, 이윤과 지대의 구분이 약화되고 광범위한 지대 증식이 나타나게 되었다는 것이다.

하트는 공통적인 것(아이디어, 정보, 이미지, 지식, 코드, 언어, 사회관계, 정동 등)의 생산이 헤게모니적 위치로 출현하고 있는 현대 경제에서, 자본의 생산과정 외부 요소화는 거의 필연적인 일이라고 본다. 물질재 생산을 통한 산업 자본의 이윤 창출에서는 자본가가 노동을 조직하고 규율한다는 점에서 자본은 생산의 분명한 내부 요소라 할 수 있다. 그러나 공유될수록 생산성이 높아지고 사유될수록 그것이 오히려 크게 낮아지는 공통재의 생산에서 자본은 상대적으로 그것의 외부 요소로 남을 수밖에 없게 된다. 자본의 개입이 공통재의 생산성을 감소시킬 것이기 때문이다. 그러나 자본은 여전히 재산 소유권을 토대로 공통재 생산에서 창출된 가치에 대한 통제권을 행사하고 지대 형태로 그것을 몰수한다. 즉, "지대는 자본과 공통적인 것 사이의 갈등에 대처하는 하나의 메커니즘"(Hardt, 2010: 9)인 것이다. 하트는 자본주의적 수익의 지배적 형태가 이전에는 지대로부터 이윤으로 이동했지만 오늘날에는 이윤에서 지대로의 정반대 운동이 일어나고 있다고 보며, 금융이 이러한 '이윤의 지대되기' 경향을 보여주는 대표 영역이라고 주장한다.

'이윤의 지대되기'는 마라찌의 생명 자본주의 분석에서도 중요한 개념이다. 그에 따르면, 인지 자본주의는 재화와 서비스의 직접 생산을 통한 수익성 확보라는 포드주의 축적의 한계에 직면한 자본이 직접적 생산 영역을 넘어서서 유통과 소비 그리고 삶의 전반적 재생산 영역에서 잉여가치를 추구하는 새로운 축적 전략의 산물이다. 인지 자본주의 축적 체제에서 자본의 투자는 더 이상 "포드주의 시절처럼 불변자본과 가변자본에 대한 투자가 아니라, 오히려 직접적인 생산과정 외부에서 가치를 추출하고 포획하는 장치에 대한 투자"(마라찌, 2013: 72~73)에 집중한다. 다시 말해서, 주요 기업들은 기계나 설비와 같은 총고정자본구성체(Gross Fixed Capital Formation)에 대한 직접 투자를 줄이는 대신, 그것들을 임대하거나 아예 생산 자체를 외주(outsourcing)한다. 이처럼 기업들이 생산 영역에 대한 투자로부터 점점 더 철수하게 되면서 안정적인 고용을 담보하는 가변자본에 대한 투자도 점점 더 감소하게 된다. 그리하여, 마라찌에 따르면, 인지 자본주의에서는 불변자본과 가변자본의 관계로 표현되는 자본의 유기적 구성의 성격 자체가 근본적으로 변한다. 즉, "불변자본은 ('언어적 기계'의 총체로서) 사회에 분산되어 있으며, 가변자본은 (사교, 감정, 욕망, 성적 능력을 비롯한 '자유노동'의 총체로서) 재생산, 소비, 생활 방식, 개인과 집단의 상상력 같은 영역에 흩어져 있다"(마라찌, 2013: 73~74). 그래서 불변자본은 네트워크 속 인구들의 모든 일상적 활동을 실시간으로 포착하고 기록하고 분류하는 '언어적 기계' 혹은 알고리즘으로 대변되며, 가변자본은 고용된 상징 노동자의 임금노동뿐만 아니라 디지털 네트워크 속에서 정보를 검색하고 친구 관계를 발전시키고 상품의 사용 후기를 작성하고 새로운 아이디어를 공유하는 광범위한 자유노동으로도 대변된다. 말하자면, 잉여가치 생산이 기존의 공장 담벼락을 넘어 사회 전반에서 이루어지는 소위 '사회-공장'의 시대가 열린 것이다. 이러한 상황에서, 불변자본과 가변자본에 대한 투자는 무엇보다도 분산 네트워크 속 인구들의 정동을 최대한 동원하고 그것의 실시간 파동을 적극적으로 수집하고 분류하고 활용함으로써 종국적으로 정동을 상품화하고 사유화하는 것을 목표로 삼게 된다. 정동의 엔클로저가 본격화되는 것이다. 그리고 크라우드소싱(crowdsourcing)은 그것의 대표적인 실현 수단이라 할 수 있다. 노동과정에 대한 직접적 명령과 지휘라는 자신의 고유한 정규적 기능과는 더욱 멀어진 자본이 직접적 생산과정 외부에서도 여전히 사회적으로 창출된 가치를 사적으로 포획할 수 있도록 해주기 때문이다.

마라찌의 이러한 주장은 베르첼로네와 하트의 '이윤의 지대되기' 관념을 한층 더 확장한 것이라 할 수 있다. 베르첼로네와 하트는 주로 공통재 생산 영역에서 자본이 생산의 '외부적 요소'가 되었거나 혹은 될 수밖에 없는 조건에 초점을 맞추어 '이윤의 지대되기' 경향을 지적했지만, 마라찌는 그것을 오늘날의 인지 자본주의 축적 체제 전반이 외주 혹은 크라우드소싱 형태로 재화와 서비스 생산을 적극적으로 '외부화'한다는 차원에서 설명한다. 그런데 '외부적 요소'와 '외부화'는 반드시 같은 개념이라고 볼 수는 없기 때문에 그것들이 지대 관념과 맺는 관계도 상이하게 평가되어야 할 것이다. 자본이 생산의 외부적 요소가 되었다는 것은 자본이 생산을 외부화한 것의 결과일 수도 있겠지만, 리눅스나 위키피디아 프로젝트와 같이 자본에 의한 생산의 외부화와 무관하게 자본이 생산의 외부적 요소가 되는 경우는 많다. 외주는 생산을 외부화하려는 자본의 의식적이고도 적극적인 선택의 결과일 수 있지만, 크라우드소싱은 생산의 외부적 요소로 남을 수밖에 없게 된 자본이 사회적으로 창출된 잉여가치를 사적으로 전유하기 위해 도입한 경영 전략인 경우가 많다. 그래서 외주는 자본의 이윤 획득 기제라는 차원에서 이해될 여지가 많은 반면, 크라우드소싱은 자본의 지대 수취 전략이라는 차원에서 이해하는 것이 더 적절하다고 볼 수 있다. 그럼에도 불구하고, 마라찌는 인지 자본주의 축적 체제가 네트워크 속 인구들의 광범위한 정동을 관리하고 활용하여 직접적 생산과정 외부에서 가치를 전유하는 것에 점점 더 의존한다는 사실을 강조하기 때문에, 외주와 크라우드소싱에 대한 그의 설명은 여전히 '이윤의 지대되기'라는 현대 자본주의의 전반적 경향성을 밝히는 작업으로 평가될 수 있다.

인지 자본주의의 축적 체제가 물질적 고정자산보다는 비물질적 무형 자산에 대한 투자에 더 많이 의존한다는 사실을 고려하면, 소비와 재생산 영역에서의 지식, 정보, 소통, 관계의 공유와 흐름으로 통칭되는 정동이 사회적·경제적 가치 생산에서 차지하는 중요성은 더욱 강조될 수밖에 없다. 한편으로, 오늘날 자본은 금융과 비금융 부문을 막론하고 산업적 재화의 직접 생산에는 점점 덜 관여하는 대신, 더 많은 금융 수익을 약속하는 금융, 보험, 부동산 부문으로 흘러들어간다. 다른 한편으로, 자본의 지휘와 명령과는 무관하게 자발적으로 이루어지는 네트워크 속 인구들의 대규모 협력은 많은 사회적·경제적 부와 가치를 생산한다. 이러한 두 가지 상황은 자본이 점점 더 생산의 '외부적 요소'가 되고 있다는 사실, 즉 자본의 '생산 영역 외부 요소화'를 보여주는 근거로 이해될 수 있다. 요컨대, 더 이상 생산의 내부적 요소가 아니게 된 자본이 직접적 생산의 외부에서 재산의 독점적 소유권을 토대로 사회적으로 창출된 잉여가치를 전유하는 한, 이윤은 지대와 잘 구분되지 않으며 이윤이 곧 지대가 되고 있다고 말할 수 있을 것이다.

'사회-공장' 속의 정동에서 창출되는 지대의 획득은 현대 금융 자본의 핵심적 수익 추구 방식이자, 대다수 거대 기업의 지적 재산권 수익 전략의 핵심 요소가 되었다. 그리고 이 두 부문은 '이윤의 지대되기'를 가장 분명하게 보여주는 영역이다. 1980년대 이래 금융 지배 신자유주의 축적 체제에서는 점점 더 많은 자본의 수익이 자본 소유의 결과물인 금융 지대에 의존한다. 금융은 흔히 이자나 배당금 그리고 토지, 건물, 유가 증권 등과 같은 자산 가치의 상승에 의한 자본소득을 기대하고 유동 자본을 제공하는 활동을 가리킨다. 그리고 금융화는 기본적으로 "이윤이 무역이나 상품생산보다는 금융적 수단을 통해 발생하는 축적 유형"(Krippner, 2005: 174)이다. 금융화된 경제의 모습과 관련하여, 뒤메닐과 레비는 미국 경제에서 비금융 기업의 순자산에 대한 금융 회사 순자산의 비율이 1960년대 초반의 14%에서 1999년의 23%로 증가했고, 1953년 펀드 기업의 보유 자금 규모는 비금융 기업 순자산의 0.1배였지만 1999년에는 거의 1.7배로 성장했다고 지적한다(뒤메닐·레비, 2006: 154). 또한 그들은 미국 가계가 전체 뮤추얼 펀드와 연금 펀드의 3분의 2를 보유하고 있으며, 4.5년분의 소득을 화폐 금융 자산 형태로 보유하고 있다고 주장한다(뒤메닐·레비, 2006: 154~155). 아울러, 뒤메닐과 레비는 미국 비금융 기업의 실물 자산에 대한 금융 자산의 비율이 1960년 약 40%에서 1999년 약 90%로 증가했다고 지적한다(뒤메닐·레비, 2006: 160). 이러한 자료를 토대로, 그들은 현대 경제의 금융화가 신화가 아니라 실재라고 주장한다.

이와 유사하게, 크리프너(Krippner, 2005: 182~183)는 현대 경제의 금융화를 금융 기업의 활동과 비금융 기업의 활동의 양 측면에서 확인한다. 한편으로, 금융화 수준은 비금융 회사의 수익 중 이자, 배당금, 자본소득으로 구성되는 '포트폴리오 소득(portfolio income)'과 이윤 및 감가상각충당금으로 구성되는 '기업 현금 흐름(corporate cash flow)'이 각각 차지하는 비중을 검토함으로써 파악할 수 있다. 다른 한편으로, 금융 부문의 중요성을 전체 경제에서 금융 이윤과 비금융 이윤이 차지하는 비중을 비교함으로써 평가할 수 있다. 크리프너에 따르면, 1950년에서 2001년 사이의 미국 경제에서 비금융 기업의 현금 흐름에 대한 포트폴리오 소득 비중은 1970년대부터 증가하기 시작하여 1980년대 말에는 1950~1960년대보다 대략 5배까지 치솟았다. 그리고 비금융 기업들 가운데서도 특히 제조업 부문에서 증가폭이 가장 두드러졌는바, 제조업 부문의 1980년대

말 현금 흐름에 대한 포트폴리오 소득 비율은 1950~1960년대의 그것에 비해 약 6배 그리고 2001년에는 거의 10배로 증가했다(Krippner, 2005: 185). 다음으로, 금융 부문과 비금융 부문에서 창출되는 이윤의 규모를 비교하면, 1990년대 말의 비금융 이익에 대한 금융 이익의 비중은 1950~1960년대보다 3~5배로 증가했다(Krippner, 2005: 188). 이러한 자료에 근거하여, 크리프너는 최근의 미국 경제가 금융 채널을 통해 축적이 이루어지는 금융 중심 경제로 특징지어질 수 있다고 주장한다.

'이윤의 지대되기'는 지적 재산권이 기업 수익에 갖는 점증하는 중요성에서도 확인할 수 있다. 젤러는 지적 재산권 독점이 세 가지 측면에서 금융 지배 자본주의 축적 체제의 자원 전유 핵심 형태가 바로 지대 추출임을 보여준다고 주장한다. 첫째, 지적 재산 독점의 실행은 지식 생산자를 지식 생산물과 분리시키고 지식을 자본의 손에 독점시킨다. 둘째, 독점화된 지적 재산의 가치화는 지대 추출을 통해 이루어진다. 셋째, 지적 재산 소유권은 화폐 자본이 가치의 부가 과정 외부에서 스스로를 증식할 수 있도록 해준다(Zeller, 2008: 87). 지식은 기본적으로 사회화된 노동의 결과물이며, 기업의 지식 생산도 점점 더 이러한 인류의 지적 공유지에 의존한다. 기업은 한편으로는 사회적으로 생산된 지식에 대한 자유로운 접근을 원하면서도 다른 한편으로는 자신이 확보한 지식을 끊임없이 사적으로 전유하고 독점하려 한다. 지적 재산권 제도는 그러한 지식의 희소성을 창출하고 확산을 통제한다. 그 결과, 지식 생산자와 지식 생산물이 서로 분리되는 이른바 지식의 엔클로저가 진행된다. 더욱 중요하게, 지적 공유지의 엔클로저는 지적 재산권에 토대를 둔 새로운 형태의 지대를 현대 자본주의 축적의 핵심 요소로 부활시킨다. 토지 지대가 토지 사용에 대한 대가로 토지 소유자가 얻는 수익인 것처럼, 지적 재산권 사용료도 지적 재산권 사용에 대한 대가로 지적 재산권 소유자가 얻는 수익이라 할 수 있다. 따라서 지적 재산권 사용료는 일종의 지대다. 토지 지대나 지적 재산권 지대는 그 원천이 물질적인 것이냐 비물질적인 것이냐의 차이만 가질 뿐 기본적으로 재산권의 독점에서 나온다는 점에서는 서로 동일한 것이다.

현실적으로, 지적 재산권은 자본에게 지대 수익을 제공하는 매우 중요한 금융 자산이기도 하다(Zeller, 2008: 97). 지대는 화폐 자본의 이자와 마찬가지로 토지나 지적 재산권 획득에 투입된 자본에 대한 일종의 이자이다. 예컨대, 특허 상품을 직접 생산하고 판매하는 기업이 얻는 수익의 일부는 마치 자기 돈으로 영업하는 기업이 만일 은행 대출을 받았더라면 지불했어야 할 은행 이자를 자기 주머니에 넣는 것과 같다는 점에서, 일종의 지대로 볼 수 있다. 또한, 지적 재산 사용 계약을 맺거나 아예 그것을 판매하는 기업이 얻는 수익은 바로 지대 그 자체이다. 나아가, 지적 재산권을 구매한 기업도 그것을 재화의 직접 생산이 아니라 사용 계약을 통한 지대 획득의 금융적 수단으로 사용할 수 있다. 젤러가 밝혔듯이, 지적 재산권은 "유동 투자 자본의 투자 대상이 되거나 산업 기업이나 (공적·사적) 연구 기관에 의한 지대 축적의 전략적 대상이"(Zeller, 2008: 100) 되었다. 요컨대, 금융 지대와 지적 재산권 지대는 오늘날 자본이 가치의 직접적 생산과정 외부에서 사회적으로 생산된 부와 가치를 사적으로 포획하고 전유하는 중요한 채널인 것이다.

이상에서 살펴본 '이윤의 지대되기'에 관한 논의를 토대로, 아래에서는 구글과 페이스북의 플랫폼 기업들이 누리는 수익의 독점 지대적 성격을 규명하고, 이와 연관된 불로소득에 대한 정당한 과세 수단을 검토한다. 이를 위해, 이 연구는 다음과 같은 연구 질문을 다루고자 한다. 우선, 지적 재산으로서의 페이지랭크 알고리즘과 에지랭크 알고리즘이 독점 지대를 창출하는 방식이 전통적인 소프트웨어의 그것과 어떻게 다른지를 살펴본다. 그리고 그러한 상이한 방식 속에서 이들 알고리즘의 독점 지대 창출을 가능하게 만든 각각의 복제 불가능한 독자성과 특이성은 무엇인지를 밝힌다. 다음으로, 각각 검색과 사회관계망 활동의 세계적 중심지라고 할 수 있는 구글과 페이스북 플랫폼에서 독점 지대가 어떻게 실현되는지를 살펴본다. 그 속에서, 이들 기업의 핵심적 수익 수단인 광고와 금융이 어떻게 플랫폼에 집중된 인구들의 일상적 검색과 사회관계 활동에서 창출된 가치를 사적으로 전유한 결과로 이해될 수 있는지를 밝힌다. 나아가, 구글과 페이스북의 지적 재산이 어떻게 미국을 제외한 세계 각국에서의 독점 지대 획득의 유력한 수단으로 작용하는지를 밝히고, '이윤의 지대되기'에 부합하는 적절한 과세 장치가 어떻게 강구될 수 있는지를 검토한다.

3. 웹 2.0 경제와 독점 지대: 구글과 페이스북

1) 알고리즘과 독점 지대: 페이지랭크(PageRank)와 에지랭크(EdgeRank)

구글의 검색 알고리즘 페이지랭크와 페이스북의 사회관계망 알고리즘 에지랭크는 디지털 네트워크 속 다중의 일상생활에서 형성되고 유동하는 정동을 추적하고 집적하여 상품화하는 정동 자본주의 불변자본이다. 각기 구글과 페이스북의 대표 지적 재산인 이들 특허 기술은 전통적인 소프트웨어와는 매우 상이한 방식으로 독점 지대를 창출한다. 예컨대, 사용자의 문서 작성을 도와주는 전통적인 소프트웨어인 마이크로워드는 문서 작성에 필요한 모든 기능을 자기 완결적으로 구현하는 알고리즘으로 구성되어 있다. 그리고 마이크로워드 이용자는 적지 않은 비용을 지불하여 그것의 사용권을 구입해야 하며, 마이크로소프트사는 이와 같은 임대 혹은 사용권 판매를 통해 수익을 얻는다. 특허 재산의 인위적 희소성 창출과 임대가 전통적 소프트웨어의 독점 지대 창출의 핵심적 방식인 것이다. 그러나 페이지랭크와 에지랭크는 각각의 소프트웨어 외부에 존재하는 데이터를 수집하고 처리하는 알고리즘으로 구성되어 있으며, 외부의 데이터가 없으면 사실상 아무런 쓸모가 없는 데이터 의존적 소프트웨어다. 애초부터 스스로가 생산한 콘텐츠에 토대를 두지 않을 뿐만 아니라, 인터넷에서 가용한 콘텐츠가 끊임없이 변화하고 확대되는 조건에서, 이들 소프트웨어를 부분적으로든 한 묶음으로든 다른 사람들에게 임대하여 수익을 확보한다는 것은 난망한 일이라 할 수 있다. 따라서 구글과 페이스북은 일반 이용자들에게 특허 재산의 사용권을 임차하는 것 대신에, 인구 집중이 낳는 긍정적 경제 효과를 전유하는 것을 통해 수익을 얻고자 한다. 더 많은 사람들이 이용할수록 더 나은 시스템이 될 수 있을 뿐만 아니라 더 많은 이용자 데이터를 확보할 수 있기 때문에, 이들 소프트웨어는 가능한 한 자유롭게 사용될 수 있어야 한다.

이처럼 페이지랭크와 에지랭크는 각기 특허 재산으로서 지적 재산권의 보호를 받을 뿐만 아니라, 네트워크 속 인구들이 생산한 콘텐츠와 데이터의 가치를 외부에서 전유할 수 있게 해준다는 점에서 지대 창출의 비물질 기계라 할 수 있다. 무엇보다도, 이들 알고리즘은 수십 억 웹 이용자들이 독립적으로 생산한 콘텐츠와 그것들 사이의 자연 발생적 상호 연결망에 의존한다. 페이지랭크가 색인하는 수백억 개의 웹 사이트 중에서 구글이 스스로 생산한 사이트는 사실상 전무하다. 에지랭크가 처리하는 수백억 개의 사진 중에서 페이스북이 직접 제작한 사진도 거의 없다. 구글과 페이스북은 그러한 생산의 외부적 위치에 머물러 있을 뿐이다. 그리고 이들 알고리즘이 이용자들에게 제공하는 검색과 사회관계망 서비스는 상품으로 거래되는 것도 아니다. 그것들이 만들어내는 상품은 바로 각각의 사이트로의 인구 집중 그 자체다. 사이트 이용자들과 그들의 검색과 사회관계망 활동이 곧 구글과 페이스북의 상품인 것이다. 그리하여, 페이지랭크와 에지랭크는 수십 억 인터넷 이용자들이 생산한 콘텐츠와 데이터를 활용하여 사람들을 모으고, 그들이 다시 각각의 사이트에서 스스로 생산하는 콘텐츠와 데이터를 이용하여 수익을 얻을 수 있도록 한다는 점에서, 전형적인 인구 집중에 의한 지대 창출 기계라 할 수 있다.

그런데 이러한 인구 집중은 네트워크 속 다중의 정동을 추출하고 서열화해내는 이들 알고리즘의 남다른 특이성에 기인한다. 페이지랭크 알고리즘은 특정 페이지에 링크를 단 다른 페이지들의 수와 질에 따라 그 페이지의 랭킹을 부여한다(Pasquinelli, 2009; 이항우, 2014a, 2014b). 페이지의 랭킹은, 무엇보다도, 연결되어 들어오는 페이지의 수가 많을수록, 그리고 많은 페이지의 연결을 받은 페이지가 많을수록 올라가게 되어 있다. 이러한 랭킹 부여 방식은 기존의 야후나 그 밖의 다른 검색 서비스에서는 찾아볼 수 없는 두 가지 두드러진 강점을 갖는다. 첫째, 그것은 인터넷을 기존의 평편한 정보의 바다에서 정동의 위계 구조로 전환시켰다. 웹 페이지들 사이의 정보적 연결 상태가 개별 페이지들의 정보적 유용성이나 중요성에 대한 방문자들의 차등적 관심과 평가의 산물로 해석됨에 따라, 이제 모든 페이지들은 정동의 위계 구조 속에서 각기 상이한 위치를 차지하는 정동적 대상이 되었다. 그리고 사용자들은 평면적으로 나열된 무수한 페이지들 속에서 자신의 관심과 유관한 정보를 일일이 솎아내야 하는 수고를 덜 수 있게 되었다. 이처럼 검색 결과를 페이지들의 서열화된 정동 가치량에 따라 제공한 페이지랭크 알고리즘의 혁신은 오늘날 검색 서비스 시장에서 구글이 거두어들이고 있는 독점 지대의 원천으로 작용하고 있다. 둘째, 페이지랭크 알고리즘은 기본적으로 페이지의 랭킹을 특정 개인이나 조직이 임의적으로 결정하도록 하는 것이 아니라, 수많은 페이지들의 복잡한 상호 연결 동학이 내포한 차별적 정동량에 의해 거의 자연 발생적으로 결정되도록 하는 것에 토대를 두고 있다. 소수의 권력자나 엘리트 집단을 대신한 네트워크 속 인구들의 집단지성이 랭킹 부여의 주체가 되었으며, 랭킹 부여 작업은 그것에 의해 크라우드소싱된 것이다. 페이지의 랭킹을 돈으로 사고팔지 않는 알고리즘 원리는 검색 결과의 신뢰성과 중립성 측면에서 여타의 검색 엔진이 따라올 수 없는 우월적인 지위를 구글에 가져다주었으며, 이는 다시 검색 서비스 시장에서 구글이 얻고 있는 독점 지대의 원천으로 작용하고 있다.

페이지랭크와 유사하게, 에지랭크도 게시물에 대한 이용자들의 정서적 반응에 랭킹을 부여하고 그것을 그들의 사회관계망 관리 자원으로 사용할 수 있도록 하는 기계다. 에지랭크 알고리즘은 '친밀성', '중요성', '시간감쇠성'이라는 세 가지 핵심 요소에 따라 페이스북에서 일어나는 모든 관계적 소통의 정동적 위계를 만들어낸다. 따라서 특정 이용자가 모든 페이스북 친구를 대상으로 하나의 포스팅을 올린다고 해도 그것이 모든 친구들의 페이스북 페이지에 동일한 방식으로 노출될 것이라는 보장은 없다. 페이스북 소통이 소원했던 관계보다는 활발했던 관계, '좋아요(like)', '논평하기', '공유하기' 등의 반응을 별로 얻지 못해 중요하지 않은 것으로 간주되는 것보다 많은 반응을 얻어 중요한 것으로 간주된 포스팅, 그리고 오래된 것보다는 최근의 게시물 등과 같이 정동적 가치가 더 높은 대상이 다른 친구들의 페이지에 더욱 분명하게 노출될 가능성이 높다.

확실히, 관계적 소통에 대한 에지랭크의 이러한 랭킹 부여 방식은 여타의 사회관계망 사이트와는 구별되는 두 가지 중요한 특이성을 지닌다. 첫째, 블로그나 마이스페이스 그리고 싸이월드와 같은 대부분의 사회 연결망 사이트가 자신의 집을 방문한 손님을 맞는 개인 사랑방 같은 공간이라면, 페이스북은 개인이 친구들과 어울리기 위해 한데 모이는 집 바깥의 선술집이면서도 그 속에 누구라도 드나들 수 있는 자신의 방도 있는 공간으로 비유할 수 있다. 따라서 친구들 사이의 모임이 끊임없이 진행되고 있는 선술집과 같은 공간에서의 관계적 소통의 발생 가능성은 현저하게 높아진다. 둘째, 이용자의 포스팅을 최신 시간순으로 게시하는 대다수 사회관계망 사이트와는 달리, 페이스북은 '친밀성'이나 '중요성'을 더 중시하거나 적어도 '시간감쇠성'을 단지 하나의 고려 요소로만 다루어 페이지에 게시한다. 게시물이 지닌 정동 가치를 더욱 중요하게 간주한다는 뜻이다. 이용자들 사이의 관계적 소통의 발생 가능성을 높이고 직접적 정동의 표출을 촉진시키는 이러한 두 가지 특징은 페이스북이 사회관계망 서비스 이용자들의 압도적 다수를 자신의 사이트로 끌어들여 지배적인 사회관계망 사이트의 지위를 확립하는 데 커다란 작용을 하는 요소로 평가할 수 있다.

페이지랭크와 에지랭크의 정동 알고리즘이 각각 검색과 사회관계망 서비스 부문에서 구글과 페이스북으로의 수요 집중을 가능하게 했다는 사실은 두 기업의 해당 부문 시장 점유율에서 확인할 수 있다. 구글의 검색 시장 점유율은 2000년 이후 본격적으로 증가하여 2002년에는 30%대 중반을 기록했다. 그리고 2007년부터는 80%를 상회하기 시작했으며, 이러한 독점적 지위는 현재까지 유지되고 있다(The Motley Fool, 2013). 구글의 점유율 성장과 비례하여, 야후의 그것은 지속적으로 하락했다. 2000년도의 야후 점유율은 50%에 육박했으나, 2002년에는 30%로 떨어졌다. 그리고 2007년부터 지금까지 10%를 넘지 못하는 기록을 보이고 있다(The Motley Fool, 2013). 페이스북의 경우, 2008년 4월의 시장 점유율은 8%에 불과했으나 2009년 1월에는 30%대 중반으로 급속히 확대되었다. 2010년부터는 50%를 상회하기 시작했으며 이러한 점유율은 현재까지 유지되고 있다(Kallas, 2012). 반면, 마이스페이스의 시장 점유율은 2008년 4월 40%대 초반에서

2009년 1월 30%대 중반으로 지속적으로 하락하다가 2011년 4월에는 아예 1% 대로 떨어졌다. 그리고 2013년 현재 페이스북과 유튜브를 제외한 모든 사회관계망 사이트는 채 1%도 안 되는 시장 점유율을 보이고 있다(Kallas, 2012). 구글과 페이스북이 각기 검색 시장과 사회관계망 서비스 시장에서 누리고 있는 지배적 위치와 막대한 독점 지대의 원천은 무엇보다도 앞에서 밝힌 페이지랭크와 에지랭크 알고리즘의 독창성과 혁신성에서 찾을 수 있을 것이다.

2) 플랫폼과 독점 지대: 검색과 사회관계망 사이트

페이지랭크와 에지랭크 알고리즘에 의해 각각 제공되는 검색과 사회관계망 서비스는 구글과 페이스북을 세계 수십억 인터넷 이용자들이 가장 선호하고 선망하는 최상질의 온라인 플랫폼으로 만들었다. 실제로, 이들 두 플랫폼은 세계인이 가장 많이 방문하는 웹 사이트 1, 2위를 다투는 장소라는 점에서, 구글은 정보와 지식 검색 활동의 세계적 중심지, 그리고 페이스북은 사회관계망 형성과 관리의 지구적 중심지라 할 수 있다.

그리고 디지털 네트워크 속 인구 활동의 중심지인 이들 기업의 독점 지대는 광고와 금융의 형태로 현실화한다. 2014년 3월 기준으로 구글의 월간 검색 이용자 수는 11억 7000만 명에 달한다(DMR, 2013). 구글이 얼마나 많은 데이터 센터를 갖고 있는지를 외부에서 정확하게 알 수는 없지만, 2011년 기준으로 전 세계 서버의 약 2%에 달하는 90만 개 내외의 서버를 구동하고 있는 것으로 알려져 있다(Data Center Knowledge, 2011). 그리고 이처럼 커다란 규모의 서버를 가동하여 구글이 제공하는 검색 서비스는 하루 평균 33억 건에 이르는 것으로 추정된다. 오늘날 구글 검색 플랫폼이 얻는 지대 수익은 바로 이러한 엄청난 규모의 이용자 수와 활동에 연원한다. 이는 구글 수익의 대부분을 차지하는 광고 수익에서 확인할 수 있는바, 2006년도에 구글은 전체 수익의 99%에 달하는 약 104억 달러의 수익을 광고에서 얻었으며, 2014년도에는 총 수익 660억 달러의 91%에 해당하는 600억 달러가 광고 수익이었다(Statista, 2014). 물론, 이러한 광고 수익 창출에 구글이 직접 관리하고 조직하고 생산한 콘텐츠는 사실상 전무하다. 구글은 단지 수십 억 인터넷 이용자들의 웹 사이트 생산 노동과 정보 검색 노동이 생산한 콘텐츠와 데이터를 활용할 뿐이다. 모든 이용자들의 콘텐츠 생산 노동은 디지털 네트워크 속에서 거의 대부분 분산적이고 독자적으로 수행되었으며, 그것을 결코 스스로 명령하거나 지휘할 수 없는 구글은 항상 그러한 생산과정의 외부에 머물러 있었을 뿐이다.

그러나 이용자의 자유노동을 지휘하지 않았다고 해서 그것을 통제할 수 없다는 것은 아니다. 앞서 밝혔듯이, 페이지랭크 알고리즘은 인터넷 이용자들의 자유노동이 생산한 웹 사이트를 각기 차등적 정동 가치를 지닌 대상으로 전환시켰지만, 그것이 곧바로 교환 가치를 갖는 상품을 만드는 것은 아니다. 검색 결과는 기본적으로 돈으로 거래되는 대상이 아니기 때문이다. 그래서 페이지랭크의 일차적 기능은 인구 집중에 의한 지대 창출의 토대를 마련하는 것에 있다고 볼 수 있다. 구글의 지대 수익은 애드워즈(AdWords)와 애드센스(AdSense) 프로그램을 통해 비로소 실현된다. 이들 프로그램은 구글 검색 플랫폼 이용자들의 정동 노동의 산물을 화폐 수익을 낳는 상품으로 전환시킨다. 애드워즈는 하루 수십 억 건에 달하는 검색의 키워드를 광고주에게 판매하여 수익을 얻게 해주는 프로그램이다. 플랫폼 이용자가 입력한 검색어는 구글이 광고주들 사이에 경매를 붙이는 상품이 되며, 구글은 이용자의 자연 발생적인 검색 활동 자체로부터 광고 수익을 얻는다. 다시 말해서, 애드워즈는 구글과 광고주들 사이의 거래를 매개하는 기계지만, 그러한 거래의 대상이 되는 상품은 바로 플랫폼 이용자들 자체 혹은 그들의 검색 활동과 정동을 포괄하는 자유노동 결과물이다. 구글 플랫폼에 집중된 전 세계 수십억 인구들의 일상적 구글 검색 활동 자체가 구글 지대 수익의 원천이 되는 것이다. 애드워즈가 이용자들의 검색어를 광고주에게 판매할 수 있도록 하는 프로그램이라면, 애드센스는 이용자들의 다양한 검색 활동을 추적하고 분류함으로써 행동 맞춤형(behavioral targeting) 광고 수단을 광고주에게 판매하는 장치이다. 다시 말해서, 그것은 이용자들의 관심 혹은 과거 검색 활동에 근거한 광고를 가능하게 해주는 프로그램이다. 구글은 쿠키(cookie)를 사용하여 이용자들이 방문한 사이트를 추적하고, 사이트 내용에 근거하여 이용자들을 일정한 범주로 구분한다. 그러고 나서 그것은 이용자들이 어떤 사이트를 방문하든 그들의 관심과 연관되어 있는 광고를 노출시키는 데 그런 정보를 사용한다. 예컨대, 만일 어떤 이용자가 최근 '프로야구 하이라이트', '부동산 114', '금융 부문 취업 준비'라는 검색어로 구글 검색을 했다면, 애드센스 프로그램은 그 사람이 열어본 취업 관련 사이트뿐만 아니라 프로야구나 이사 관련 사이트에서도 취업 관련 광고를 접하게끔 만든다. 애드워즈와 마찬가지로, 애드센스는 구글의 직접적 지휘와 무관하게 수행된 자유노동을 구글의 지대 수취를 위한 원천으로 사용할 수 있도록 통제하고 조절하는 기계 장치인 셈이다. 그리하여 플랫폼에서 사회적·공통적으로 생산된 정동은 구글에 의해 사유화된다. 다시 말해서, 구글은 실시간 검색 활동으로 표출되는 이용자 정동을 페이지랭크, 애드워즈, 애드센스 프로그램을 통해 광범위하게 엔클로저한다.

사회관계망 사이트 페이스북에서도 이와 유사한 사실을 확인할 수 있다. 페이스북의 2015년 1/4분기 월간 이용자는 14억 4000만 명에 달한다. 그리고 페이스북 계정을 가진 12억 명의 이용자들이 매일 평균 21분 동안 그것을 이용하는 것으로 알려져 있다(DMR, 2015). 이러한 사용자 규모와 활동은, 구글과 마찬가지로, 페이스북 사회관계망 플랫폼이 거두어들이는 막대한 지대 수익의 원천이다. 페이스북 수익의 대부분은 광고에서 나오는바, 2011년 총 매출액의 85%를 광고 수익이 차지했다(The Verge, 2012). 이러한 수익은 플랫폼 이용자들이 지인들과 일상적으로 행하는 상호작용, 즉 자신의 근황을 알리는 글, 사진, 동영상을 게시하거나, 새로운 친구 관계를 맺거나, 친구의 게시물을 읽거나, '좋아요' 단추를 누르거나, 댓글을 달거나, 혹은 다양한 인터넷 자료를 '공유'하는 등의 활동에서 나온 것이다. 이용자의 자유노동은 결코 페이스북에 의해 직접 조직되거나 지휘받지 않으며, 페이스북은 항상 그것의 생산과정 외부에 존재한다. 그럼에도 불구하고, 페이스북은 플랫폼에 대한 독점적 소유권을 토대로 이용자들의 정동과 자유노동의 산물을 사적으로 전유한다. 플랫폼 사용과 관련한 '약관'에 대한 이용자 동의는 페이스북이 콘텐츠와 데이터의 생산과정 바깥에 있으면서도 여전히 생산물을 통제하고 지대 수익을 얻을 수 있도록 해주는 장치로 작동한다. 약관에 대한 동의가 전통적인 고용 계약이 노동 생산물에 대한 통제권과 소유권을 고용주가 갖도록 하는 것과 유사한 강제력을 플랫폼 기업에게 제공해 주는 셈이다.

페이스북의 지대 수익은 이용자의 페이지 오른쪽 측면에 노출되는 '측면 광고(Sidebar Ad)', 페이지 우측면이나 뉴스 피드(News Feed)에 노출되는 '후원 게시물(Sponsored Stories)', 이용자 페이지 뉴스 피드에 노출되는 '추천 게시물(Suggested Post)', '기업 페이지' 등과 같은 장치들에 의해 현실화된다. 측면 광고는 페이스북이 광고 배너에 대한 이용자들의 클릭 1회당 1달러의 광고료를 광고주로부터 받을 수 있도록 해주고, '후원 게시물'은 클릭당 50센트의 광고료를 받을 수 있도록 해주며, '추천 게시물'은 페이스북이 1000명의 맞춤 광고 대상당 5달러의 광고료로 광고주에게 판매하는 상품이다. 페이스북의 대표 광고주로는 비자카드(Visa), 포드 자동차, 홍콩상하이 은행, 버드와이저 맥주, 스타벅스 커피, 델 컴퓨터, 맥도널드 햄버거, 월-마트(Wal-Mart) 등이 있다. 말하자면, 페이스북은 자신의 사이트를 이들 기업에게 광고 영업의 장소로 빌려주고, 그를 통해 임대 수익을 얻고 있는 것이다. 당연히, 그러한 임대 수익의 원천은 플랫폼에 집중된 인구 규모와 그들의 다양한 정동 노동이다. 이용자들의 모든 플랫폼 활동은 페이스북 서버에 저장되며, 페이스북은 그것을 개별 이용자 페이지에 노출시킬 맞춤 광고를 고르는 데 사용한다. 이용자들이 자신의 나이, 성별, 거주지, 근무지, 정치적 관점, 교육 정도, 연애 관계 등을 밝힌 자유노동은 페이스북의 맞춤형 광고 사업의 자료로 가공되어 사용된다. 또한 이용자가 플랫폼에서 자신의 근황을 알리거나, 새로운 친구를 맺거나, 좋아요 단추를 누르거나, 댓글을 달거나, 음악을 듣거나, 게임을 하는 것과 같은 정동의 표출은 모두 페이스북의 소셜 그래프에 기록되어 광고 사업 자료로 활용된다. 예컨대, 자신의 페이스북 프로파일에 '약혼 중'을 기입한 이용자가 플랫폼에 들어서면, 페이스북이 이용자 주변 지역의 혼인 관련 광고를 그 사람의 페이지에 노출시키는 것과 같은 광고 작업이 거의 항상적으로 발생한다. 요컨대, 페이스북은 이용자들의 콘텐츠 생산 노동을 활용하여 자신의 상품에 가장 많은 관심을 가질 만한 사람들이 누구인지를 알고자 하는 기업주에게 매우 정교하고도 가장 세밀한 맞춤형 광고 장소를 제공하는 방식으로 커다란 지대 수익을 얻으며 정동을 엔클로저한다.

구글과 페이스북 플랫폼 이용자들의 정동은 광고뿐만 아니라 금융적 지대 수익 창출에도 매우 중요한 역할을 한다. 오늘날 기업들의 금융 수익은 기업의 브랜드 가치에 의존하는 바가 크며, 브랜드 가치의 많은 부분은 네트워크 속 인구들의 정동에 의해 형성된다. 실제로, 구글과 페이스북이 그동안 거둔 금융 수익은 광고 수익을 훨씬 상회한다. 구글은 1998년에 선 마이크로시스템(Sun Microsystems) 공동 창립자인 앤디 벡톨샤임(Andy Bechtolsheim)으로부터 10만 달러, 1999년에 클라이너 퍼킨스 코필드 앤드 바이어스(Kleiner Perkins Caufield & Byers)와 세쿼어 자본 등과 같은 벤처 자본 기업으로부터 2500만 달러의 투자를 유치했다(San Francisco Chronicle, 2004). 그리고 2004년에 실시한 기업 공개(Initial Public Offering)에서, 주당 85달러의 가격으로 약 1906만 개의 주식을 판매하여 16억 7000만 달러의 자본을 확충했다(BusinessWeek, 2004). 이로써 구글의 시가 총액은 230억 달러를 넘어서게 되었으며, 2014년 1월 현재 구글의 시가 총액은 3907억 달러에 달한다. 애플과 함께 세계 최고로 인정받는 구글의 브랜드 가치는 2014년 10월 기준으로 약 1074억 달러로 평가되고 있다(NYTimes, 2014). 페이스북의 경우, 2010년 광고 수익은 3억 5000만 달러였지만, 2011년 투자 수익은 15억 달러에 달했다. 2012년 5월에 주당 38달러로 기업 공개를 한 페이스북의 주당 가치는 2013년에 61.48달러로 상승했으며, 기업 가치는 2012년 1040억 달러에서 2014년에서 1340억 달러로 상승했다(Marketwatch, 2014). 그리고 2012년에 거둔 50억 달러의 수익으로 페이스북은 2013년에 처음으로 포춘(Fortune) 500에 등재되었는데, 2012년의 기업 수익 대 기업 가치의 비율은 대략 1 대 20에 달한다(US Today).

구글과 페이스북은 각각 검색과 사회관계망 관리의 세계 최대 플랫폼이다. 이들 플랫폼을 즐겨 찾는 십 수억 이용자 수와 활동 그 자체는 이들 기업이 매해 거두어들이는 막대한 지대 수익의 원천이다. 수십 억 인터넷 이용자들의 일상적 활동, 즉 웹 사이트를 만들고, 방문하고, 읽고, 연결하고, 검색하고, 글과 사진과 동영상을 웹에 올리고, 친구와 대화하고, 새로운 친구를 사귀고, 친구 관계를 관리하는 것 등과 같은 모든 활동 혹은 자유노동은 새로운 경제적 가치를 생산하는 정동 자본주의의 '가변자본'이 되었다. '공동 생산'으로 불리든 혹은 '크라우드소싱'으로 불리든, 디지털 네트워크 속 인구들의 자유노동은 상품의 구상, 생산, 판촉, 판매, 관리, 개발 등 상품생산의 거의 모든 과정에 결합하며 자본은 점점 더 이러한 생산과정을 직접적으로 조직하거나 지휘하지 못하며 그 바깥에 놓이게 된다. 그러나 이러한 비물질 생산의 플랫폼을 소유한 기업은 이용자들에게 검색과 사회관계망 관리와 같은 일정한 서비스를 제공하는 한편, 그들이 생산한 다양한 콘텐츠를 토대로 막대한 광고와 금융 수익을 전유한다. 이들의 수익은 직접적 생산과정 외부에서 획득한 것이라는 점에서, 그리고 수많은 인구들의 집중과 그들에 의한 언어적·정동적·관계적 의사소통에서 창출된 가치를 플랫폼에 대한 독점적 소유권을 토대로 전유한 것이라는 점에서 지대 수익이라 할 수 있다.

3) 독점 지대와 과세: '구글세(Google Tax)'와 법인세 특별부가세

이처럼 막대한 규모의 지대 수익을 거두어들이면서도, 정작 구글과 페이스북은 이른바 '더블 아이리시'와 '더치 샌드위치' 기법을 활용하여 세계 대부분의 나라에서 거둔 수익에 대한 법인세 납부를 사실상 회피하고 있다. 그리고 이러한 과정에 이들 기업의 지적 재산권은 독점 지대 추출의 매우 효과적인 장치로 활용된다. 미국 캘리포니아에 본사를 둔 구글은 페이지랭크, 애드워즈, 애드센스 등과 같은 지적 재산의 유럽 사용 권리를 구글 아일랜드 홀딩스(Google Ireland Holdings)에 허가하는데, 이 회사는 법인세를 과세하지 않는 국가인 버뮤다에 본사를 두고 있다. 아일랜드는 기업이 어느 국가에 등록되어 있는가가 아니라 기업의 핵심 경영 기능이 어느 국가에 존재하는가에 따라 법인세 부과 대상을 판별한다. 따라서 구글 아일랜드 홀딩스는 아일랜드에 법인세를 납부할 의

무가 없다. 나아가, 구글은 이 회사를 버뮤다 소재의 또 다른 구글 자회사인 구글 버뮤다 언리미티드(Google Bermuda Unlimited)의 소유권 아래에 둠으로써, 기업의 손익계산서나 대차대조표 등과 같은 금융 정보를 공시할 의무도 비껴간다.

한편, 구글의 첫 번째 아일랜드 회사인 구글 아일랜드 홀딩스는 페이지랭크나 애드센스와 같은 구글의 지적 재산권 사용 권한을 두 번째 아일랜드 회사인 구글 아일랜드 리미티드(Google Ireland Limited)에 허가한다. 경제협력기발기구 회원국들 중 가장 낮은 법인세율(12.5%)을 가진 아일랜드의 법인세 부과 대상인 이 회사는 세계 많은 국가들에서 구글 지적 재산권을 활용하여 얻은 모든 수익을 자신에게 집중시킨다. 그리고 수익의 대부분을 지적 재산권 사용료의 형태로 구글 아일랜드 홀딩스로 보낸다. 그런데 이 과정은 또다시 세금 회피를 위해 구글 네덜란드 홀딩스(Google Netherlands Holdings B.V.)라는 중간 경유지를 거친다. 사실상 서류로만 존재하는 이 회사는 구글 아일랜드 리미티드가 거둔 소득을 장부 처리하는데, 아일랜드 정부는 유럽연합 회원국들로부터의 수령물에 대하여 원천소득세를 부과하지 않는다. 다시 말해서, 아일랜드에서 발생한 생산비(판촉비 등)는 아일랜드로 보전되지만 수익의 대부분을 차지하는 광고 수익은 버뮤다에 본사를 둔 구글 아일랜드 홀딩스로 이전되는 것이다. 결과적으로, 구글은 법인세율이 매우 낮은 아일랜드를 해외 사업의 주요 거점으로 삼지만, 그마저도 12.5%의 법인세율보다 훨씬 더 낮은 비율의 법인세만 납부하고 있는 셈이다.

실제로, 구글은 2012년도에 미국 이외의 국가에서 총 81억 달러의 매출을 올렸지만 이에 대한 법인세율은 평균 2.6%에 불과했다(Reuters, 2013). 예컨대, 구글은 2013년도에 영국에서 34억 파운드의 수익을 얻었지만, 영국 내 구글 리미티드(Google UK Limited)는 대부분의 수익을 지적 재산권 사용료 형태로 구글 아일랜드 리미티드로 보내고, 불과 6억 200만 파운드의 판촉 지원 서비스 매출만을 수익으로 신고하여, 영국 정부에 겨우 2160만 파운드의 법인세를 납부했다(The Guardian, 2014). 구글이 광고 사업을 통해 영국에서 벌어들인 수익은 영국에서 한 푼도 과세되지 않았으며, 영국의 통상 20% 법인세율에 훨씬 못 미치는 0.6%의 법인세만을 납부한 것이다. 대부분의 다른 나라들에서도 상황은 유사하다. 구글은 2011년도에 호주에서 10억 달러의 매출을 올렸지만 법인세는 전체 매출의 0.1%에도 못 미치는 7만 4000달러만 호주 정부에 납부했다(Delimiter, 2014). 또한 구글은 2011년도에 프랑스에서 1억 3800만 유로의 수익을 올렸지만, 매출의 4%가 채 되지 않는 550만 유로의 법인세를 프랑스 당국에 납부했다(Techcrunch, 2012). 구글이 연간 1조 원의 매출을 거두고 있는 것으로 알려진 한국의 경우에도 사정은 별로 다르지 않다. 심지어 구글은 2013년에 미국에서 600억 달러의 수익을 거두었지만, 구글이 이처럼 미국 이외의 국가에서 행한 세금 회피 기법 때문에 법인세가 최고 39%에 달하는 미국의 구글에 대한 실효세율은 최근 21%에서 15.7%로 급감한 것으로 알려졌다(Wired, 2014).

구글과 페이스북을 포함한 많은 다국적 기업들이 이처럼 국제 세금 체제의 맹점을 활용하여 막대한 양의 세금을 내지 않는 것은 비록 불법적인 것은 아닐지라도 공정한 것이라고 보기는 어렵다. 이러한 세금 회피를 단속하기 위하여, 영국 정부는 허위로 해외에 빼돌려진 이윤에 대하여 자국의 통상 법인세율 20%보다 높은 25%의 세금을 부과하는 이른바 '구글세'를 도입하여 2015년 4월 1일부터 시행하기 시작했다. 이러한 노력은 영국을 넘어서서 세계적으로 폭넓은 공감을 얻고 있는바, 경제개발협력기구는 최근 '기반 침식 이윤 이전(base erosion and profit shifting)' 퇴치 계획을 결의했다. 이 계획은 다국적 기업들로 하여금 수익이 어디에서 발생했으며 세금을 어디에 납부했는지를 회원국 과세 당국에게 보고하도록 강제하는 프로그램인데, 이윤을 조세 회피처나 저세율 국가로 이전시키는 다국적 기업들의 세금 회피를 단속해야 한다는 의지의 표현이라 할 수 있다. 요컨대, 구글과 페이스북의 '더블 아이리시' 활용은 지적 재산권이 지대 수익 창출의 핵심 수단이 되고 있다는 점을 보여줌과 동시에, 세계 대부분의 국가들의 법인세 제도가 그러한 지대 수익에 대한 적절한 과세 수단이 되고 있지 못한다는 점을 잘 드러내 보이고 있다.

그런데 과연 '더블 아이리시'를 통한 세금 회피를 막고 정상적인 법인세를 징수하기만 하면 이들 플랫폼 기업이 거둬들이는 막대한 지대 수익에 대한 공정한 과세가 이루어질 것이라고 말할 수 있을지는 의문이다. 이윤이 점차 지대가 되고 있다면, 법인세도 이윤의 변화된 성격을 반영해야 할 필요성이 있기 때문이다. 오늘날 구글과 페이스북을 포함한 많은 인터넷 플랫폼 기업들이 얻고 있는 수익의 상당 부분은 자신의 노력과는 무관하게 사회경제적 요인에 의해 발생한 개발 이익을 사적으로 수취하는 부동산 소유자의 수익과 유사한 측면이 많다. 부동산 개발 이익은 흔히 부동산 소유자 본인의 노력과는 무관하게 개발사업이나 토지 이용 계획의 변경 혹은 여타의 사회경제적 요인에 의해 상승한 부동산 가치 증가분 중 평상적인 부동산 가치 상승을 초과한 상승분을 가리킨다. 이러한 개발 이익은 사회적으로 환수하는 것이 마땅하며, 만일 사적으로 전유되어 불로소득이 된다면 이는 사회 공통의 정의 관념과 충돌할 수밖에 없다.

예컨대, 비록 지적 재산권이 자본주의 역사를 통틀어 점차 강화되어온 것이 사실이지만, 그것의 배타적 독점권은 법률이 정한 일정한 기간 동안만 유효하다. 이러한 시한성은 지식과 문화가 근본적으로 사회 공통의 산물이기 때문에 모든 사람이 자유롭게 향수할 수 있어야 한다는 보편적 정의 관념에 의해 강제된 것이라 할 수 있다. 지적 재산권에 대한 더욱 비판적 관점은 지적 재산의 광범위한 공유를 지향하는 이른바 카피레프트 관념을 통해 지적 재산권에 의한 불로소득을 근절하고 지적 문화적 공유지를 보호하고 확대하는 실천으로 나타나고 있기도 하다. 부동산 불로소득과 관련해서는, 대부분의 국가가 토지 소유자의 직접적인 투자를 제외한 지가 상승분의 일정 부분을 사회에 환원하기 위해 노력한다. 그 밑바탕에는 토지가 인간의 노력과는 무관한 자연의 산물이므로 모든 사람이 토지에 대한 공평한 권리를 갖는다는 헨리 조지의 지공주의 사상이 자리 잡고 있으며, 대표적인 신자유주의 경제학자 밀턴 프리드먼(Milton Friedman)조차도 토지세를 “가장 덜 나쁜 조세”라고 말했을 정도로 토지 불로소득의 사회적 환수 필요성은 상당히 폭넓게 공유되고 있다(김윤상, 2004: 129).

부동산 불로소득의 사회적 환수 방법의 하나인 양도 소득세는 지가 상승분 총액에서 토지 소유자의 직접 투자액을 공제한 이득 중 일부를 세금으로 징수하는 제도다(길준규, 2005). 한국의 경우, 개인에 의한 부동산 양도 차익은 양도 소득세로 과세하지만, 법인에 의한 양도 차익은 해당 사업 연도의 소득으로도 계상되어 법인세 과세 대상이 될 뿐만 아니라, 추가적으로 양도 소득에 대한 통상 10%의 법인세 과세 항목이 된다. 즉, 법인의 부동산 양도 차익은 법인세의 이중적 과세 대상이 되는 것이다. 법인세 특별부가세 혹은 토지등양도소득에 대한 법인세로도 불리는 이 제도는 법인세법상의 특례 조항으로 운용되고 있다. 부동산 매매 법인의 경우에도, 법인세법에 따라 해당 연도 사업 소득에 대한 법인세와 더불어 부동산 양도 소득의 10%에 해당하는 법인세를 추가로 납부해야 한다.

이처럼 부동산 개발 이익의 사회적 환수가 법인세 특례 조항을 통해 이미 일정 정도 이루어지고 있다면, 이는 사회적이고 공통적으로 생산된 부와 가치를 사적으로 전유한 웹 2.0 플랫폼 기업의 지대 수익에 대한 통상적인 법인세율을 넘어서는 과세 장치 도입의 정당성과 가능성을 뒷받침하는 근거가 될 수 있을 것이다. 나아가, 점점 더 금융 지대와 지적 재산권 지대에 의존하는 오늘날의 '이윤의 지대되기' 경제에 부합하는 공정한 과세 제도의 수립을 위해서는, 법인이 획득한 부동산 지대, 금융 이자, 배당금, 증권 거래 수익 등과 같은 자본소득을 해당 사업 연도의 법인세 과세 대상에 포함시킬 뿐만 아니라, 자본소득에 대한 법인세 특별부가세 대상으로 삼는 방안을 적극적으로 모색할 필요가 있을 것이다.

4. 결론

'이윤의 지대되기'는 오늘날의 금융 지배 자본주의에서 기업들의 비금융 이익에 대한 금융 이익 비중의 증대, 비금융 기업 순자산에 대한 금융 기업 순자산 비율의 증대, 그리고 비금융 기업의 현금 흐름에 대한 포트폴리오 소득 비중의 증대 등과 같은 일부 지표들에서도 분명하게 드러난다. 사회적·경제적 부와 가치가 점점 더 공장 담벼락을 넘어선 사회 전체에서 자본의 지휘와 명령과는 무관하게 네트워크 속 인구들의 자발적 협력에 의해 생산되고, 더 이상 재화와 서비스의 직접적 생산과정의 내부 요소가 아니게 된 자본이 생산된 가치의 일부를 자산의 제공과 임대를 통해 가져간다는 점에서, 금융 수익은 지대 수익과 크게 다를 바 없다. 주식과 채권 등의 일반적인 금융 소득 수단과 더불어, 지적 재산권과 브랜드 자산이 비금융 부문에서의 금융적 지대 수익 창출에서 갖는 중요성은 점점 더 커지고 있다. 특히, 독점 지대가 사회 전체에서 생산된 총 잉여가치의 재분배로 이해될 수 있다는 점에서, 네트워크 속 인구들의 실시간 정동을 상품화하고 가치화하는 서비스 소프트웨어는 새로운 유형의 독점 지대를 창출하는 지적 재산이라 할 수 있다. 아울러, 이러한 서비스 소프트웨어의 특이성과 독창성은 기업의 브랜드 자산으로 전화되어 독점 지대 수취의 중요한 장치로 작용한다.

구글과 페이스북의 플랫폼 경제는 정동의 엔클로저를 통해 독점 지대를 수취한다. 페이지랭크 알고리즘과 에지랭크 알고리즘은 플랫폼 이용자들의 정동을 추출하고 서열화하는 독특한 기법을 토대로 각각 검색과 사회관계망 시장에서 거의 독점적인 위상을 구축했다. 각기 구글과 페이스북의 특허 재산이기도 한 이들 알고리즘은 전통적인 소프트웨어 알고리즘과는 달리 인위적 희소성의 창출보다는 지식과 정보의 자유로운 사용에 친화적인 특징이 있긴 하지만 인구 집중에 의한 긍정적 경제 효과를 전유한다는 점에서 기본적으로 전통 소프트웨어와 다를 바 없는 독점 지대 창출 기계라 할 수 있다. 페이지랭크 알고리즘은 구글 플랫폼을 검색 활동의 세계적 중심지로, 에지랭크 알고리즘은 페이지북 플랫폼을 사회관계망 활동의 지구적 중심지로 만들었다. 그리고 이들 플랫폼으로의 인구 집중이 창출하는 독점 지대는 광고와 금융 수익의 형태로 실현된다. 구글의 애드워즈와 애드센스, 페이스북의 추천 게시물과 후원 게시물 등은 광고주들에게 수익성 높은 플랫폼 공간을 임대할 수 있게 해줌으로써 이들 기업에게 많은 광고 수익을 가져다준다. 검색과 사회관계망 활동의 세계적 중심지라는 브랜드 자산은 광고 수익을 상회하는 금융 수익을 구글과 페이스북의 플랫폼 기업에게 제공해주기도 한다. 나아가, 구글과 페이스북의 지적 재산권은 각 기업의 미국 내 본사와 해외 자회사 사이의 거래에서 로열티 형태의 독점 지대를 창출하는 데 매우 효과적인 장치로 활용된다. 그리고 이러한 과정에서 구글과 페이스북은 '더블 아이리시'와 '더치 샌드위치'라는 국제적 법인세 체제의 맹점을 활용하여 막대한 양의 법인세 납부를 회피하고 있다.

지대는 불로소득의 가장 대표적인 유형들 중 하나다. 자연적 공통재인 토지에 대한 과세가 근로소득에 대한 그것보다 훨씬 더 일찍 도입된 데서 알 수 있듯이, 불로소득에 대한 과세의 우선성은 역사적으로 뿌리가 깊다. 오늘날 정동에 의한 사회적·경제적 부와 가치의 생산이 점점 더 확대되고, 이윤이 점점 더 지대가 되고 있다면, 이러한 인공적 공통재로부터 얻는 지대에 대한 과세도 그러한 변화를 반영할 수 있도록 조정될 필요가 있다. 근로소득세율이나 법인세율보다 낮은 자본소득세율을 전반적으로 상향시킬 뿐만 아니라, 자본소득세의 일종이라 할 수 있는 부동산 양도 소득에 대한 특별 과세와 같은 제도를 도입함으로써, 많은 금융 자본과 구글과 페이스북 등의 플랫폼 자본이 누리고 있는 광범위한 불로소득을 사회적으로 환수하는 것이 필요하다.

제3장

동료생산(peer production)과 시장

1. 머리말

최근 '동료생산'은 디지털 시대 정치, 경제, 사회, 문화 생산의 새로운 혁신 모델로 많은 사회적·학술적 주목을 받고 있다(김남두·이창호, 2005; 이항우, 2009; 조동원, 2009; Benkler, 2006; Bauwens, 2009; Chopra and Dexter, 2008; Kelty, 2002; Moore and Karatzogianni, 2009). 동료생산은 시장 논리나 조직의 위계로부터 자유로운 개인들이 서로 공유할 수 있는 재화의 생산을 위해 각기 동등한 위치에서 자발적으로 협력하는 생산 모델을 가리키는 말이다. 그것은 1960년대의 해커 문화로부터 많은 영향을 받았으며, 1980년대 중반 리처드 스톨먼(Richard Stallman)의 자유 소프트웨어 운동에서 본격화되었다(Chopra and Dexter, 2008; Levy, 1984; Turner, 2006; Weber, 2004). 지금까지 '그누/리눅스' 운영 시스템, '아파치' 웹 서버, '파이어폭스' 웹 브라우저, '펄' 프로그램 언어, '마이스퀼' 데이터베이스 관리 시스템, '센드메일' 이메일 라우팅 서비스, '오픈 디자인', '프로젝트 구텐베르크', '세티앳홈(SETI@home)', '위키피디아' 등 다양한 동료생산 모델들이 출현했다. '그누/리눅스' 프로젝트는 전 세계 90개국 이상에서 수만 명의 프로그램 개발자들이 100만 줄이 넘는 컴퓨터 코드를 함께 만드는 역사상 전례 없는 대규모 협력 프로젝트가 되었다(Moglen, 1999). 그리고 '아파치'는 마이크로소프트의 웹 서버 시장 지배를 막았으며, 2009년 현재 55%의 시장 점유율을 기록하고 있다. 또한 '파이어폭스'는 2009년 현재 웹 브라우저 시장의 32%를 차지하고 있으며, 한국을 포함한 세계 각국의 많은 정부들은 '그누/리눅스' 운영 시스템을 사용하고 있다(Boutang, 2011).

이런 흐름에 자극받은 많은 영리기업들은 서로 느슨하게 연결된 자발적 참여자들의 동료생산 방식이 과연 어떻게 성공할 수 있었는지를 심각하게 조사하기 시작했다(Graham, 2005). 그래서 '좋아서 하는 일이 돈 받고 하는 일보다 종종 더 나은 성과를 거둔다'는 동료생산 모델의 교훈을 알아차린 기업들은 동료생산이 창출하고 있는 디지털 공유지를 자신들의 독점적 수익의 원천으로 삼는 이른바 웹 2.0 경영 전략을 본격적으로 도입하기 시작했다. 그 결과, 구글, 유튜브, 페이스북, 트위터 등의 웹 2.0 기업들은 지난 10여 년 사이 디지털 자본주의를 대표하는 기업들로 성장했으며, '집단지성', '위키노믹스', '대중 협력' 등과 같은 용어들은 생산자와 소비자에 의해 권력이 공유되는 민주적 생산과 분배의 새 시대를 알리는 용어들처럼 회자되고 있다.

동료생산 방식이 시장 영역으로 확산되고 있는 최근의 경향과 관련하여, 일부 낙관론자들은 비시장적이고 비독점적인 동료생산이 오늘날의 '네트워크화된 정보 경제'의 핵심 모델이 될 것이라고 전망한다(Benkler, 2006). 그러나 여기에는 웹 2.0 자본주의가 동료생산을 어떻게 다시 시장적이고 독점적인 방식으로 흡수하고 있는지에 대한 비판적 성찰이 부족하다. 웹 2.0 자본주의는 동료생산 전범들에 얽매이지 않고서도 얼마든지 자발적 개인들의 광범위한 무임 노동을 수익 창출의 지렛대로 활용하고 있기 때문이다(Terranova, 2000). '참여', '공유', '협력'이라는 디지털 시대의 새로운 생산 원리가 애초에 동료생산 모델에서 배태된 것임에도 불구하고, 지금은 오히려 웹 2.0 기업의 독점적 시장 전략의 강력한 수사로 작동하고 있다는 사실은 아이러니라 하지 않을 수 없다.

이 장은 이러한 역설적 상황에 관한 기존 연구 문헌들을 살펴봄으로써, 새롭게 부상하는 동료생산 모델이 현대 사회생활의 조직 방식 변화에 갖는 의의와 한계가 무엇인지를 고찰한다. 우선, 이 장은 현대 자본주의의 성격과 동료생산 방식 사이의 관계에 관한 다양한 이론적 논의들을 다룰 것이다. '네트워크화된 정보 경제', '인지 자본주의', '네트지배 자본주의', '벡터 자본주의' 등에 관한 논의를 통해, 동료생산 모델이 기존의 자본주의를 넘어선 새로운 생산양식의 출현에 어떤 의의를 갖는지 탐색한다. 다음으로, 이 장은 많은 기업들이 새로운 핵심 경영 전략으로 받아들일 만큼 커다란 성공을 거둔 동료생산 원리의 특징이 무엇인지를 살펴본다. 특히, 분산적이고 비위계적인 동료생산이 무질서한 혼란에 빠지지 않고, 양질의 결과물을 만들어낼 수 있게 한 통합 원리가 무엇이었는지를 검토한다. 나아가, 이 장은 동료생산에 대한 낙관론과는 반대로, 그것이 오히려 자본주의적 시장 생산을 강화하고 있다는 비판적 논의들을 살펴본다. 이를 위해, 오픈소스 운동의 분기에 내포된 동료생산 모델의 시장 친화성 문제를 검토한다. 또한, 동료생산의 주요 원리와 가치들이 많은 웹 2.0 기업들에 의해 사적 수익 창출의 전략과 수사로 활용되고 있는 상황에 대한 연구들을 다룬다. 마지막으로, 이 장은 동료생산 프로젝트가 독점적 지적 재산권에 어떤 도전을 제기하며, 공유 재산권 전략이 시장 생산과의 관계에서 어떤 딜레마에 빠져 있는지 살펴본다.

2. 현대 자본주의와 동료생산

1) 컴퓨터 네트워킹과 지식재

많은 연구자들은 동료생산을 현대 자본주의 경제의 특징을 규정하는 핵심 요소로 간주한다(Bauwens, 2009; Benkler, 2006; Wark, 2004; Boutang, 2011). 그것은 '네트워크화된 정보 경제', '인지 자본주의', '네트지배 자본주의', '벡터 자본주의' 등과 같은 이론으로 나타나고 있다. 우선, 벤클러는 오늘날 가장 발전한 경제에서 '네트워크화된 정보 경제'가 기존의 '산업적 정보 경제'를 대체하고 있다고 주장한다. 19세기 중반 이후의 산업적 정보 경제는 대규모 인구를 포괄하는 데 필수적인 물질 자본의 대규모 투자에 의존하는 경제 체제였다. 이 시기의 신문, 도서, 음악, 영화, 라디오, 텔레비전, 전신, 케이블, 위성, 메인 프레임 컴퓨터 등은 지식과 정보와 문화의 자본 집약적 생산과 배포 논리에 따라 개발되고 조직되었다(Benkler, 2006: 3~4). 그러나 컴퓨팅과 네트워킹으로 대변되는 오늘날의 통신 환경은 전 세계에 흩어져 있는 무수한 컴퓨터 네트워킹 이용자들에게 대규모 정보 생산과 배포의 물질적 수단을 제공해주고 있다. 정보와 문화 생산의 물질적 장벽이 사실상 사라진 것이다. 이러한 디지털 네트워크 기술 기반에 힘입어, 가장 발전한 경제의 고부가가치 생산 활동의 핵심은 정보, 지식, 문화 영역으로 이동했다. 벤클러에 따르면, 현대 경제는 "정보(금융 서비스, 회계, 소프트웨어, 과학)와 문화(영화, 음악) 생산, 그리고 상징 처리(운동화 제조부터 그것에 상표 붙이기, 그리고 부메랑 모양 로고의 문화적 의미를 만들어내는 것)에 집중하는 경제"(Benkler, 2006: 3)로 이행하고 있다.

네트워크화된 정보 경제의 가장 중요한 희소 자원은, 벤클러에 따르면, 기존의 지식, 정보, 문화에서 새로운 의미와 상징과 표상을 만들어낼 수 있는 통찰력, 창의성, 감수성 등과 같은 인적 능력이다(Benkler, 2006: 52). 이러한 인적 능력은 교육, 연구, 예술, 정치, 종교 등과 같은 전통적인 비시장 영역에서 가장 잘 훈련될 수 있다. 그리고 비독점 전략, 비시장 생산, 대규모의 효과적인 협력 작업이 네트워크화된 정보 경제에서 확산된다. 벤클러에 따르면, "네트워크화된 정보 경제의 특징은 탈중심화된 개인적 행동(특히, 독점 전략에 의존하지 않는 근본적으로 분산적이고, 비시장적인 메커니즘을 통해 이루어지는 새롭고 중요한 협력적이고 조율적인 행동)이 산업적 정보 경제에서 그랬던 것이나 그럴 수 있었던 것보다 훨씬 더 큰 역할을 수행한다"(Benkler, 2006: 3). 이는 최근의 웹 2.0 사업 일반, 특히 구글 모델에서 볼 수 있는 것처럼, 다양한 개인들의 조율되지 않은 행동들의 총합이 궁극적으로 매우 잘 조율된 결과물로 타나나는 것이나, 자유/오픈소스 소프트웨어(FOSS) 운동과 위키피디아 등과 같은 '공유지-기반 동료생산(commons-based peer production)'의 확산에서 찾아볼 수 있다. 벤클러에 따르면, 네트워크화된 정보 경제에서는 "네트워크 환경에 토대를 둔 정보, 지식, 문화 생산의 비시장 섹터가 번성"하고 "그 결과물은 다시 독점적 재산으로 다루어지는 것이 아니라 점점 더 개방적 공유라는 강건한 윤리의 지배를 받게 된다"(Benkler, 2006: 7). 벤클러는 이러한 비시장적이고 탈중심적인 새로운 생산 방식이 자본주의 경제의 주변이 아니라 중심에서 출현하며, 시장 생산과 함께 현대 경제에서 점점 더 큰 작용을 할 것이라고 전망한다.

더욱 근본적으로, 부탕의 '인지 자본주의론'은 현대 경제가 산업주의로부터 인지주의로의 완전한 패러다임 교체를 이루고 있다고 주장한다(Boutang, 2011: 48). 인지 자본주의는 무형의 비물질재, 즉 지식과 혁신의 창출을 통한 이윤 획득이 축적의 최대 관건인 경제 체제이다. 인지 자본주의에서 지식은 가치의 근원이자 축적의 대상이다. 실제로, 오늘날의 세계 경제는 비물질재에 대한 투자가 물질 장비에 대한 투자를 넘어선 지 이미 오래되었으며, 물질적 산업 생산의 유연 모델로의 전환도 비물질적인 것에 크게 의존한다. 그런 점에서, 부탕에 따르면, 비물질적인 것은 농업, 공업, 일상 서비스, 금융 영역 등 사회의 경제 활동 전반을 재조직하고 재배열하는 핵심 요소이다(Boutang, 2011: 50). 그리고 재화의 가치와 관련하여, 물질재 생산에 들어가는 투입 요소들 중 원료와 단순 노동의 비중은 점점 더 줄어드는 반면, 물질재의 브랜드를 높이기 위한 디자이너, 스타일리스트, 법률가, 소비자 분석가 등의 비물질 무형 요소의 비중은 점점 더 높아진다. 따라서 부탕에 따르면, 인지 자본주의에서 상품의 시장 가치는 더 이상 자본과 노동의 양이라는 전통적인 방식으로 측정할 수 없다. 특히, 시장화하기도 어렵고 코드화하기도 어려운 무형의 지식재가 지닌 교환 가치를 결정하는 유일한 방법은, "공중의 생산과 관리, 공공 의견 형성 메커니즘의 통제"(Boutang, 2011: 164), 즉 시장 참여자들 사이의 '공통 의견 형성', '평판', '유행', '수많은 대중들의 관심 동원'(Boutang, 2011: 144~145) 등과 같은 이른바 '폴리네이션'이다.

또한, 그에게, 자본 축적의 관건인 혁신은 점점 더 생산자들 사이의 협력과 복잡한 작업의 조율을 통해 발생하고 있다는 점에서, 기존의 기술적·사회적 노동 분업은 인지 자본주의의 적절한 생산 방식이 되지 못한다. 대신 디지털 네트워크를 통한 대규모 협업 속에서 인지 자본주의의 노동 분업은 실행된다. 부탕에 따르면, 인지 자본주의는 네트워크 속 두뇌들의 협력을 동원하고 네트워크의 긍정적 외부성을 최대한 확보하려 한다. 네트워크가 "특정한 인지적 문제에 특화되어 있을수록", "거기에 참여한 사람들의 수가 많을수록, 문제해결에 필요한 자원을 빨리 확인"(Boutang, 2011: 64)하고 그것을 서로 연결시킬 수 있는 가능성이 높아진다는 것이다. 따라서 인지 자본주의에서는 인구 전체에 퍼져 있는 창의성, 즉 집단지성을 활용하는 것이 가치 생산 활동의 중요한 요소가 된다.

나아가, 부탕에 따르면, 지식재와 정보재의 재산권 문제가 인지 자본주의의 중요한 문제로 부각되지만, 산업 자본주의 시대의 지적 재산권 강화 전략은 새로운 시대에 기술적으로 실행 가능한 방안도, 전략적으로 적절한 대응도 될 수가 없다. 한편으로, 모든 지식 정보재가 0과 1이라는 디지털 단위의 연쇄로 환원되고 그것이 손쉽게 컴퓨터에 의해 저장되고 관리되고 처리될 수 있는 조건에서, 기존의 지적 재산권 소유자가 재화의 복제를 어렵게 만들었던 기술적 잠금 장치는 쉽게 해제될 수 있다. 다른 한편으로, 지식의 단순한 '소유'가 아니라 그것의 '사용'에서 대규모 인간 두뇌의 네트워크 속 협력이 가능하기 때문에, 지적 재산권 강화 전략은 네트워크의 긍정적 외부성을 획득하기 위한 적절한 전략이 될 수 없다. 부탕에 따르면, "인지 자본주의에서, 부의 생산자가 되기 위해서는, 살아 있는 노동은 반드시 기계(하드웨어), 소프트웨어, 네트워크, 그리고 네트워킹 활동의 배열 조건(특히 환경 조건)에 접근할 수 있어야 한다. 접근의 자유가 배타적 소유권 관념을 대신한다. 여기에서 생산은 동시에 정보와 지식에 대한 접근을 의미한다"(Boutang, 2011: 118). 따라서 그에게, 소프트웨어 개발자, 연구자, 예술가 집단에서 출현하고 있는 동료생산 모델은 자본주의 생산의 핵심 영역들에 커다란 영향을 미치고 거대한 사회적 전환을 촉진할 추동력이 되고 있다.

동료생산이 자본주의를 넘어선 새로운 생산양식의 지배 논리가 될 맹아를 내포하고 있다는 주장은 보웬스의 '네트지배 자본주의' 관념에서 더욱 분명하게 나타난다. 그에 따르면, 오늘날 자본주의는 분산된 네트워크 속 '동료 간(peer-to-peer)' 동학이라는 하부 토대에 의존하는 시스템이 되었다. 그리고 동료 간 동학은 시장을 위한 교환 가치가 아니라 사용자 공동체를 위한 사용 가치를 생산하는 '제3의 생산양식', 시장의 배분이나 기업의 위계가 아니라 생산자 공동체에 의해 관리되는 '제3의 거버넌스 양식', 그리고 새로운 공유 재산 시스템을 통해 사용 가치에 대한 자유롭고 보편적인 접근을 가능하게 하는 '제3의 소유 양식'을 만들어내고 있다(Bauwens, 2005). 현대 자본주의는 동료생산의 이러한 사회적 협력이 만들어내는 긍정적 외부성인 지식과 혁신에 점점 더 의존하고 그것을 자신들의 이윤 추구 활동에 적극 통합시키고 있다. 보웬스에 따르면, "기업들이 개방적 공유지의 출현에 적응하고 있으며, 개방적 공유지와 기업 생태계 사이의 상승 효과를 추구하는 객관적 경향이 존재한다"(Bauwens, 2009: 130). 구글, 애플, 아마존, 이베이, 유튜브, 페이스북 등은 그 대표 기업들이다.

보웬스에게, 소위 '공유 경제' 혹은 '크라우드소싱 경제(crowdsourcing economy)'로 대변되는 네트지배 자본주의는 폐쇄적이고 독점적인 지적 재산권 전략에 의존하기보다는 참여 네트워크의 활용을 가능하게 하는 플랫폼의 소유에 점점 더 의존한다. 그에 따르면, 플랫폼 이용자들이 네트워크에서 자유롭게 창작하고 공유하는 재화를 사유화하는 것은 플랫폼 이용에 대한 사용자들의 의지를 약화시키기 때문에 지속 가능한 전략이 아니다. 플랫폼 이용자들을 가능한 한 많이 확보하고 그들의 관심을 광고나 판촉의 수단으로 삼음으로써 교환 가치를 창출하는 것이 네트지배 자본가들에게 이윤 창출의 더 효과적인 전략이 될 수 있다는 것이다. 물론, 보웬스는 동료생산이 네트지배 자본주의에 포획되어 애초의 비자본주의적 급진성이 소멸당할 위험성을 경계하며, 이를 위해 '공유주의(Common-ism)'라는 시장 지배를 넘어선 새로운 정치경제학이 확산되어야 한다고 주장한다(Bauwens, 2005).

마지막으로, 워크의 '벡터 자본주의' 이론은 정보에 대한 독점권을 소유하고 있는 벡터 계급과 그에 대항하여 자신들이 집합적으로 생산한 정보의 자유를 위해 싸우는 해커 계급 사이의 대결을 현대 자본주의의 기본 갈등 구조로 본다.

그에 따르면, 물질적 재화 생산을 정보의 순환에 종속시키는 벡터 계급은 오늘날 새로운 지배 계급으로 등장하고 있다. 벡터 계급은 토지의 상품화와 그것으로부터 지대를 얻는 지주(pastoralist) 계급과 자본에 대한 지배로 이윤을 획득하는 자본 계급의 뒤를 이어 정보의 사유화로 차익(margin)을 얻는 현대의 새로운 지배 계급이다. 토지에서 자본으로 그리고 다시 자본에서 정보로 재산의 사유화가 진척되고 있는 것이다. 벡터 계급의 권력은 정보재(information stock), 정보의 흐름(flow), 정보의 분배 수단(vector)에 대한 소유와 통제로부터 나온다. 즉, "그들의 권력은 지적 재산, 특허권, 저작권, 상표권을 독점화하는 것에 있다. 정보의 사유화는 부수적이 아니라 지배적인 상품화 생활의 양상이 되었다"(Wark, 2004: 25). 하지만, 워크에 따르면, 해커 계급은 자기 스스로가 하드웨어, 소프트웨어, 웨트웨어를 프로그램한다는 점에서 생산 도구의 바로 그 디자이너들이라 할 수 있으며, 따라서 생산 수단을 완전히 박탈당하지는 않은 계급이다. 해커 계급은 "예술에서, 과학에서, 철학에서, 문화에서, 데이터가 수집될 수 있는 모든 종류의 지식 생산에서, 정보가 추출될 수 있는 곳에서, 세상을 위한 새로운 가능성이 그 정보에서 생산되는 곳에서"(Wark, 2004: 15), 새로운 가치를 생산하고 그것이 벡터 계급에 의해 상품화되고 사유화되는 것에 저항하고 투쟁한다.

현대 자본주의의 성격에 관한 이상의 논의에서 우리는 크게 세 가지의 공통된 문제의식을 확인할 수 있다. 첫째, 이들 이론은 모두 동료생산의 비독점적이며 비시장적인 조직 방식이 현대 자본주의 경제에 갖는 급진적 함의를 강조한다. 둘째, 이상의 논의들은 모두 동료생산의 공유주의 가치와 디지털 공유지의 사유화 경향 사이의 상호 의존적이면서도 대립적인 성격에 주목한다. 셋째, 이들 이론은 지식재를 통한 자본 축적에서 지적 재산권 강화 전략이 갖는 의미에 초점을 맞춘다. 아래에서는 이러한 문제의식을 동료생산의 조직 원리, 오픈소스 운동의 분기, 웹 2.0 사업 모델의 확산, 지적 재산권 강화 등의 이슈와 연관지어 좀 더 진전시켜 볼 것이다.

2) 동료생산의 분산과 통합 메커니즘

동료생산은, 벤클러에 따르면, "널리 분산되어 있으면서 서로 느슨하게 연결된 개인들이, 시장 신호나 경영 명령과는 독립적으로, 서로 협동하고 자원과 결과물을 공유하는, 매우 탈중심적이고 협력적이며 비독점적인 생산"(Benkler, 2006: 60)이다. 보웬스는 그것을 "자발적으로 물질적 혹은 비물질적 자산을 한데 모으고, 상호 적응을 통해 참여 거버넌스 과정을 디자인하고, 공동으로 생산한 가치가 진정으로 '공유재'로 남을 수 있도록"(Bauwens, 2009: 122) 해주는 생산 모델로 규정한다. 리눅스 개발 프로젝트에서 볼 수 있듯이, 동료생산은 생산자 공동체에 의해 관리되며, 시장 논리나 조직 위계의 지배를 받지 않는다. 이제, 기업이나 정부의 재정 지원이 없이도, 다양한 동기를 가진 수많은 개인들의 인터넷을 통한 조율되지 않은 행동이 결과적으로 잘 조율된 결과를 낳을 가능성이 매우 높아졌기 때문이다(Benkler, 2006). 또한, 시장 생산에서는 개별적 생산 활동이 자신의 이익을 넘어선 어떤 커다란 사회적 관심에 따라 조직되지 않지만, 동료생산은 개인적 이익을 넘어서서 분명한 사회적 목적을 지닌 개인들에 의해 조직된다. 어떤 사전 허락이나 유력 허브에 얽매이지 않고 생산 활동에 참여하는 개인들은 널리 사용 가능한 공유재를 생산하겠다는 분명한 목적의식 아래에서 서로 협력한다. 그리고 이처럼 개인과 집단의 이익이 서로 합치하는 동료생산은, 공유재가 보편적으로 보급될 수 있도록 해주는 분배 시스템 덕분에, 시장 생산에 비해 사회 전체의 이익을 더 증대시키는 것으로 간주된다.

동료생산의 조직 원리는 흔히 '눈동자가 많으면, 기술 오류는 쉽게 발견할 수 있다'는 이른바 '리누스 법칙(Linus' Law)'으로 대변된다. 물론, 추상적 구호가 동료생산 원리에 관한 구체적이고 체계적인 진술을 대신할 수는 없다. 비록 인터넷이 소통과 거래 비용을 거의 영(zero)으로 만듦으로써, 지리적으로 분산된 대규모의 자발적 협력이 일어날 수 있는 조건을 제공해주긴 했지만, 수많은 참가자들 사이의 복잡한 프로젝트에 수반되는 "의사결정, 인간 감정, 기술적 불확실성 해소 등과 같은 협력 비용"(Weber, 2005: 172)은 여전히 해결해야 할 문제로 남아 있다. 따라서 동료생산의 탈중심성 혹은 분산성이 지닌 장점을 강조하는 것 못지않게, 복잡한 대규모 협력에서 야기되는 조정과 통합 문제가 과연 어떻게 해결되는지를 규명하는 작업도 매우 중요하다.

동료생산의 핵심 조직 원리는 참가자가 상부의 명령이 아닌 자발적 의지에 따라 행동할 수 있는 '적응 능력(adaptability)', '탈중심성', 혹은 '분산성'이다(Bauwens, 2005; Benkler and Nissenbaum, 2006; Boutang, 2011; Kelty, 2008). 부탕(2011)에 따르면, 인지 자본주의의 불확실한 시장 상황에서 시행착오를 배제할 '유일한 최상의 방법'은 없는 반면, 디지털 네트워크에 토대를 둔 대규모 협력생산은 정보의 실시간 교환을 통해 행동을 자유롭게 수정하고 문제의 적절한 해결책을 찾을 수 있다. 켈티도 동료생산이 '계획'이 아니라 '적응 능력'에 따라 조직된다는 사실을 강조한다. 그에 따르면, "자유 소프트웨어의 조정 구조는 개인들의 위계 구조에 의해 지시되거나 통제되는 공유된 계획, 목적, 혹은 이상이 아니라, 변화에 대한 일반화된 개방성을 더 중시한다"(Kelty, 2008: 211). 그래서 참가자들은 개인적 호기심과 작업에 대한 즐거움을 잃지 않고서도 복잡한 집단 결과물을 창출할 수 있다는 것이다. 이와 유사하게, 벤클러와 니센바움은 자신이 가장 잘할 수 있는 일을 스스로 찾아서 하는 '탈중심성'은 개인들의 다양한 동기와 창의성이 최대한 발현될 수 있게 해주며, 그 결과 동료생산이 매우 폭넓은 정보 원천을 가질 수 있게 해준다고 주장한다(Benkler and Nissenbaum, 2006: 402). 따라서, 똑똑한 네트워크의 출입구에 멍청한 행위자를 두지 말아야 하며(Boutang, 2011), 이처럼 개별 노드에 특정한 의무를 부과하는 허브를 갖고 있지 않다는 점에서 동료생산 네트워크는 '탈중심적'이라기보다는 '분산적'인 것이라 할 수 있다(Bauwens, 2009: 127). 요컨대, 동료생산은 미리 수립된 계획을 통해 개인의 행동을 구속하는 것이 아니라, 참가자들이 자신의 관심과 능력에 따라 기존의 코드와 디자인을 자유롭게 사용하고 모방하고 비판하고 수정할 수 있도록 하는 분산성과 적응 능력의 실행을 통해 많은 혁신을 이루어내고 있다.

동료생산의 또 다른 핵심 조직 원리는 '모듈화(modularization)'이다. '탈중심성'이 제대로 실현되기 위해서는 "프로젝트가 하나의 전체로 통합되기 이전에서로 독립적으로 생산될 수 있는 작은 구성 부분"(Benkler, 2006: 100)인 모듈들로 나뉠 수 있어야 한다. 프로젝트 구성 부분들을 가능한 한 세분화하여, 이해하기 쉽고 오류 수정이 용이하도록 만드는 것이 중요하다. 벤클러에 따르면, "모듈들이 서로 독립적이면 개별 참가자들은 언제 그리고 무엇에 관하여 기여할 것인지를 자율적으로 결정할 수 있다"(Benkler, 2006: 100). 따라서, 부탕이 밝혔듯이, 소규모 생산과 다양성 경제의 인지적 노동 분업은 표준화와 동질화가 아니라 모듈의 조각적 성격에 의존한다. 위키피디아의 경우, 사실상 모든 기사, 심지어는 개별 기사의 최소 단위인 단어조차도 하나의 모듈이 될 수 있다. 개인들은 자신이 아는 특정 주제에 관해, 설사 그것이 단순한 오탈자 수정이라 할지라도, 공신력 있는 기사를 제공할 수 있다. 그리고 이런 모듈화는 "한 가지 작업을 잘 해내는 작은 프로그램"을 만들고 그것을 "다른 프로그램과 쉽게 사용될 수 있도록 디자인"(Weber, 2005: 164)할 때 잘 달성될 수 있다. 다른 모듈들과 잘 연결되면서도 한 모듈의 변화가 다른 모듈의 변화를 연쇄적으로 유발하지 않는 모듈화가 좋은 모듈화인 것이다. 모듈화에 덧붙여, 동료생산은 "개인들이 모듈을 생산하기 위해 투입해야 하는 시간과 노력으로 표현되는 모듈의 크기"(Benkler, 2006: 100)가 가능한 한 작아야(granular) 한다. 벤클러에 따르면, 모듈 작업에 5분 정도밖에 소요되지 않는 '슬래시닷(Slashdot)' 프로젝트는 매우 성공적인 모델인 반면, 정부의 엄격한 지침 준수와 소수의 집중적 시간 투입이 요구되는 '위키북스(Wikibooks)'와 같은 오픈 교과서 제작 작업은 성공 가능성이 낮은 모델이다(Benkler, 2006: 101). 모듈의 크기가 작을수록 생산에 참여할 사람의 수가 늘어나고, 클수록 지속적으로 참여할 사람의 수가 줄어들 가능성이 높다는 점에서, 모듈의 미세성은 대규모 동료생산의 핵심 성공 조건이라 할 수 있다.

하지만 이처럼 탈중심적이고 분산적인 동료생산이 무정부 상태의 혼란에 빠져들지 않기 위해서는, 낟알과도 같은 각각의 모듈을 최종 생산물로 엮어주는 저비용의 통합 메커니즘을 반드시 갖추고 있어야 한다. 개인들이 동료생산에 기여하는 시간과 장소가 각기 다르고, 수행하는 작업의 초점이나 양과 질이 매우 다양하기 때문에, 동료생산은 수많은 미세한 기여를 잘 통합할 수 있어야 한다. 동료생산의 통합 능력은 대체로 참가자들의 작업 동기, 기술 메커니즘(수평적 동료 리뷰, 즉각적인 수정, 제재 등), 법적 장치(일반공중라이선스 등), 사회문화적 규범(실적 중심주의, 기술 합리성 등), 공식 거버넌스 기구와 지도력 등에 의해 담보된다(Benkler, 2006; Weber, 2005).

웨버에 따르면, 참가자들은 핵심 프로젝트에서 따로 떨어져 나가는 것이 다른 사람들로부터 기술적 도움을 얻거나 자신의 평판을 획득하는 데 별로 도움이 안 된다는 것을 안다. 따라서 개인적 동기의 측면에서, 프로젝트로부터의 분기보다는 통합 유인이 더 크다고 볼 수 있다. 또한, 리눅스 개발이나 위키피디아 사례에서 알 수 있듯이, 참가자들의 기여는 끊임없이 동료들에 의해 검토되고 오류는 즉각 수정될 수 있다. 공동체의 규범과 규칙을 위반하는 행위에 대해서는 흔히 플레이밍이나 따돌리기 등과 같은 제재 메커니즘이 동원된다. 아울러, 위계적 권위 구조가 부재한 동료생산 프로젝트에서는 일반공중라이선스와 같은 라이선스 세부 지침이 조율과 통합의 기본 원칙으로 작용한다. 실제로, 많은 동료생산 라이선스는 프로그램의 자유로운 이용과 수정을 보장하는 자유, 그 누구의 참여도 가로막지 않는다는 비차별, 영리와 비영리를 구별하지 않는 실용주의, 그리고 실적에 따라 평가받는 실적 중심주의(meritocracy)를 기본 원리로 삼고 있다(Weber, 2005: 180). 나아가, 동료생산은 리눅스의 리누스 토발즈(Linus Torvalds), 위키피디아의 지미 웨일즈(Jimmy Wales)처럼, 프로젝트를 처음 시작하고 주도하는 사람의 권위를 존중하고, 그 사람의 의사결정 권한의 정당성을 인정하는 문화가 형성되어 있다. 그리고 "코드가 결정하게 하라"(Weber, 2005: 164)는 이른바 기술-합리적 분쟁 해결 방침을 따르는 것과 같은 문화적 규범도 동료생산의 통일성을 담보하는 요소이다.

아울러, 프로젝트의 목적을 천명하고, 그것의 전망을 제시하는 코드를 작성하고, 다른 사람들의 참여를 이끌어내고, 협력에 필요한 조율 작업을 지속적으로 수행하는 것과 같은 지도력도 성공적 동료생산의 필수 요소이다. 사실, 많은 동료생산 프로젝트는 참가자들에게 작업을 할당하는 위계 구조는 갖고 있지 않지만, 참가자들의 작업들 중 어떤 것을 프로젝트에 반영하고 수용할 것인지를 결정하기 위한 탈중심적 위계 구조는 갖는다(Weber, 2006). 예컨대, 위키피디아는 사용자들의 권한과 책임에 따라 '일반 편집자(editors)', '관리자(administrators)', '관리(bureaucrats)', '조정위원회(arbitration committee)'로 구성되는 위계 구조를 갖고 있다. 그리고 리눅스 프로젝트에서 토발즈가 수행한 역할은 흔히 '자비로운 독재자(benevolent dictator)'에 비유되었는데, 이는 토발즈가 지닌 개인적 카리스마로 인해 그가 공식적인 규칙이 부재한 동료생산 프로젝트에서 주요 의사결정권을 행사할 수 있었기 때문이다. 그런 점에서, 동료생산의 통합 메커니즘은 위계나 구조 자체의 부재 속에서가 아니라, 업적과 능력에 토대를 둔 유연한 위계와 구조를 통해 실현된다고 볼 수 있다(Bauwens, 2005). 즉, 동료생산 방식은 아래로부터 조직될 뿐만 아니라, 최상의 결과물을 도출하기 위한 위로부터의 통제와 권위를 통해서도 조직된다(Duguid, 2006). 미로브스티에 따르면, "평판, 접촉, 예리함, 기술적 능력에 토대를 둔 권력관계는 모든 자유 소프트웨어 프로젝트의 수행에 중요한 역할을 한다"(Mirowski, 2001).

확실히, 탈중심 동료생산 프로젝트는 결코 '지도자 없는 운동'이 아니다. 오히려 지도력은 다양한 동료생산 모델에서 보편적으로 발현된다. 그리고 그것은 애초의 해커 윤리의 전통을 이어받아, '실적 중심주의'에 바탕을 두고 있다(Bauwens, 2009). 물론 동료생산의 주요 참가자들이 대부분 대학 이상의 학위를 가진 사람들이라는 점에서, 동료생산은 '자격증 중심주의(credentialism)'와 다르지 않다는 비판(Kreiss, Finn, and Turner, 2011)도 있다. 그러나 동료생산의 개방성 원리를 생각해볼 때, 이러한 비판은 결과론적 평가에 가깝다. 어쨌든, 실적 중심주의에 토대를 둔 동료생산의 권력관계는 참가자들 사이에서 "억압적이라기보다는 생산적인 것"(Meng and Wu, 2012: 4)으로 간주된다. 요컨대, 동료생산은 자율적이고 탈중심적인 상향적 동학과 카리스마적 지도자 혹은 핵심 집단의 하향적 조직화 작업의 결합을 통해 이루어진다(Forte, Larco, and Bruckman, 2009).

3. 동료생산의 분기와 지적 재산권

1) 자유 소프트웨어와 오픈소스 프로젝트

흔히 동료생산은 '자유/오픈소스 소프트웨어' 운동 모두를 포괄하는 개념으로 사용되지만, 1998년 오픈소스 운동의 출현에 따른 동료생산의 분기와 그로 인한 양자의 긴장 관계는 결코 사소한 것이라고 할 수 없다(Chopra and Dexter, 2008; Kelty, 2008; Klang, 2005; Mueller, 2008; Weber, 2005). 자유 소프트웨어 운동은 1980년대 중반 소프트웨어의 사유화에 비판적이었던 스톨먼의 유닉스 호환 소프트웨어 시스템 '그누(Gnu's Not Unix: GNU)' 프로젝트에서 시작되었다. 그리고 그것은 1991년 토발즈가 운영 시스템에 매우 중요한 소프트웨어인 커넬, 즉 리눅스 커넬의 초기 모델을 배포하면서 '그누/리눅스'라는 대규모 자유 소프트웨어 운동으로 발전했다. 그런데, 1998년 봄 토발즈, 에릭 레이먼드(Eric Raymond), 팀 오라일리(Tim O'Reilly) 등 일부 자유 소프트웨어 운동 참가자들은 스톨먼을 배제한 채, '프리웨어 정상 회의'를 개최했다. 이 회의에서 이들은 영리기업들도 활발하게 참여할 수 있는 새로운 소프트웨어 운동, 즉 오픈소스 프로젝트를 출범시켰다. 오픈소스 주창자들은 당시의 리눅스를 "상당한 상업 에너지를 지닌, 주요 기업들의 컴퓨터 시스템이 되어" 있었던 것으로 본 반면, 그것을 만든 공동체는 여전히 "취미 클럽 수준의 의식 구조를 지니고"(Weber, 2005: 111~112) 있었던 것으로 평가했다. 그래서 그들에게, 오픈소스 운동은 "좀 더 성숙한 단계로 넘어가기 위한 새로운 자의식, 이름, 정체성, 명확한 임무 설정"(Weber, 2005: 12)의 산물이었다. 오픈소스 운동은 스스로를 사회적으로는 시장 친화성을 지향하고, 기술적으로는 실용주의를 추구하고, 정치적으로는 이념적 성격을 탈피하는 운동으로 규정했다.

우선, 오픈소스 운동은 자유 소프트웨어 운동이 영리기업의 참여를 가로막는다고 보았다. 레이먼드(1999)는 "자유 소프트웨어를 투자자, 벤처 자본, 주식 구매 대중에게 좀 더 이해가 되는 어떤 것으로 만듦으로써 새롭게 부상하는 인터넷 경제의 물결을 이용"(Kelty, 2008: 109에서 재인용)할 것을 역설했다. 오라일리는 자유 소프트웨어 운동이 자유 소프트웨어가 주류 기업들에게 갖는 매력을 억압하고 그들의 프로젝트 참여를 막는 장애물이 되고 있다고 주장했다. 기업과 시장의 참여를 유도하기 위하여, 오픈소스 프로젝트는 자유 소프트웨어 운동과는 다른 라이선스 전략을 도입했다. 자유 소프트웨어의 라이선스인 '일반공중라이선스'에 따르면 자유롭게 제공받은 소프트웨어의 소스 코드(source code)를 수정하여 만든 새로운 소프트웨어는 반드시 이전의 자유 소프트웨어와 동일한 라이선스로 재배포해야만 하는 라이선스인 반면, 오픈소스 프로젝트는 오픈소스 코드를 파생 소프트웨어에 포함시켰다고 해서 그것이 반드시 일반공중라이선스를 부착할 것을 요구하지 않는다. 소스 코드가 공개, 수정, 공유되는 한, 개발자가 전적으로 자유롭게 라이선스를 선택할 수 있도록 했다.

이에 따라, 영리기업들은 오픈소스 프로젝트에 참여하면서도, '이중 라이선싱(dual licensing)'과 같은 방식을 통해 기존의 독점 소프트웨어 전략을 계속 유지할 수 있게 되었다. 무엇보다도, 항상 유능한 기술 인력의 부족에 허덕이는 대부분의 정보통신 기업들에게 오픈소스 그룹은 거대하고도 값싼 노동력 풀로 비쳐졌다(Laat, 2004). 그래서 '소프트웨어 개발 서비스' 사업을 통해 오픈소스 프로젝트를 하청(outsourcing)하려는 시도들이 나타나는가 하면, 자기 고유의 기술 개발을 위해 오픈소스 플랫폼을 만드는 기업들이 등장하기 시작했다. 예컨대, 1998년 영리기업으로는 최초로 오픈소스 프로젝트에 참여한 넷스케이프(Netscape)가 '모질라공중라이선스(Mozilla Public License: MPL)'라는 오픈소스 라이선스와 '넷스케이프공중라이선스(Netscape Public License: NPL)'라는 배타적 라이선스를 동시에 운용했다. 이후 휴렛패커드(Hewlett-Packard)와 선 마이크로시스템 등에서도 도입된 이 방식은 기업의 호스팅 플랫폼에서 공개적으로 개발된 기본 소프트웨어에는 오픈소스 라이선스를 부착한 반면, 기업 내부에서 부가 모듈을 제작하여 통합한 소프트웨어에는 독점 라이선스를 부착함으로써 오픈소스 소프트웨어의 상품화를 추동했다(Laat, 2004). 또한, 많은 영리기업들은 개발 전략으로서만이 아니라 효과적인 배포 전략으로서 이중 라이선싱 전략을 채택하기도 했다. 인터넷을 통해 저렴하고도 광범위하게 제공한 오픈소스 소프트웨어는 자신들의 독점적인 생산물에 대한 폭넓고 값싼 배포 채널을 구축하는 데 커다란 도움이 된다고 보았기 때문이다.

많은 오픈소스 주창자들은 참여 영리기업들의 이러한 독점 라이선스 전략에 대체로 부정적 반응을 보이기도 하지만, 완벽한 프로그램 개발을 최상의 가치로 내세웠던 그들의 '실용주의'에 비추어 보면, 그러한 전략이 반드시 자신들의 가치와 양립 불가능한 것은 아니다. 레이먼드는 "기업 활동에서 자유란 추상적 관념이 아니다. 기업의 성공은 공급자와 고객이 즐기는 자유의 정도와 거의 직접적으로 연관되어 있다"(Klang, 2005에서 재인용)면서, 소프트웨어 산업에 대한 규범적 판단보다는 참여자들의 이익을 존중하고 효과적인 소프트웨어 개발을 더 중시하겠다는 오픈소스 운동의 시장 친화성을 숨기지 않았다(Mueller, 2008; Perens, 2005). 웨버는 동료생산의 '분기(forking)'가 오픈소스 운동에서 중요한 것은 "자유 소프트웨어 재단(Free Software Foundation)이 믿었던 것과는 다른 종류의 가치, 즉 창의성을 표출하고 더 나은 소프트웨어를 만들고, 그것의 사용 제한을 절대적으로 최소화하는 자유"(Weber, 2005: 112)였기 때문에 일어난 것으로 평가한다. 하지만, '완벽한 프로그램 개발'은 '소프트웨어의 자유로운 사용'과 함께 자유 소프트웨어 운동의 핵심 가치였다. 그런데 오픈소스 주창자들은 양자를 대립시키고, 오픈소스 프로젝트를 '이데올로기적으로 올바른' 소프트웨어 생산에서 '기능적으로 훌륭한' 그것으로의 이행으로 규정했다. 시장 친화성에 대한 이러한 정당화는 오픈소스 운동이 소프트웨어 개발의 단지 한 가지 방법론에 다름 아니라는 주장으로까지 발전했다(Mueller, 2008).

오픈소스의 실용주의는 자유 소프트웨어 운동에 대한 이념적 비판으로 나타나기도 했다. 토발즈는 "솔직히, 나는 사람들이 이데올로기적 이유로 리눅스를 사용하는 것을 원치 않는다. 이데올로기는 혐오스러운 것이다. 사람들이 이데올로기에 덜 빠져 있다면 이 세상은 더 나은 곳이었을 것이며, '종교 때문이 아니라 즐겁고 다른 사람들이 유용하다고 보기 때문에 이것을 한다면' 훨씬 더 좋은 곳이었을 것이다"(Torvalds, 2000; Kelty, 2008: 233에서 재인용)고 밝혔다. 소프트웨어의 '자유'를 강조한 자유 소프트웨어 운동을 이데올로기나 종교와도 같은 것으로 간주한 것이다. 지적 재산권 강화를 역설하고 자유 소프트웨어의 실용적·이윤 추구적·시장 친화적 사용을 옹호한 레이먼드는 스톨먼과 자유 소프트웨어 재단을 자유의 옹호자가 아니라 일종의 교조적이고 불가능한 공산주의의 대변자라고 비난하기까지 했다(Kelty, 2008: 109).

사실, 이러한 비난은 과도한 측면이 있다. 1960대 초반의 자유주의적 해커 문화로부터 발전한 자유 소프트웨어 운동은 정보의 자유와 완벽한 소프트웨어 개발을 가로막는 영리기업의 독점화 경향을 강하게 비판했던 것이지, 소프트웨어의 상업화를 완전히 반대하거나 공산주의적 공유를 지향한 것은 아니었다. 어쨌든, 오픈소스의 분기에 따라, 자유 소프트웨어와 오픈소스는 사용자의 권리와 책임, 독점 소프트웨어에 대한 태도, 기업 세계의 소프트웨어 생산과의 관계 등에 관한 문제에서 중대한 차이를 내포한 운동이 되었다. 초프라와 덱스터가 밝혔듯이, "상업 지향적 분화는 자유 소프트웨어의 수사와 전술에 중요한 변화를 초래했고, 이는 자유 소프트웨어 내부의 본격적인 철학적·전술적 균열로 발전했다"(Chopra and Dexter, 2008: 15). 무엇보다도, 자유 소프트웨어 운동은 자신을 오픈소스 진영과 의식적으로 구분했다. 스톨먼은 "그들이 우리 공동체에 기여했다는 점은 인정하지만… 우리가 성취한 바를 우리의 가치와 철학에 연결시켜야지, 그들의 것과 연결시켜서는 안 된다"(Stallman, 2002: 57~58)고 밝혔다. 그는 오픈소스 운동이 영리기업들에게 오픈소스 개발 방식의 장점을 알리고 그들의 참여를 이끌어내기는 했지만, 그 과정에서 자유 소프트웨어 운동이 추구한 '소프트웨어의 자유'라는 애초의 원칙과 가치는 훼손되었다고 보았다. 이러한 우려는 "조만간 이들 사용자는 일정한 실용적 이유로 다시 독점 소프트웨어로 돌아가도록 요청받을 것이다. 수많은 기업들이 그러한 동기를 부여하려 할 것이고, 사용자들이 왜 그것을 거부하겠는가?"(Stallman, 2002: 59)라는 반문에서 잘 확인할 수 있다.

자유 소프트웨어 운동의 성공은 여전히 사용자들이 자유 소프트웨어가 제공하는 소프트웨어의 자유를 이해하고 그것의 가치를 주장하고 확산하는 것에 달려 있다. 크랭은 "오픈소스 소프트웨어가 많아진 반면, 근본적인 철학적 문제에 대한 논쟁은 줄어들었다. 상업적 행위자들도 이해할 수 있을 만큼 쉽게 이 논쟁을 번역하는 과정에서 우리는 논쟁의 가장 중요한 측면, 즉 우리 사회 토대의 가장 근본적인 요소를 누가 소유할 것인가라는 문제는 간과하고 말았다"(Klang: 2005)고 지적한다. 이러한 평가는 초프라와 덱스터(2008: 15)가 말했듯이, 자유 소프트웨어와 오픈소스 소프트웨어의 분화가 초래한 딜레마, 즉 자유 소프트웨어 고유의 이상을 그 생산물의 광범위한 보급과 얼마나 그리고 어떻게 조화시킬 것인가라는 문제가 제대로 해결되지 못했음을 반영한 것이라 할 수 있다.

따라서 동료생산의 비시장적·비독점적 의의가 순전히 낙관주의적으로 강조될 수는 없다. "기업 세계가 멀지 않아 나머지 우리에게 동료생산을 제공할"(Berry, 2008: 369) 것이라는 스티브 잡스(Steve Jobs)의 말처럼, 동료생산이 진정으로 새로운 부를 창출하는 강력한 모델이라면, 지배적인 시장 생산 방식이 그것을 흡수할 수 있기 때문이다. 그리고 관료제의 합리주의 조직 원리는 동료생산을 자신의 틀 속에 포섭할 수 있을 정도로 적응력이 높기 때문에, 동료생산은 기업과 관료 조직을 대체하기보다는 오히려 시장에 배태되고 독점적 재화 생산을 위해 얼마든지 활용될 수 있다(Kreiss, Finn, and Turner, 2011; Meng and Wu, 2012).

2) 웹 2.0과 시장의 포획

앞서 살펴본 것처럼, 많은 영리기업들이 오픈소스 라이선스를 매개로 동료생산의 상업화와 상품화를 추동했다면, 최근 부상하고 있는 다양한 웹 2.0 사업은 자유 소프트웨어나 오픈소스 프로젝트와 직접 결합하지 않으면서도 동료생산 원리를 자신들의 경영 전략에 적극 도입함으로써 적지 않은 수익을 창출하고 있다. 그레이엄은 기업들이 동료생산에서 배울 것은 "리눅스나 파이어폭스가 아니라 그것들을 만들어낸 힘이다"(Graham, 2005)라면서, 동료생산 원리를 이윤 창출 경영 전략에 적극 도입할 것을 역설했다. 그리하여 2000년대 초반부터 영상, 음악, 사진, 뉴스, 지식, 사교 등 수많은 영역에서 '사용자-제작 콘텐츠'를 핵심 지렛대로 활용하는 영리 사업 모델들이 폭발적으로 증가했다. 동료생산 원리가 이들 웹 2.0 기업에 의한 이윤 추구의 유력한 장치로 동원되고 있다는 사실은, 동료생산이 시장 생산 환경에서 직면하고 있는 딜레마의 한 표현이라 할 수 있다(Berry, 2008; Mejias, 2010; Kreiss, Finn, and Turner, 2011; Meng and Wu, 2012; van Dijk and Nieborg, 2009; Postigo, 2011).

우선, 비시장적·비독점적 동료생산이라는 개념은 흔히 그와 유사한 시장적·상업적 개념들인 '사용자-제작 콘텐츠', '웹 2.0', '동료 간 플랫폼' 등과 혼용되거나 그 구성 요소 중 하나로 취급된다. '사용자-제작 콘텐츠'는 "개인들 혹은 공동체에 의해 자발적으로 개발되고 온라인 플랫폼을 통해 배포되는 콘텐츠"(Mackenzie et al., 2012)로 정의할 수 있다. 경제협력개발기구는 그것을 일정한 창의적 작업을 내포하고 있고, 직업 활동 외부에서 만들어졌으며, 다른 사람들에게 공개된 콘텐츠로 규정한다(OECD, 2007: 8). 매켄지와 그의 동료들에 따르면, 사용자-제작 콘텐츠는, 트위터, 유튜브, 블로그 등을 통해 유통되는 '창의 콘텐츠', 이미 존재하는 데이터 세트나 하드웨어와 소프트웨어 플랫폼 안에서 작동하거나 그것을 확장시키기 위해 개인들이 만든 애플리케이션을 포함한 '소규모 장치들', 그리고 오픈소스 소프트웨어나 위키피디아와 같이 사용자들이 서로 협력하여 생산하고 배포하는 '협력 콘텐츠' 등으로 나뉜다(Mackenzie et al., 2012). 이러한 설명에는, 자유 소프트웨어, 오픈소스 소프트웨어, 위키피디아 등의 동료생산 영역이 블로그, 사회 연결망 사이트, 팟 캐스트 등과 같은 상업 영역과 마찬가지로, 사용자-제작 콘텐츠를 제공하는 다양한 미디어 영역들 중의 하나로 취급된다.

이와 유사한 문제는 '웹 2.0' 담론에서도 나타난다. '웹 2.0'이란 대체로 웹 이용자들 사이에 정보 공유와 협력 그리고 다양한 수준의 창작 활동의 교환이 이루어지는 네트워크 플랫폼을 가리키는 말로 사용된다. 오라일리에 따르면, 웹 2.0은 "사용자들이 웹 사이트의 콘텐츠를 만들어 그 가치를 높이도록 하고, 사이트가 끊임없이 역동적으로 쇄신되는 새로운 자료의 원천이 되도록 미디어 생산의 주기를 가속화시키는 활동"(O'Reilly, 2005; Gehl, 2011: 1231~1232에서 재인용)이다. 그리고 이 기술에는 블로그, 사회 연결망 사이트, 위키, 비디오 공유 사이트, 매시업(mashup), 포크소노미(folksonomy) 등과 같은 기술이 포함된다. 웹 2.0은 소프트웨어 장치가 이전처럼 데스크톱에 탑재되는 것이 아니라 웹에 탑재되는 '플랫폼으로서의 웹'이며, 기업들은 텍스트, 사진, 동영상, 아이디어 등 사용자들이 만들어내는 콘텐츠를 활용하여 이윤을 창출할 수 있다. 그런 점에서, 웹 2.0은 "온라인 미디어의 콘텐츠 공급과 평가를 사용자에게 의존하고, 이러한 콘텐츠가 만들어내는 관심을 시청자들에 대한 광고에 활용하는 새로운 미디어 자본 기술"(Gehl, 2011: 1229)이라 할 수 있다.

그런데 웹 2.0의 이러한 '플랫폼으로서의 웹'이라는 성격 때문에, 그것은 종종 '동료 간 플랫폼'으로 규정되기도 한다. 동료 간 플랫폼은 대체로 "권위의 중심점이 없고 컴퓨터 자원의 상호 기부로 보조되는 커다란 규모의 인간 상호작용과 협력을 가능하게 해주는 메커니즘"(Pouwelse, Garbacki, Epema, and Sipet, 2008: 703)으로 이해된다. 그리고 이러한 피투피 플랫폼은 리눅스나 위키피디아와 같은 정보 공유 사이트들뿐만 아니라 유튜브와 페이스북과 같은 영리기업 사이트들도 포괄하는 개념으로 사용된다. 오늘날 수백만의 사람들이 자가-조직된 협력에 참여하여 새로운 상품과 서비스를 만들어내고 있으며, 이러한 흐름은 세계 최대 기업들의 활동에 영향을 미칠 정도로 중요해졌다. 그리하여 동료생산은 기업들과 대중들이 혁신과 성장을 위해 서로 공개적으로 협력하는 현상으로 규정되기도 한다. 유튜브, 마이스페이스, 위키피디아, 세컨드 라이프, 페이스북 등이 리눅스와 마찬가지로, 익명의 수많은 사용자들의 정보적·표출적·의사소통적 필요가 만들어내는 이른바 '동료생산' 원리에 토대를 둔 사이트들로 간주되는 것(van Dijk and Nieborg, 2009)도 이의 반영이라 할 수 있다.

웹 2.0 기업들은 이전처럼 콘텐츠를 스스로 만드는 것 대신에, 자신들이 소유한 플랫폼에서 소비자인 동시에 생산자인 이용자들이 그것을 생산하고 조직하도록 만든다. 구글, 유튜브, 아마존, 이베이, 페이스북 등과 같은 기업들은 사용자들에게 각각 검색, 동영상, 도서, 경매, 사교 등에 관한 플랫폼을 제공하고, 사용자들이 거기에서 자발적으로 자신들의 창작물을 표현하고 공유하도록 유도한다. 사용자들이 자발적으로 게시한 창작물과 그것에 대한 공유는 화폐나 독점의 논리와 거리가 멀지만, 플랫폼은 당연히 그것을 제공한 기업의 독점적 사유 재산이다. 클라이너와 와이릭에 따르면, 웹 2.0은 "무급 노동자들이 생산한 가치를 투자자들이 사적으로 전유하고, 자유 소프트웨어의 기술 혁신에 무임승차하고, 동료생산의 탈중심적 잠재성을 질식시키는 벤처 자본의 낙원" (Kleiner and Wyrick, 2007)이다.

기업들은 사용자들의 창의적 생산물을 자신의 통제 아래로 묶어두면서 사용자들의 관심을 광고주에게 판매하여 수익을 얻는다. 어떤 플랫폼에 무슨 내용으로 참여할 것인지를 결정할 수 있는 사용자의 자유는 플랫폼을 어떻게 운영할 것인지를 정하는 기업의 결정에 의해 제한된다. 사용자들의 다양한 관심은 플랫폼을 소유한 기업의 규칙에 따라 표현될 수밖에 없다. 그리고 사용자들의 콘텐츠 생산과 참여 기회는 확대되지만 기업들은 사용자-제작 콘텐츠를 통제한다. 또한 사용자-제작 콘텐츠의 확산은 그것을 통해 기업들이 광고 수익을 얻는 이른바 협력의 상업화와 함께 진행된다(Mejias, 2010: 608). 요컨대, 페이스북이나 유튜브의 진정한 가치는 사용자 공동체의 활발한 사교와 동영상 교류로 인해 만들어진 것임에도 불구하고, 플랫폼을 제공한 이들 소유자는 여기에서 생기는 모든 수익을 독점한다(Kleiner and Wyrick, 2007).

겔에 따르면, 유튜브는 동영상 게시와 감상이 수많은 일반 이용자들의 자발적 활동에 의해 이루어진다는 점에서 민주적인 동영상 저장 공간이라 할 수 있지만, 주로 거대 매체 기업과 벤처 사업자 그리고 파워 블로거들이 동영상 전시 방법을 결정한다는 점에서, 자본주의 이윤 논리로부터 자유로울 수 없다(Gehl, 2009, 2011). 웹 2.0이 플랫폼 이용자들을 그 어떤 하드웨어나 소프트웨어보다 강력한 '마이크로프로세서'로 활용하고 있다고 보는 겔은 웹 2.0을 "컴퓨터 사용자 대중의 정보 처리 역량에 대한 점증하는 자본화의 궤적"(Gehl, 2011: 1237)으로 규정한다. 웹 2.0의 혁명성과 민주성과 반권위주의성이 강조되는 이면에 여전히 대규모 아카이브와 그것의 전시에 권한을 소유하고 있는 자본의 힘을 주목해야 할 필요가 있는 것이다. 또한, 유튜브 사용자들은 플랫폼의 콘텐츠 공급자이자 데이터 제공자이다. 그런데 그들이 플랫폼 이용 과정에서 제공하는 자기 자신에 관한 정보의 상업적 가치는 그들이 제공하는 콘텐츠보다 더 중요한 것이 되기도 한다. 반 다이크에 따르면, "한편으로, 사용자들은 콘텐츠 생산에 더 큰 역할을 요구함으로써 자신들의 창의적 주도성을 주장한다. 다른 한편으로, 자신들의 행위를 추적하고 자신들에 대한 프로파일을 다듬는 기술 알고리즘 때문에 소비자로서의 주도성을 상실한다"(van Dijk, 2009: 49). 따라서, 전자만을 강조하고 후자를 무시하는 웹 2.0 담론은 웹 2.0 사업이 어떻게 행위자의 능동성과 주도성을 통제하는지를 보지 못하게 하는 결과를 낳기 쉽다. 실제로 전통 매체 산업은 처음에는 유튜브를 하나의 위협으로 인식했지만, 유튜브가 훌륭한 배급망이 될 수 있음을 파악한 이후부터는, 그것을 "경쟁자로 보기보다는 자신의 프로그램을 재전송하는 새로운 채널로서 그리고 광고 수입의 새로운 원천으로 보기 시작했다"(Kim, 2012: 57). 그리고 애초에 아마추어들의 동영상 공유의 장이었던 유튜브를 구글이 매입한 이후, 그것은 광고 수입을 얻기 위해 전문적으로 생산된 동영상 제공의 장으로 변화했다. 유튜브가 저작권법을 엄격하게 적용하고 광고 수입을 적극적으로 추구하는 것에서 이를 잘 확인할 수 있다. 요컨대, 웹 2.0은 "자유로운 동료 간 체계의 파괴이며, 획일적인 '온라인 서비스'의 복귀"(Kleiner and Wyrick, 2007)라는 비판으로부터 자유로울 수 없다. 웹 2.0은 영리기업에게 더할 나위 없이 중요한 수익의 원천이 되었으며, 동료생산에 관한 우리의 상상력이 사실상 "자본주의의 문화 회로"(Beer, 2008: 523)라 할 수 있는 웹 2.0 시장 이데올로기에 사로잡혀 있다는 지적은 상당한 설득력을 갖는다.

3) 디지털 플랫폼과 지적 재산권

자유 소프트웨어 운동은 전통적인 지적 재산권 혹은 저작권 관념에 맞서, 소프트웨어의 사용, 연구, 복제, 공유, 변경, 재배포의 자유를 보장함으로써, 지식과 정보의 공유를 실현하고자 했다. 그것은 일반공중라이선스를 중심으로 광범위한 '카피레프트' 사회운동을 촉발시켰다. 운동은 지적 재산권에 대한 자연권적 관념과 공리주의적 관념 모두에 나타나는 지적 생산물의 독점화 논리에 대한 비판에 바탕을 두고 있다. 로크와 디드로 등에 의해 발전된 자연권적 관념은 육체적 지적 노동의 산물은 당연히 그 노동을 투입한 사람의 소유물이어야 한다고 본다. 로크의 "모든 사람은 그 자신의 사람이라는 재산을 갖는다… 자기 몸의 노동, 자기 손의 작업은 그의 재산이라고 말할 수 있다"(Locke, 1690: Hesse, 2002: 33에서 재인용)는 주장은 지적 재산의 자연권적 토대가 된다. 디드로는 "정신의 작업… 그 자신의 생각… 결코 사라지지 않는 자신의 가장 소중한 부분 말고 어떤 형태의 부가 그에게 속하는 것일 수가 있겠는가?"(Diderot, 1970; Hesse, 2002: 34에서 재인용)라며 지적 재산이 물질 재산보다 훨씬 더 강력한 재산권의 대상이 되어야 한다고 역설했다.

그런데 자연권적 관념은 지적 재화의 '희소성' 문제에 관한 복잡한 논란을 야기한다. 한편으로, 재산권이란 재화의 희소성 때문에 도출된 권리인데, 지식과 같이 희소하지 않은 비경합, 비배제 재화에 재산권을 부여하는 것은 적절하지 않다는 주장이 있다(Kinsella, 2008). 지적 재산은 희소하지 않을 뿐만 아니라, 최근의 디지털 환경에서는 오히려 무한하게 제공될 수 있음에도 불구하고, 지적 재산권은 지적 재화의 희소성을 인위적으로 창출함으로써 성립된 관념에 불과하다는 것이다. 그러나 다른 한편으로, 희소성의 인위적 창출이 광범위한 사회적 편익을 창출한다면, 지적 재화에 대해 배타적 소유권을 부여하는 것은 정당화될 수 있다는 주장이 있다(Mueller, 2008). 보일(Boyle, 2008: 8)에 따르면, 책, 약, 영화 등과 같이 만들기는 어렵지만 복제가 용이하고 다른 사람들의 접근을 막기도 어려운 재화는 결국 아무도 그것을 위해 투자를 하지 않는 '시장 붕괴'의 잠재성을 갖고 있다. 그래서 국가 개입에 의한 희소성의 인위적 창출은 시장 붕괴 문제를 해결하고 시장을 창조하기 위한 불가피한 방책으로 이해되기도 한다.

그러나 스톨먼은 이러한 논리가 여전히 지적 생산물의 '독점'이냐 아니면 지적 노동의 '소멸'이냐는 오도된 양자택일 논법에 토대를 두고 있다고 비판한다. 그는 이러한 논법이 "독점 프로그램의 사회적 유용성을 그 어떤 프로그램도 없는 상태의 그것과 비교함으로써 시작된다. 그러고 나서 독점 소프트웨어의 발전이 전반적으로 이로운 것이며 권장되어야 한다고 결론 내린다"(Stallman, 2002: 122)고 지적한다. 독점 프로그램의 사회적 가치를 모든 사람들이 공유하는 프로그램의 사회적 가치와 견주는 것이 논리적으로 합당한 비교가 될 수 있다는 것이다.

나아가, 자유 소프트웨어 운동은 지적 재화를 특정 개인의 창조물이 아니라 사회의 집합적 과정의 산물로 보아야 한다는 관념에 토대를 두고 있다(Lessig, 2004; Boyle, 2008). 콩도르세에 따르면, 문예 재산은 "자연 질서로부터 나온 것이 아니라 사회적 힘에 의해 보호되는 재산이다. 그것은 사회 그 자체에 토대를 둔 재산이다. 그것은 진정한 권리가 아니다. 그것은 특권이다"(Condorcet, 1776: Hesse, 2002: 35에서 재인용). 지식과 정보와 문화가 공동체 구성원들 사이의 의사소통을 통해 발전되어왔기 때문에, 그것은 개인의 창조물이기 이전에 이미 공동체의 자산이라는 것이다. 앤 여왕법 이래 지적 재산권에 관한 대부분의 법률이 그것의 기간을 제한한 것은 새로운 지식이 공동체로부터 나왔음을 인정한 결과로 볼 수 있다. 자연권적 관념에 대한 이러한 비판으로부터 지적 재산권을 공리주의적 방식으로 정립하는 관점이 발전했는데, 그것은 지적 재산권이 공공의 이익을 위한 것이라 점을 강조하면서도, 공공 도메인을 보호해야 한다는 원칙과 창작의 인센티브를 제공해야 한다는 원칙 사이의 균형을 추구한다.

그런데 많은 공리주의자들은 창작과 발명에 대한 인센티브 제공이 혁신 촉진과 공공복리를 위한 최상의 방법이라고 주장한다. 배타적 독점권이 부여되지 않으면 혁신을 위한 투자는 감소하고 기술 발전도 지체된다고 보는 것이다. 창작자의 이윤 추구 동기는 과학과 예술의 진보를 촉진시키는 엔진이며, 예술, 영화, 음악, 도서, 소프트웨어의 공공 도메인을 확대시키기 위해서는 창작 활동에 대한 인센티브를 극대화해야 한다는 것이다. 하지만, 인센티브 제공을 지적 재산권의 목적처럼 다루는 것은 그것의 원래 취지에 반하는 것이라 할 수 있다. 저작권법의 목적은 공공선을 위한 예술적 창의성과 과학의 진보를 촉진하는 것이며, "특별한 보상을 제공하여 작가의 창의적 활동을 권장"함으로써 그것을 달성하려는 것이기 때문이다. 즉, '보상'은 수단이지 목적이 아니다(Rimmer, 2003). 스톨먼은 "독점은, 미국 헌법에 따르면, 그것을 소유한 사람들을 위해 존재하는 것이 아니다. 그것은 과학의 진보를 촉진하기 위하여 존재하는 것이다"(Stallman, 2002: 137)고 말함으로써, 소수를 부유하게 만들기 위해 다수를 희생시키는 것은 공공의 이익과는 거리가 멀다고 주장한다.

또한, 인센티브에 초점을 맞추는 접근법은 창작과 발명에 필요한 자료의 비용을 높이며 창조적 혁신을 위한 공공 도메인의 활용 가능성을 심각하게 제한한다. 사실, 창작자와 사용자 사이의 구분 자체가 무의미한데, 오늘의 창작자가 내일의 사용자가 될 수 있고 그 역도 마찬가지이기 때문이다. 장기적으로, 지적 재산권 강화는 공공 영역에 대한 접근성을 낮출 뿐이다. 저작권자를 찾거나 계약하는 비용이 증가할 수밖에 없고, 저작권자를 찾는 것 자체가 아예 불가능할 수도 있으며, 소유자가 사용을 허락하지 않을 가능성도 있다. 나아가, 사람들은 이타심, 평판 추구, 혹은 숨길 수 없는 창조적 본능 때문에 새로운 것을 만들어 낼 수도 있다. 이처럼 시장 논리로 설명되지 않는 창작과 발명의 동기가 얼마든지 있을 수 있기 때문에, 저작권이나 특허권과 같은 배타적 독점권이 유일하고도 가장 훌륭한 인센티브라고 볼 수는 없다. 실제로, 많은 연구들은 지적 재산권이 혁신이나 발명을 촉진시키기보다는 오히려 그것을 억눌렀다는 사실을 보여주고 있다(Benkler, 2006; Boldrin and Levine, 2008).

지적 재산권에 대한 이러한 비판적 관념에 토대를 두고 전개된 자유 소프트웨어 운동은 아이디어와 코드의 사유가 아닌 공유가 기술 혁신을 위한 대규모 협력의 유력한 인센티브가 될 수 있음을 보여주었다. 일반공중라이선스가 서로 느슨하게 연결된 수많은 프로그래머들이 공동의 프로젝트에 각자 조그만 기여를 하고, 동시에 모든 사람들이 아이디어 공유로부터 혜택을 받을 수 있도록 해주었기 때문이다. 동료생산 결과물을 사유화하는 것은 공유를 지향하는 참가자들의 참여 동기를 약화시켜 오히려 동료생산 메커니즘 자체를 위협할 위험이 크다. 또한, 네트워크의 긍정적 외부성을 획득하기 위해서는 지식의 소유가 아니라 사용이 더 중요하다는 점에서, 지적 재산권 강화 전략은 디지털 자본주의의 혁신 창출을 억압할 가능성이 높다(Bauwens, 2009; Boutang, 2011). 실제로, 지적 재산권을 통한 지대 추구는 네이버, 구글, 페이스북, 트위터 등 최근 부상하고 있는 웹 2.0 사업의 핵심 전략이 아니다. 자신들이 소유한 플랫폼의 이용자 '관심'을 광고주에게 판매함으로써 수익을 얻으려는 이들 기업에게, 지적 재산권은 가능한 한 많은 이용자를 확보하려는 자신들의 영업 전략에 장애물로 작용할 가능성이 크기 때문이다. 신문과 방송의 콘텐츠를 소유한 벡터 계급이 처음에는 구글과 페이스북과 같이 플랫폼을 소유한 벡터 계급이 자신의 지적 재산권을 침해한다고 공격했지만, 점차 플랫폼을 새로운 수익 창출의 지렛대로 활용하는 전략을 도입한 것은 디지털 시대 지적 재산의 배타적 독점권이 지닌 일정한 한계의 반영이라 할 수 있다.

물론, 여기에도 동료생산이 시장 생산과의 관계에서 갖는 딜레마가 제기되지 않는 것은 아니다. 한편으로, 자유 소프트웨어의 공유주의를 소프트웨어 개발 분야뿐만 아니라 다양한 지적·문화적 영역으로 확장하기 위해 고안된 '창의 공유지(creative commons)' 프로젝트는 수많은 개인들과 집단들의 창작물을 자발적으로 공공 도메인에 귀속시키도록 하는 운동이다. 그런데 문제는 실제로 많은 참가자들이 일반공중라이선스를 포함한 다양한 창의 공유지 라이선스를 부착하여 자신들의 창작물을 공공 도메인에 투입하지만, 그러한 활동의 효과적 매체인 플랫폼을 제공하는 영리기업들은 바로 그 공유재를 활용함으로써 많은 수익을 거두어들이고 있다. '창의 공유지'가 자본 축적의 유력한 수단이 되는 역설적 상황이 발생하고 있는 것이다.

다른 한편으로, 지적 재산권에 대한 많은 비판에도 불구하고, 저작권 체제는 국제적으로 점점 더 강화되어왔다. 우선, 자유 소프트웨어 운동을 포함한 지적 재산권 비판론자들은 빌 게이츠(Bill Gates) 등과 같은 벡터 자본에 의해 현대판 공산주의자들로 공격받았으며, 뮐러(Mueller, 2008)는 스톨먼이 주도한 자유 소프트웨어 운동에는 무정부주의-공산주의 관념이 정치적·윤리적 동기로 자리 잡고 있다고 비난했다. 또한, 영화와 음반 등 전통적인 문화 산업 공룡들은 자연권적 지적 재산권 관념을 강화하여 그것의 기한을 사실상 거의 무한대로 연장시키는 데 성공했다(Garcelon, 2009). 당연히 최고 수혜자는 막대한 지적 재산권을 보유한 벡터 계급이다. 월트 디즈니(Walt Disney)는 미국의 1998년 저작권 연장법을 통해, 공공 도메인으로 귀속될 예정이었던 미키 마우스에 대한 저작권 보유 기한을 2023년까지 연장했다. 미국영화협회의 잭 발렌티(Jack Valenti)는 "저작권 기한 연장은 단순하지만 강력한 매력을 가진 것이다. 그것은 미국의 경제적 이익에 매우 부합하는 것이다… 국제 시장에서 우리의 경쟁력이 약화되고 있는 시점에, 할 수 있는 무엇이든 실행하여 미국의 수출 능력을 확대해야 한다"(Rimmer, 2003에서 재인용)며, 저작권 연장과 결부된 미국 기업의 이해관계를 굳이 숨기지 않았다. 요컨대, 자유 소프트웨어 프로젝트에서 시작된 동료생산은 최근의 창의 공유지 활동에서 볼 수 있는 것처럼, 지식, 정보, 문화 영역 전반으로 그 원리가 확대되어 독점적·지적 재산권에 맞선 공유주의 운동의 확산에 크게 기여했다. 그러나 동시에 그것은 한편으로는 많은 플랫폼 벡터 자본의 이윤 축적 전략으로 활용되고, 다른 한편으로는 전통적인 콘텐츠 벡터 자본에 의한 지적 재산권 강화를 막기에는 여전히 역부족이다.

4. 결론

동료생산이 비시장적이고 비독점적인 생산 모델을 사회적으로 확산시킨 것은 분명하지만, 시장 생산의 영리주의와 사유주의 원리는 동료생산의 급진적 잠재성을 점점 더 잠식하고 있다. 웹 2.0 자본주의는 디지털 공유지를 점점 더 사유화하고 동료생산을 자본주의 논리 속으로 통합하고 있다. 동료생산에서 배태된 참여와 공유와 협력의 작업 규범은 영리 부문과 비시장 프로젝트를 구분하지 않는 상업적인 사용자-제작 콘텐츠 생산의 강력한 동원 담론으로 작동하고 있다. 그리하여 우리는 동료생산 프로젝트로부터 커다란 영향을 받았지만, 그것과는 다를 뿐만 아니라 훨씬 더 강력하기도 한 공유 경제의 발전을 목도하고 있다. 컴퓨터 통신 네트워크와 지식과 문화의 비물질 자산이 점점 더 생산의 주요 요소가 되고 있는 오늘날의 정동 자본주의에서, 지적·문화적 재화와 그것의 흐름 및 그 수단을 소유하고 있는 벡터 자본은 지적·문화적 재화의 소유보다는 사용을 통해 긍정적 네트워크 외부성을 포획하는 자본 축적 전략을 점점 더 도입하고 있다. 그러나 다른 한편으로는 지적 재산권 강화라는 전통적 전략을 통해 독점적 이윤을 계속 추구하고 있기도 하다. 디지털 네트워크 환경에서 이 두 가지 흐름은 상호 대립하고 충돌하는 지점이 있긴 하지만, 사회경제 전반의 벡터 계급 지배력은 계속 강화되고 있다. 과연, 디지털 시대의 지적·문화적 재화의 생산과 소유를 둘러싼 사회 집단들 사이의 경합은 앞으로의 사회, 정치, 경제, 문화 과정을 특징적으로 규정하는 핵심 요소가 될 것이다. 최근의 새로운 자본주의 생산 방식 출현에 적지 않은 영향을 미친 동료생산 원리는 그것이 애초에 주창한 비시장과 비독점과 공유에 토대를 둔 사회관계를 실질적으로 강화시킬 수 있는 실천 방향을 새롭게 정립해야 하는 과제를 안고 있다.

제4장
위키피디아(Wikipedia)와 비시장 동료생산

1. 머리말

오늘날의 디지털 네트워크 사회에서 새로운 사회적 유대 모델을 표상하는 개념으로 레비(Levy, 1997)가 제기한 '집단지성'은 2004년을 전후한 웹 2.0의 확산과 함께 현대 사회 조직의 핵심 원리로 자리 잡았다. 웹 2.0은 2000년대 초반 이른바 '닷컴(.com) 거품' 붕괴를 경험한 자본이 개방형 웹의 구축과 대중의 폭넓은 참여를 통해 새로운 수익원을 창출하고자 한 사업 전략의 산물이었다. 막대한 양의 콘텐츠가 생산되는 수많은 소규모 웹 사이트들의 집단적 힘을 지렛대로 삼기 위해, 중심만이 아닌 주변, 두뇌만이 아닌 긴 꼬리에 도달하려는 이른바 '롱 테일(long tail)' 전략이 널리 도입되었다. 그리고 이는 웹을 일종의 플랫폼으로 만드는 것, 즉 '플랫폼으로서의 웹'을 구축하는 방식으로 실행되었다. 플랫폼 서비스를 이용하는 사람들이 많아질수록 서비스가 더욱 좋아진다는 네트워크 효과의 획득을 강조하는 웹 2.0에서는 새로운 상품을 만들고 보급하는 것보다는 지속적인 플랫폼 서비스를 제공하는 것이 더 중요하며, 플랫폼 사용자가 스스로 기존의 웹 콘텐츠를 수정하거나 새로운 콘텐츠를 첨가하도록 유도하는 것이 필수적이며, 플랫폼 이용 자체로부터 사용자들에 대한 데이터가 자연스럽게 축적되도록 하는 데이터베이스 관리가 핵심 사업 관심사가 된다.

그리고 이러한 웹 2.0 경영 전략은 온라인 문화의 특징에 관한 '집단지성' 관념과 결합하여 커다란 대중성을 획득했다. 집단지성의 연원은 토발즈의 오픈소스 운동에서 찾을 수 있는바, 오픈소스 운동은 작업 참여자의 수만큼 조정비용이 증대한다는 의미의 "요리사가 너무 많으면 수프를 망친다"는 브룩스의 법칙(Brooks' Law)이나 "악화가 양화를 구축한다"는 그레셤의 법칙(Gresham's Law) 대신하여, "(지켜보는) 눈동자가 충분히 많다면, 모든 시스템 오류는 쉽게 찾아낼 수 있다"는 리누스 법칙과 "좋은 것은 확산되고 나쁜 것은 무시된다"는 그레이엄의 법칙(Graham's Law)을 디지털 시대 새로운 협력 모델의 두 가지 핵심 원리로 만들었다. 그래서 집단지성은 분산 네트워크에서 이루어지는 다중의 자유로운 상호작용과 수평적 협력을 통해 창출되는 집단 지식과 기술로 정의할 수 있는데, 레비는 그것을 "지속적으로 발전되고, 실시간으로 조정되며, 기술의 효과적 동원으로 귀결되는 폭넓게 분포된 지성의 한 형태"(Levy, 1997: 13)로, 탭스콧과 윌리엄스는 "독립된 참여자 집단에 의해 이루어지는 탈중심화된 선택과 판단으로부터 출현하는 집합적 지식"(Tapscott and Williams, 2006: 41)으로, 그리고 네그리는 "중앙집중적 통제나 보편적 모델의 제공 없이 문제를 해결하는 집합적이고 분산된 기술"(네그리·하트, 2008: 139)로 규정한다.

흥미롭게도, 오픈소스 운동의 집단지성 아이디어는 정치적 급진주의와 보수적 시장주의 모두에게 전승되었다. 네그리는 집단지성을 네트워크 사회의 다중(multitude)의 핵심 속성 혹은 능력으로 규정하는 반면, 탭스콧과 윌리엄스는 그것을 새로운 시장 창출의 관건적 원리로 설명한다. 네그리는 오늘날의 분산 네트워크 구조가 "경제적·사회적 생산의 지배적인 형식들에 상응하는 절대적으로 민주적인 조직을 위한 모델을 제공해주며, 또한 지배 권력 구조에 대항하는 가장 강력한 무기"(네그리·하트, 2008: 135)가 될 수 있다고 주장한다. 반면, 탭스콧과 윌리엄스는 집단지성과 웹 2.0을 적극적으로 결합시키고 있는데, 그들에 따르면, 집단지성의 개방성, 동료 작업, 공유, 지구적 행동이라는 네 가지 핵심 원리가 오늘날 작업장, 공동체, 산업의 많은 부분에 새로운 혁신의 바람을 불어넣고 있다. 우선, 외부의 아이디어와 인적 자원에 개방적인 조직이 자신의 내적 자원과 능력에만 의존하는 조직보다 훨씬 더 큰 성공을 거두고 있는 것으로 평가된다. 또한, 인류의 오랜 역사를 통틀어 부와 가치 창출의 가장 일차적 엔진으로 작용했던 위계 구조를 대신하여 동료 작업이 정보재와 서비스 생산의 유력한 방법으로 부상하고 있다. 나아가, 전통적 조직은 특허권, 저작권, 상표권 등의 형태로 지적 재산권과 같은 재산권을 보호하고 통제하려 하지만, 정보통신 업종이나 생명공학 부문의 기업들은 그러한 보호가 가치 창출 능력을 떨어트린다고 간주하여, 자신들의 지적 재산권 일부를 다른 조직과 공유하는 것을 통해 시장의 확대를 꾀하고 있다. 마지막으로, 어떠한 물리적·지역적 경계를 갖지 않고 상품의 디자인, 생산 자원 조달, 조립, 판매의 지구적 생태계를 구축하는 지구적 행동의 중요성은 더욱 커지고 있다.

집단지성에 대한 이러한 급진주의적 해석과 시장주의적 관점과 관련하여, 2001년도에 출현한 온라인 백과사전 '위키피디아'는 비시장주의와 반상업주의의 집단지성의 대표 모델이라 할 수 있다. 레이먼드(1998)는 소프트웨어 개발 모델을 크게 대성당(cathedral) 모델과 자선 장터(bazaar) 모델로 구분했는데, 대성당 모델은 소프트웨어 원천 코드가 일군의 개발자에 의해 보호되는 반면, 자선 장터 모델은 모든 사람들이 접근할 수 있도록 그것을 인터넷에 개방한다. 그는 토발즈가 시작한 오픈소스 소프트웨어 프로젝트가 자선 장터 모델을 따라 수천 명의 사용자들이 소프트웨어 코드에 자유롭게 접근할 수 있도록 하여 버그(bug)를 손쉽게 찾아내고 제거할 수 있도록 한다고 보았다. 그리고 집단지성은 바로 이러한 관념, 즉 어떤 개별 프로그래머도 모든 시스템 오류를 다 잡아낼 수 있을 만큼 완벽하지 못한 반면 개발자-사용자 사이에 완벽한 전문성이 집단적 형태로 존재한다는 관념으로 표현될 수 있다. 소수의 전문가 집단이 아니라 다수의 일반 사용자 집단에게서 온라인 백과사전 편찬의 주도적 역할을 찾은 위키피디아는 자선 장터 모델을 따른 대규모의 자발적이고 분산적인 인류 지식의 집대성 프로젝트라고 할 수 있다. 자선 장터 모델의 집단지성과 관련하여,

위키피디아 창립자 웨일즈는 그것의 의의를 다음과 같이 밝히고 있다. "수많은 사람들이 위키피디아를 갖고 있다는 사실은 새로운 현상(군중의 지혜, 무리 지성 등)이며, 수천 명의 개별 사용자들이 약간의 내용을 첨가하고 그것으로부터 일관된 작업 결과물이 출현하는 현상을 보여준다"(Millard, 2008).

나아가, 위키피디아 신뢰성에 대한 많은 비판에도 불구하고, 위키피디아는 대체로 다음과 같은 세 가지 요인들로 인해 비교적 성공적인 프로젝트로 평가되기도 한다. 우선, 위키피디아의 소유권 형태가 그것의 성공에 영향을 미친 요인으로 평가받을 수 있다. 자원봉사자들에 의해 운영되고 기부에 근거하는 재단에 의해 운영된다고 하는 상업주의의 부재가 위키피디아 프로젝트의 성공에 긍정적인 영향을 미친 것으로 이해할 수 있다. 다음으로, 모든 기사가 중립적 관점에 따라 작성되어야 한다는 편집 원리가 수많은 사람들이 지식 구성에 함께 참여할 수 있도록 해주었다고 평가할 수 있다. 마지막으로, 이러한 프로젝트가 잘 진척될 수 있도록 해준 복잡하고 민주적인 사회적 질서가 위키피디아 성공의 또 다른 중요한 요인으로 간주될 수 있다(Waldman, 2004).

2. 위키피디아의 비시장 동료생산 프로젝트

1) 위키피디아의 개방성

위키피디아는 1999년 미국의 웨일즈와 래리 생어(Larry Sanger)에 의해 처음 시작되었다. 웨일즈는 1966년에 미국의 앨라배마(Alabama)에서 태어났으며, 대학에서는 재정학을 전공했다. 앨라배마 대학의 대학원에 진학하면서 그는 인터넷에 빠져들었고, 동세대의 많은 사람들이 그랬듯이 머드(MUD)와 같은 컴퓨터 게임에 열광했다. 1980년대 후반에 머드 게임을 통해 그는 컴퓨터 네트워크가 대규모의 자발적 협력을 촉진할 수 있다는 사실을 인식하게 되었다. 웨일즈는 인디애나 대학의 재정학 박사과정에 입학했지만, 1994년에 학업을 포기하고 시카고로 가서 옵션 중개인으로 상당한 돈을 벌었다. 그는 1980년대 후반부터 출현하기 시작한 철학 토론 메일링 리스트에 적극 참여하고 자주 글을 올리기도 했다. 1989년에는 철학 토론 메일링 리스트를 직접 만들어서 관리자로 활동했다. 이 메일링 리스트 운영에서 웨일즈는 회원 가입과 글 게시에 거의 제한을 두지 않았으며, 논점에서 이탈하거나 인신공격의 글이 아닌 한 누구든지 어떤 주제에 대해서도 말할 수 있는 개방성의 원칙을 추구했다. 2000년 웨일즈는 전문가들이 아니라 자원봉사자에 의해 기사가 작성되는 온라인 백과사전을 만들기로 결심한다. 이는 부분적으로 1995년도에 워드 커닝햄(Ward Cunningham)이 처음으로 만든 서버 소프트웨어 '위키위키웹(WikiWikiWeb)' 덕분에 가능한 것이었다. 그것은 웹 사용자들이 웹 페이지 내용을 손쉽게 작성하고 수정할 수 있도록 해주는 소프트웨어인데, 커닝햄은 사용자가 페이지를 쉽게 편집할 수 있다는 것을 가리키기 위해 하와이 말로 "빨리빨리"를 의미하는 '위키위키(Wiki-Wiki)'를 선택했다.

1968년 시애틀에서 태어난 생어는 우수한 아이들만이 갈 수 있고 '돈'이 아니라 '진리'에 집중하는 학교로 평가받는 리드(Reed) 대학에 입학했다. 그는 지식이란 무엇인가에 많은 관심을 가졌으며, 오하이오 대학의 철학과 박사과정에 입학했다. 인터넷 초기 수용자인 생어는 머드와 컴퓨터 게임에 심취했으며 프로그램 언어에도 능통했다. 철학 토론 리스트에도 적극적으로 참여했던 생어는 1990년대 초반 웨일즈가 관리하는 토론 포럼에도 가입하게 되고, 스스로 토론 리스트를 운영하기도 했다. 생어는 자유롭고, 개방적이며, 협력적인 온라인 백과사전을 만들자는 웨일즈의 제안을 수용하고, 위키피디아의 전신이라 할 수 있는 '뉴피디어(Nupedia)' 편찬에 헌신했다. 뉴피디어는 두 가지 의미에서 개방적인 것이었는데, 첫째는 원칙적으로 누구든지 기고할 수 있다는 점이며, 둘째는 모든 내용이 독자들에게 무료로 제공된다는 점이었다. 하지만 동시에 생어는 뉴피디어 운영에 사실상 온라인 학술 저널과 같은 편집 원리를 도입하고자 했다. 그는 뉴피디어가 일반 대중뿐만 아니라 특정 분야 전문가의 노력을 충분히 활용하는 매우 높은 수준의 백과사전이 되어야 한다고 믿었다. 그리하여 뉴피디어는 일군의 전문가 집단이 편집위원회를 구성하고, 전문가들이 기고한 글이 엄격한 동료 심사를 거쳐 출판되도록 하는 원칙에 근거하여 만들어졌다. 모든 글은 일곱 단계의 편집 및 심사 과정을 거쳐야만 하게 되었다. 하지만 뉴피디어 작업은 별반 성공적이지 못했다. 그것이 만들어지고 난 후 처음 18개월 동안 겨우 20개의 기사만이 수록될 정도로 지지부진했다. 그리하여, 애초에 뉴피디어의 보완물과 기사 제공처로 설정되었던 위키피디아가 2001년 10월에 그 어떤 위계도 허용하지 않는 무정부주의와 기고에 어떤 제한도 두지 않는 급진적 개방성의 결합을 추구하면서 뉴피디어를 대체하게 되었다.

위키피디아는 기사의 편집 가능성 측면에서 전통적인 백과사전과는 확연히 다르다. 전통 백과사전의 기고자와 편집자는 전문가들이며, 그것은 이런 전문가주의만이 양질의 지식을 보장할 것이라는 믿음에 바탕을 두고 있다(Wallace and Fleet, 2005). 그러나 위키피디아의 기고자와 편집자는 거의 모든 의미에서 자원봉사자들이다. 누구든지 기고할 수 있으며, 그 어떤 중앙집중적인 편집 통제권도 없다. 위키피디아 내용은 누구든지 편집할 수 있고, 어떤 내용도 그 작성자에게 귀속되지 않는다. 그리고 그것은 공식적인 동료 심사 절차를 거치지는 않지만, 동시에 누구든지 기사의 심사자가 될 수 있다. 잘못된 내용은 즉시 수정될 수 있으며, 수정된 내용은 또한 즉시 알려진다.

위키피디아의 이처럼 높은 개방성은 다음과 같은 몇 가지 장점을 갖는다. 우선, 대체로 일 년에 한 번씩 개정되거나 보완되는 전통적 백과사전과는 달리, 위키피디아는 한 시간에도 수백 수천 번 이상 수정될 수 있기 때문에, 최근의 사건, 과학 발견, 문화 현상 등과 같은 급속한 사회 변화를 얼마든지 실시간으로 포괄할 수 있다. 다음으로, 그 누구도 공식적으로 위키피디아의 주제나 과제를 미리 설정하는 편집장의 역할을 할 수 없으며 그것은 사실상 누구에게나 개방되어 있기 때문에, 위키피디아를 만드는 일에 대한 사람들의 참여 동기와 작업 만족도는 높아질 수 있다. 비관론자들은 흔히 위키피디아가 신뢰할 수 없는 아마추어에 의해 작성된다고 지적하지만, 실제로는 대부분의 기고자가 해당 분야의 전문가들이거나 상당한 직접적 지식을 갖춘 사람들이다. 또한 위키피디아는 전 세계적으로 폭넓은 기고자 집단에 바탕을 두고 있으며, 다양한 배경을 가진 사람들이 참여할 수 있기 때문에, 특정한 정치적·사회적·문화적 편견과 선입견이 기사 내용에서 관철되기도 매우 어렵다.

나아가, 위키피디아는 편집상의 오류를 손쉽게 바로잡도록 고안되어 있다. 수많은 기고자들이 명백한 오류나 논란의 여지가 있는 기사를 찾아내고 시정하기 위하여 항상적으로 대기하고 있기 때문이다. 위키피디아 내용은 크게 두 가지 종류의 집단에 의해 작성된다. 하나는 몇 가지 제한된 주제들에 대하여 전문적 내용을 게재하는 사람들인데 위키피디아 내용의 대부분은 사실상 이런 보통 사람들의 집단에 의해 작성된다. 다른 하나는 오류를 바로잡거나 밴덜리즘을 제어함으로써 위키피디아의 가독성을 높여주는 수천 명의 열성 사용자 집단이다. 위키피디아 기사 수정의 75%가 2%의 사용자들에 의해 이루어지며, 수정의 50%가 0.7%의 자원봉사자에 의해 이루어지는 것으로 알려져 있다(Millard, 2008).

2) 위키피디아의 반(反)전문가주의

위키피디아에 대한 비판은 크게 두 가지 측면에서 제기된다. 첫째는 그것의 이른바 반(反)전문가주의 혹은 반엘리트주의다. 위키피디아는 전문가 기고나 전문가 검토를 기사 작성의 필수 조건으로 삼지 않는다. 따라서 대부분 아마추어에 의해 작성된 기사 내용이 필연적으로 부정확한 것이 될 수밖에 없을 것이라는 비판이 종종 제기된다. 또한 위키피디아 기사의 특정 부분을 수정하는 사람들은 대체로 해당 기사의 다른 부분들에 대해서는 별로 큰 관심을 기울이지 않기 때문에, 기사의 일관성이나 통일성이 잘 담보되지 않는다는 비판도 제기된다. 두 번째는 누구든지 위키피디아 기사를 편집하고 수정할 수 있기 때문에, 고의적으로 파괴적인 글을 삽입하는 밴덜리즘이 기승을 부릴 것이라는 비판이다.

역설적이게도, 위키피디아를 창립했으나 그것이 본격적으로 발전하기 시작한 2002년 1월에 위키피디아와 결별한 생어가 그것의 반엘리트주의에 대한 비판의 최선봉에 있다. 그는 위키피디아가 근본적으로 신뢰성 부족, 특히 구체적 사실에서의 신뢰성 부족 문제를 안고 있으며, 온갖 종류의 파괴적인 행동에 지배당할 것이라고 보았다. 위키피디아의 신뢰성 문제는 존 세이겐탈러(John Seigenthaler)가 미국의 전 대통령 존 F. 케네디(John F. Kennedy) 암살에 연루되었다는 부정확한 기사가 132일 동안이나 수정되지 않고 남아 있은 사례로 종종 대변된다. 위키피디아의 정확성에 대하여 공식적인 책임을 지는 사람은 아무도 없으며, 기사의 정확성을 분간할 방법도 없기 때문에 위키피디아는 근본적으로 신뢰할 만한 것이 못 된다는 것이다. 그래서 위키피디아는 특정 주제에 대한 배경 지식을 얻는 데는 일정한 도움이 될 수 있을지 모르지만, 구체적인 사실에 대한 정확한 정보를 제공하는 권위 있는 출처가 되기 어렵다는 평가를 받기도 한다. 그런데 생어는 위키피디아의 신뢰성 문제가 그것의 반엘리트주의 혹은 전문성에 대한 존중의 부재 때문에 필연적으로 발생할 수밖에 없다는 것이라고 주장한다(Sanger, 2004). 그는 구체적이고 특수한 주제에 관한 위키피디아 기사의 신뢰성은 매우 불안정한 것이 되기 쉽다고 주장한다. 또한 위키피디아가 사서, 교사, 학자 들로부터 신뢰를 얻지 못하고 있으며, 설사 많은 사람들이 그것을 실제로 사용하고 있다고 하더라도, 이는 비록 사람들이 '신뢰하지는 않지만 어쨌든 사용하고 있는' 것으로 보아야 한다고 강조한다. 생어에 따르면, 이러한 신뢰성 문제를 해결하기 위해서는 위키피디아가 전문가들을 존중하고 그들이 더 많이 기사의 제공, 편집, 심사 과정에 참여할 수 있도록 하는 방안이 도입되어야 한다.

그러면 위키피디아의 신뢰성에 대한 비관적 전망은 과연 얼마나 타당한가? 체스니는 258명의 연구자들을 대상으로 위키피디아 기사, 작성자, 그리고 위키피디아 전반의 신뢰성에 대하여 어떻게 평가하는지를 탐구했다(Chesney, 2006). 이 연구에서 응답자들은 자신의 전공 분야에 관한 기사와 무작위로 추출한 기사를 읽고 그것들 각각의 신뢰성을 평가했다. 조사 결과, 위키피디아와 기사 작성자에 관한 신뢰성에서는 두 가지 종류의 기사 사이에 별반 차이가 없었던 반면, 기사의 신뢰성에 대해서는 오히려 전문가들이 비전문가들보다 위키피디아 기사가 신뢰할 만한 것으로 평가하는 것으로 나타났다. 전문가들이 자신의 전문 분야에 관한 위키피디아 기사가 신뢰할 만하다고 평가했다는 점에서, 위키피디아 기사의 정확성은 상당히 높은 것으로 이해할 수 있다. 아울러, 2005년에 네이처(Nature) 뉴스 팀이 실시한 브리태니커와 위키피디아 기사의 정확도에 대한 분석은 두 백과사전 기사 내용의 정확도가 거의 동일한 수준이라는 사실을 보여준다(Giles, 2005: 900~901). 뉴스 팀은 잘못된 사실이나 누락 등과 같은 비교적 사소한 오류들은 위키피디아에서 162건, 브리태니커에서 123건이 발견되었다고 밝혔다. 총 42개의 과학 관련 기사에 대한 전공 과학자들의 평가에서 발견된 오류의 수는 위키피디아의 경우 기사당 평균 4개인 반면, 브리태니커는 기사당 평균 3개로 거의 차이가 없었다. 그리고 총 42개의 기사에서 중요한 관념에 대한 잘못된 설명과 같은 치명적인 오류는 단지 8개에 지나지 않았으며, 그것들은 양 백과사전에서 각각 4개씩 발견되었다. 이러한 결과는 위키피디아가 기사의 정확성에서도 브리태니커에 크게 뒤지지 않다는 사실을 보여주는 것이라 할 수 있다.

한편, 기사의 신뢰성에 관한 연구는 위키피디아 기사의 신뢰성을 높이기 위한 방안 마련의 토대가 될 수 있다. 양질의 정보나 지식의 중심 요소라 할 수 있는 신뢰성은 다양한 방식으로 측정된다. 하버랜드와 동료들(Hovland, Janis, and Kelly, 1953)은 그것을 '인지된 전문성(expertise)'과 '인지된 신용성(trustworthiness)'으로 정의한다(Chesney, 2006에서 재인용). 버로와 동료들(Berlo, Lemert, and Mertz, 1970)은 '안정성', '자격성', '역동성'을 신뢰성의 세 가지 척도로 제시한다(Chesney, 2006에서 재인용). 또한 신뢰성은 편향성, 공정성, 정확성, 신용성, 객관성 등과 같은 속성들을 통해 평가되기도 하고, '믿을 만함', '정확성', '신용성', '편향', '완전성'으로 조작화되기도 한다(Chesney, 2006).

리(Lih, 2004)는 위키피디아 기사의 질은 '편집 횟수(엄격성)'와 '개별 편집인의 수(다양성)'에 의해 평가될 수 있다고 보는데, 2003년 1월에서 2004년 3월 사이의 14개월 동안 언론에서 언급된 113개 위키피디아 기사에 대한 편집 횟수의 중간 값은 61회였고 편집인 수의 중간 값은 36.5명이었음을 밝혔다(Stvilia et al., 2005: 3에서 재인용). 기사에 대한 편집 횟수와 편집인 수가 상당히 많다는 것을 알 수 있다. 또한 스트빌리아와 동료들은 전체 편집 횟수에 비해 편집자 수가 적을수록 위키피디아 기사의 질이 더 좋아지는 경향이 있다고 지적한다(Stvilia et al., 2005: 13). 그들에 따르면, 위키피디아의 특집 기사와 무작위로 추출한 일반 기사의 신뢰도 차이는 각 기사에 소규모의 동질적인 핵심 편집인 집단이 존재하는가에 의해 결정되는 경향이 있는데, 전체 편집인 수를 전체 편집 횟수로 나눈 '다양성 비율'에서, 특집 기사는 0.4인 반면 무작위 추출 일반 기사는 0.7로 나타났다.

스트빌리아와 동료들에 따르면, 특집 기사가 될 정도로 양질의 기사가 되기 위해서는 "종합적이고, 출처를 밝힘으로써 정확하고 검증 가능해야 하며, 자주 바뀌지 않는 안정성을 갖춰야 하고, 잘 써져야 하며, 중립적으로 언어를 사용하고 편집 다툼을 없앰으로써 논쟁성이 없어야 하고, 위키피디아 기준을 따르고, 저작권을 위반하지 않는 범위 내에서의 적절한 이미지 자료를 사용해야 하며, 주제에 초점을 맞추고 간결체 문장 사용을 통해 적절한 분량을 유지하는 것"(Stvilia et al., 2005: 5)이 되어야 한다. 그들은 위키피디아가 제공하는 정보의 질은 접근성, 정확성, 권위, 완전성, 복잡성, 일관성, 유익성, 연관성, 검증 가능성, 일시성과 같은 요소들에 의해 결정된다고 본다. 접근성은 언어적 장벽, 서툰 조직, 각종 정책적 규제 등이 커다란 영향을 미친다. 정확성은 오탈자, 언어적 미숙성, 실제 세계의 변화, 문화적·언어적 어의의 차이, 대안적 관점을 배제하는 언어, 사실에 대한 대립하는 설명 등에 영향을 받는다. 권위는 출처의 결여, 출처에 대한 학문적 엄밀성 결여, 출처의 편향, 근거 없는 일반화 등의 문제와 연관되어 있다. 그리고 완전성은 다양한 관점의 존재, 상이한 관점에 대한 비균형적 서술, 백과사전 기사와 출처 텍스트 사이의 차이 등에 영향을 받는다. 복잡성은 낮은 가독성, 복잡한 언어 등이 영향을 미친다. 일관성은 동일한 관념에 상이한 단어를 사용한다든가 혹은 동일한 기사에 상이한 구조나 양식을 사용하는 것에 많은 영향을 받는다. 유익성은 군더더기 없는 내용과 관련된다. 상관성은 무관하거나 기사의 범위 밖 내용에 영향을 받는다. 검증 가능성은 원자료에 대한 언급이 결여되거나 원자료에 대한 접근성이 결여된 것과 관련된다. 마지막으로 일시성은 밴덜리즘이나 편집 전쟁 등에 따른 안정성의 결여에 영향을 받는다. 요컨대, 이러한 신뢰성 요소들은 위키피디아 기사의 신뢰성 제고를 위한 정책과 가이드라인 도출의 중요한 근거가 될 수 있다.

다음으로, 위키피디아는 누구든지 기사 편집과 수정을 할 수 있기 때문에, 밴덜리즘이 기승을 부릴 것이라는 비판은 과연 얼마나 타당한가? 밴덜리즘의 위험성에 대한 많은 지적과는 달리, 대부분의 경험 연구 결과들은 위키피디아의 밴덜리즘 대응 기제가 성공적으로 작동하고 있음을 보여준다. 비에가스와 동료들(Viegas, Wattenberg, and DAve, 2004)은 밴덜리즘을 다섯 가지 유형으로 구분했다. 여기에는 기사의 전부 혹은 대부분을 삭제하는 '대량 삭제(mass deletion)', 비방이나 공격적인 글을 삽입하는 '공격형 글(offensive copy)', 주제와는 상관없는 내용을 끼워 넣는 '허위 글(phony copy)', 무관하고 모욕적인 자료에 다시 보내는 '가짜 연결(phony redirect)', 관련성은 있지만 편향되고 모욕적인 글을 덧붙이는 '기이한 글(idiosyncratic copy)' 등이 포함된다. 그들의 연구에서 대량 삭제 기사의 회복 중간 값은 2.8분이었으며, 외설적인 대량 삭제 기사의 회복 중간 값은 1.7분이었다. 그들의 2005년 연구에서는 그것이 각각 2.9분과 2분이었다(Viegas et al., 2004). 위키피디아에서 밴덜리즘은 매우 빠른 시간 안에 회복되고 있다는 것이다.

핼러베이스(Halavais, 2004)도 위키피디아 내용의 신뢰성을 측정하기 위하여 13개의 잘못된 내용을 삽입하는 실험을 한 결과, 허위 정보들은 대부분 빠른 시간 안에 정정되었음을 보여주었다(Magnus, 2008에서 재인용). 매그너스는 유명한 철학자에 관한 위키피디아 기사의 전기적 사실적 부분에 한두 문장의 허위적 주장을 삽입하는 실험을 한 결과, 총 36개의 허위 주장 중, 15개의 주장이 48시간 안에 삭제되었음을 드러내었다(Magnus, 2008). 실제로, 위키피디아 사용자들은 '스페셜: 최근 변화(Special: Recentchanges)'나 '스페셜: 새 페이지(Special: Newpages)'와 같은 장치를 이용하여 새로운 내용과 수정된 내용을 모니터링함으로써, 일상적으로 밴덜리즘에 신속하게 대응하고 기사의 신뢰성을 높이고 있다. 요컨대, 이상의 실험들은 밴덜리즘이 위키피디아에 심각한 결과를 초래하는 것으로 보기 어렵다는 점을 증명하고 있다.

사실, 위키피디아 페이지를 고의적으로 훼손하려는 데는 훼손된 페이지를 복원하는 것보다 더 큰 작업이 요청되며, 그런 점에서 밴덜리즘은 사실상 쓸모없는 작업이 되기 쉽다. 노즈에 따르면, 밴덜리즘을 억제하는 협력이 가능하도록 해주는 맥락은 '인공적인 정보 경제(artificial information economy)'다. 즉, "A가 유발한 저질의 변화를 B가 되돌리는 것이 A가 저질의 변화를 유발하는 데 들인 비용보다 훨씬 더 '저렴하기' 때문에"(Neus, 2001: 6) 밴덜리즘의 유혹은 지속되기 어렵다. 몇 시간을 들여 저질의 내용을 게시했는데, 누군가가 그것을 단 1초 만에 원래 상태로 되돌릴 수 있다면, 과연 누가 그런 무의미한 일을 하겠는가? 상대방의 글을 손쉽게 삭제할 수 있도록 하는 것은 위키피디아가 편집자들로 하여금 목적 달성을 위해 서로 대결하기보다는 상호 의존하고 합의를 도출할 것을 권장하는 효과가 있다고 말할 수 있다. 역으로, 위키피디아 기사가 그것을 얼마든지 수정할 수 있는 수십만 명의 사람들의 눈에 노출되어 있다는 사실 자체가 오랜 시간 동안 살아남아 있는 기사의 신뢰성을 담보하는 것이라 할 수 있다.

3. 위키피디아의 신뢰성 담보 전략

1) 편집 원리

위키피디아 내용의 정확성과 신뢰성을 높이기 위한 대표적인 공식 편집 원리로는 '중립적 관점(neutral point of view)', '검증 가능성(verifiability)', '원 조사 배제(no original research)'가 있다. 우선, 중립적 관점은 가장 최초로 도입된 편집 원리다. 그것은 "의견에 관한 사실을 포함한 모든 사실을 서술해야지 의견 그 자체를 단언해서는 안 된다"는 간결한 공리로 표현된다. 중립적 관점은 두 가지 측면에서 이해되어야 한다. 첫 번째는 중립적 관점이라고 해서 그것이 무관점(no points of view) 혹은 모든 관점의 부재나 배제를 의미하는 것은 아니라는 사실이다. 오히려 특정 주제에 관한 논쟁은 최대한 명확하게 기술되고 표현되어야 한다. 단지, 개별 관점을 평가하거나 어떤 관점이 누구에게 왜 선호되는지를 설명할 수는 있지만, 어떤 관점을 다른 관점보다 더 우월한 혹은 열등한 것으로 단정해서는 안 된다는 것이 중요하다. 두 번째는 모든 관점이 공정하게 다루어져야 한다는 사실이다. 신뢰할 만한 자료에 근거하여 특정 주제에 대한 상호 대립하는 다양한 관점을 포괄해야 한다는 것이다. 중립적 관점은 가장 대중적이거나 인기 있는 관점 혹은 중도적인 입장을 가리키는 것이 아니다. 중립적 관점을 유지하기 위해서는 기사의 제목부터 중립성을 담보해야 한다. 그럴 때만이 다양하고도 책임 있는 기사 쓰기가 가능할 것이기 때문이다. 그리고 기사의 특정 부분을 특정한 영역에 몰아넣지 않는 기사의 구조도 기사의 중립성 유지에 중요한 항목이라 할 수 있다. 나아가, 설사 모든 관점이 공정하게 다루어져야 할지라도, 각 관점은 그것이 차지하고 있는 비중에 따라 각기 상이한 비중으로 다루어지는 것이 중립성 달성의 또 다른 중요한 요소다. 다시 말해서, 소수의 사람만이 견지하는 관점을 대다수의 관점과 동일한 비중으로 다룰 수는 없다는 것이다. 각 입장이 특정 주제에 관한 신뢰할 만한 출처에서 다루어진 양에 비례하여 서로 경쟁하는 관점을 보여주어야 한다는 것이 단순한 기계적 중립을 넘어선 위키피디아의 중립적 관점 정책이라 할 수 있다.

위키피디아의 또 다른 중요한 편집 원리는 검증 가능성이다. 위키피디아 기사 수록에는 기사의 진리성 여부가 아니라 검증 가능성 여부가 더 중요하다. 위키피디아의 내용이 다른 신뢰할 만한 매체에 출판된 적이 있는지 여부를 독자들이 확인할 수 있는가가 중요하지 독자들이 그 내용이 참이라고 생각하는지 여부가 중요한 것이 아니라는 것이다. 모든 인용문과 이의 제기가 가능한 내용들은 모두 신뢰할 만하고 출판된 자료에 의해 뒷받침될 수 있어야 한다. 따라서 내용의 신뢰성을 뒷받침할 만한 자료가 없는 기사는 다른 사용자들에 의해 삭제될 가능성이 높다. 위키피디아 기사의 사실 확인과 정확성 제고를 위해서는 일정한 명성을 갖춘 신뢰할 만하고 제3자가 출판한 자료에 근거하는 것이 중요하다. 일반적으로, 동료 심사를 거친(peer-reviewed) 학술지나 대학 출판사 발행

서적이 가장 신뢰성 높은 자료로 인정된다. 그리고 대학 교재, 잡지, 유명 출판사 발간 서적, 주류 신문 등도 신뢰성 있는 매체로 간주된다. 반대로 자가-출판한 글, 소문, 개인 의견, 상업 광고 등과 같은 진의가 의심스러운 자료들은 신뢰할 만한 자료로 인정받기 어렵다. 위키피디아는 자기 자신이나 자기와 가까운 사람과 연관된 글의 수정이나 편집은 가능한 한 자제할 것과, 그러한 내용은 가급적 토론 페이지에서 다룰 것을 권장한다.

위키피디아는 또한 독창적 연구 결과나 생각을 발표하는 공간이 아니다. 따라서 발표되지 않은 사실, 주장, 생각, 관념, 분석 등은 위키피디아의 수록 대상이 될 수 없다. 그리하여 신뢰할 만한 출처를 밝히지 못하는 기사는 일종의 원 조사에 해당한다. 위키피디아는 기존에 발표된 글을 종합하고 재조직하는 것을 적극 권장하지만, 기존에 발표된 문헌을 종합한 글도 만일 그것이 어떤 새로운 결론을 도출하는 것이면, 원 조사 배제라는 기준을 충족시키지 못하는 것으로 간주된다.

2) 제도적 장치

이러한 편집 원리에 덧붙여, 위키피디아 공동체는 밴달리즘의 폐해를 막고 기사의 신뢰도를 높이기 위한 다양한 장치들을 운용하고 있다. 위키피디아 프로젝트의 자발적 참여자들은 위키피디아 활동에 더 많이 개입하고 더 중요한 위치를 차지하게 될수록 점점 더 새로운 스스로의 목적과 역할을 설정하고 그것의 달성을 위한 새로운 수단을 도입하는 경향이 있다. 브라이언트와 동료들(Bryant, Forte, and Bruckman, 2005)은 9명의 적극적인 위키피디아 참여자들의 활동 이력을 추적하여 위키피디아 참여 횟수가 늘어날수록 이들의 역할도 점차 변해갔다는 사실을 밝힌 바 있다. 이는 위키피디아 공동체에 형성되어 있는 일종의 위계적 권위 시스템 속에서도 확인할 수 있다. 우선, 위계 구조의 가장 아래층에는 위키피디아 계정을 갖고 있든 아니든 상관없이 기사 수정 및 편집 작업을 할 수 있는 일반 편집자가 있다. 다음으로, 이들 일반 편집자들 중 훌륭한 편집 활동으로 명성을 쌓은 사람들은 편집자들 사이의 광범위한 공동체 승인을 통해 관리자가 될 수 있다. 2008년 9월 기준으로 약 1600명에 달하는 관리자들은 밴덜리즘이나 편집 논란이 발생하는 경우 해당 페이지를 삭제할 수 있고, 페이지가 수정되는 것을 막을 수 있으며, 특정 이용자들의 편집 활동을 봉쇄할 수도 있는 권한을 갖는다. 사실상 위키피디아의 편집 원리와 규칙을 집행하는 역할을 하는 셈이다. 하지만 관리자들은 위키피디아 공동체의 의사결정과 관련한 특권을 갖지는 못하며, 기사 내용과 관련된 분쟁을 해결할 권한도 갖고 있지 않다. 그들은 주로 밴덜리즘과 같은 파괴적 행위 및 행위자들에 대한 일종의 문지기 역할을 수행하는 사람들로 볼 수 있다. 나아가, 관리자들 중 일부는 관리자 지명 및 해촉에 관한 권한을 갖는 관료가 될 수 있다. 위키피디아 공동체에서 관료는 대략 26명으로 구성된다. 마지막으로, 최상층에는 최종 의사결정 기구에 해당하는 조정위원회가 있다. 조정위원회는 편집자들 사이의 토론, 관리자의 관리, 중재 등에도 불구하고 기사 내용에 관한 편집자들 사이의 논쟁이 해소되지 않는 경우, 그것에 관한 최종적이고 강제력 있는 결정을 내리는 기구다. 위키피디아 공동체에는 2008년 11월 기준으로 약 13명의 조정위원회 위원이 있으며, 2004~2008년에 약 30명의 편집자들이 조정위원회 위원으로 활동했다.

수정된 기사의 실시간 모니터링과 관련하여, 일부 열성 편집자들은 '밴덜프루프'와 같은 소프트웨어의 활용을 통해 밴덜리즘을 통제한다. 밴덜 예방은 신뢰할 수 없는 편집자가 행한 기사 수정을 이용자들에게 자동적으로 알려준다. 또한 일부 편집자들은 특정 기사가 어떤 사람 혹은 기관에 의해 작성되었는지를 파악할 수 있도록 해주는 '위키스캐너'를 활용하여 기사 작성의 배후나 동기를 밝히기도 한다. 실제로, 이 프로그램을 통해 위키피디아 편집자들은 호주의 수상실과 국방부가 자신들에 관한 우호적인 위키피디아 기사 작성과 수정에 막대한 세금을 쏟아부었다는 사실을 밝혀내기도 했다. 이 외에도, 오탈자나 잘못된 링크, 그리고 특정 종류의 밴덜리즘을 자동으로 잡아내는 다양한 로봇 프로그램이 기사의 신뢰성 관리를 위해 사용되기도 한다. 예컨대, '반밴덜보트(Anti-VandalBot)'라는 소프트웨어는 2007년 1월 10일 오전 6시 55분에 일어난 영국 관련 기사에 대한 밴덜리즘을 실시간으로 감지하고 원래의 기사를 회복했다. 이러한 밴덜리즘 방지 소프트웨어 사용을 넘어서서, 밴덜리즘을 신속하게 바로잡기 위한 다수의 자발적인 편집자 조직도 생겨났다. 여기에는 약 1500명의 편집자가 참여하고 있는 '최근 수정 패트롤(Recent changes Patrollers)'을 포함하여 '밴덜리즘 대응 팀(Counter-Vandalism Unit)', '클린업 태스크포스'와 '새 페이지 패트롤러(New Page Patrollers)' 등이 있다.

이상에서 밝힌 밴덜리즘 방지 장치와 더불어, 위키피디아는 기사의 신뢰성과 질을 높이기 위한 긍정적 시스템도 발전시키고 있다. 우선, 해당 기사와 연관되지 않은 편집자들로 하여금 기사의 질, 균형감, 가독성, 인용 출처, 편집 정책 준수 등에 관하여 심사하고 평가해줄 것을 요청하는 양질의 동료 심사가 있다. 그리고 개별 심사자들이 양질의 기사로 널리 추천할 수 있도록 하는 '위키피디아: 좋은 기사들(Wikipedia: Good articles)'이라는 시스템도 운용하고 있다. 나아가, 엄격한 심사를 통해 최상의 기준을 충족시킨 기사를 '위키피디아: 특집 기사들'로 선정하여 양질의 기사를 생산해내는 위키피디아의 능력을 보여주는 시스템도 가동되고 있다. 이 밖에도 특정 주제나 개념에 대하여 일군의 사용자 집단이 프로젝트를 수행하는 작업도 양질의 기사가 작성될 수 있도록 사용자들을 적극 유도하는 장치라 할 수 있다.

아울러, 위키피디아는 기사의 신뢰성 제고를 위한 일종의 평판 시스템을 운영하고 있는 것으로 볼 수 있다. 일부 위키피디아 편집자들은 기사 변화를 추적할 때 '필자 정보'를 열람하는데, 익명이나 신참 편집자가 행한 기사 변화는 기존의 신망 있는 편집자들의 그것에 비해 신뢰성이 낮은 것으로 간주되는 경향이 있다. 또한 책임성을 편집자 평판의 주요 구성 요소로 삼고 이를 '블랙리스트'가 아니라 '화이트리스트'로 표시하는 방안이 제시되기도 한다(Neus, 2001). 위키스캐너를 통해 확인할 수 있는 자신에 관한 긍정적인 평판은 모든 편집자들이 손상시키고 싶지 않은 자신의 중요 자산이라 할 수 있다. 나아가, 편집자들이 양질의 정보와 지식을 공유하도록 서로 압력을 행사하는 공동체의 문화를 발전시키고 이를 규범 원리로 정식화하는 방안이 모색되기도 한다. 위키피디아 편집자들에게 개인 페이지를 제공하여 참가자들 사이에 상호 신뢰와 동질감을 공유할 수 있도록 하는 것은 그것의 한 가지 수단이 될 수도 있다.

3) 유사 모델의 신뢰성

'플래닛매스(PlanetMath)'는 온라인 협력을 통해 만들어지는 수학 백과사전이다. 그것은 누스피어(Noosphere) 소프트웨어 기술에 바탕을 두고 있다. 플래닛매스의 핵심 조직 원리는 편집자들이 자발적으로 참여하는 공동체주의(commons-based)와 자발적으로 기사 생산과 수정과 검토가 이루어지는 동료생산으로 구성되어 있다. 누스피어는 기사를 직접 제공하지 않은 사람도 그것의 정정과 수정에 참여할 수 있으며, 기사 수정 필요성에 대한 요구가 곧바로 기사 제공자에게 알려지도록 해주고, 생산자가 그것을 수락할 것인지 거부할 것인지를 결정할 수 있는 장치도 제공한다. 누스피어는 '소유자 중심(owner-centric)'의 권위 구조와 '자유 형식(free form)'의 권위 구조를 갖고 있다(Krowne and Bazas, 2004: 1~2). 누스피어의 지배적 권위 구조인 '소유자 중심' 모델에서는 기사 작성자가 그것에 관한 모든 수정을 통제할 수 있다. 다른 사람들은 직접 그것을 수정할 수 없으며, 수정 필요성에 관한 제안만 할 수 있을 뿐이다. 물론 기사 작성자는 해당 기사에 대한 소유권을 다른 사람들에게 확대할 수도 있다. 이 모델은 전통적인 학술 논문의 생산과 매우 유사하다고 볼 수 있다. 따라서 기사의 통일성과 기사의 일관성을 갖추는 것에 커다란 가치를 두는 모델이라 할 수 있다. 반면, '자유 형식' 모델은 모든 사람이 기사를 직접 수정할 수 있도록 해주면서도, 악의적 혹은 저질의 수정을 막기 위해 원래 기사를 복원시킬 장치도 제공해준다. 기사 작성의 진입 장벽을 낮춰 궁극적으로 내용 생산성을 높이는 데 커다란 장점을 갖는 모델이라 할 수 있다. 크론과 배재즈는 이 두 모델 중 어떤 것이 더 나은 모델인지를 살펴보기 위하여, 모델의 생산성과 모델에 대한 이용자들의 생각을 물어보는 연구를 진행했다. 그 결과, 사용자들은 '소유자 중심'의 협력적·공동체적 지식 생산 모델을 더 선호하는 것으로 밝혀졌다. 물론 전체의 3분의 1

에 달하는 상당한 수의 사용자들은 여전히 '자유 형식' 모델을 선호했다. 아울러, 크론과 배재즈는 '자유 형식' 모델이 양적으로 가장 생산적인 모델이라는 점을 밝히고, 둘 중 어떤 모델이 더 양질의 결과를 만드는지를 단정할 수 없지만, 사용자들은 '소유자 중심' 모델이 더 양질의 기사를 만들 것이라고 믿는다는 사실을 보여주었다(Krowne and Bazas, 2004: 6).

위키피디아와 유사하게, '에브리씽투(everything2)'는 1998년에 고안된 웹에 바탕을 둔 공동체 게시판이다. 에브리씽투에서는 회원 등록을 한 사용자만이 기사를 게시할 수 있다. 기사에 대한 수정도 그것의 원래 작성자만이 할 수 있으며, 다른 사람들이 그것을 직접적으로 수정할 수는 없다. 게시물의 정확성과 명료성 그리고 신뢰성을 높이기 위하여 에브리씽투는 평판 시스템을 도입했는데, 특정 기사에 대한 부정적 평가는 해당 편집자가 에브리씽투에서 행사할 수 있는 영향력을 제한하는 결과를 낳는다. 또한 에브리씽투는 일종의 신뢰 등급제를 운영하고 있는데, 신참 편집자(beginning authors)는 기사를 평가할 권한이 없으며, 점점 더 많은 게시물을 올리고 경험을 축적해야만 그들의 지위는 올라갈 수 있다. 참가자들은 다양한 방식으로 경험 점수(eXPerience: XP)를 얻는데, 새 글 작성에 대한 경험 점수는 1점이 부여된다. 경험 많은 이용자가 다른 사람의 글을 평가하면, 그 평가는 평가의 방향에 조응하여 글의 작성자의 경험 점수에 3분의 1만큼 영향을 미치며, 평가하는 사람 자신에게도 5분의 1만큼의 영향을 미치게 된다. 이러한 방식은 부정적인 평가보다는 긍정적인 평가를 유도하는 효과를 갖는다. 따라서 에브리씽투의 랭킹 시스템은 사용자 능력의 위계 구조를 구축한다고 볼 수 있다.

한국의 대표적인 지식 검색 사이트 중의 하나인 네이버 '지식iN'은 1999년 삼성에스디에스(SDS)의 사내 벤처에서 출발한 네이버가 제공하는 검색 서비스 사이트로서 2002년 10월에 처음 시작되었다. 2000년 인터넷 한겨레가 시작한 디비딕(www.dbdic.com) 서비스가 한국 최초의 지식 검색 서비스 사이트라고 할 수 있으며, 한국의 지식 검색 서비스는 네이버 지식iN 이외에도 야후의 지식 검색, 다음의 신지식, 엠파스의 지식거래소, 드림위즈의 지식 검색, 파란의 지식

바다 등이 존재했다. 지식iN은 2008년 7월 15일 기준으로 전체 지식 검색 서비스의 85%가량을 차지하고 있다. 지식iN에서 교환되는 지식의 종류는 크게 세 가지 범주로 나눌 수 있는데, 일반 지식, 지역에 관한 지식, 고민과 관련된 지식이 그에 해당한다. 이 중 컴퓨터, 통신, 오락, 게임, 경제, 문화, 의학 여행 등과 관련된 지식이 교환되는 일반 지식 범주의 대부분을 차지하고, 지역 지식은 여행지나 음식점 등과 관련된 지식을 포괄하며, 고민과 관련된 지식은 진로나 취업, 인간관계 등과 같은 지식을 포함한다.

네이버가 국내 검색 시장에서 확고한 1위를 유지할 수 있었던 데는 네이버 지식iN의 역할이 매우 컸다고 볼 수 있다. 그리고 게임의 원리를 활용한 답변글에 대한 내공 점수 부여는 지식iN의 대중화에 상당한 기여를 했다. 2008년 기준으로 지식iN의 내공 점수 시스템은 다음과 같다. 우선, 지식iN 서비스에 신규 가입하면 100점의 내공 점수가 자동으로 부여되며, 하루에 한 번에 한해 로그인 점수 3점이 부여된다. 질문 등록에는 5점이 부여되며, 답변 등록에는 10점이 부여된다. 답변 등록 중에서도 첫 번째 답변으로 등록하게 되면 축하 내공 점수 200점이 부여된다. 그리고 제공한 답변에 대하여 질문자가 답변으로 채택하게 되면 25점의 내공 점수를, 네티즌이 답변으로 채택하게 되면 25점의 내공 점수를 부여받는다. 한편, 내공이 삭제되는 경우도 있는데, 질문 삭제 시에는 5점, 답변 삭제 시에는 10점의 내공 회수가 이루어진다. 그리고 답변 삭제에 대한 패널티도 물게 되는데 이 경우 30점의 내공 점수 감산이 이루어진다. 질문 등록자나 답변 등록자 아이디 비공개의 경우는 10점의 감산이 이루어진다. 그 밖에도 다양한 상황에 맞는 다양한 내공 점수 부여 및 감산 원칙이 정립되어 있다.

내공 등급이 100점 이하인 사용자는 추천, 의견 쓰기, 질문 등록, 답변 등록, 오픈백과 집필, 노하우 집필 등이 금지된다. 내공 등급이 100점에서 500점 사이인 평민에 해당하는 사용자는 하루 20회 이하의 추천, 10개 이하의 의견 쓰기, 5개 이하의 질문 등록, 10개 이하의 답변 등록, 5개 이하의 오픈백과 집필을 할 수 있다. 내공 등급이 501점에서 3000점 사이인 시민 이상에 해당하는 사용자는 하루 50회 이하의 추천, 30개 이하의 의견 쓰기, 10개 이상의 질문 등록,

30개 이상의 답변 등록, 10개 이하의 오픈백과 집필이 허용된다. 중간 수준 이상의 사용자는 답변 등록과 오픈백과 집필 그리고 노하우 집필에서만 일정한 제한을 받는데, 하루 50개 미만의 답변 등록, 30개 미만의 오픈백과 집필, 10개 이하의 노하우 집필이 허용된다. 그리고 채택 답변 수와 답변 채택률에 따라 회원 등급이 구분되는데, 초급자의 경우 채택 답변 수는 5개, 답변 채택률 50% 이상이라는 요건을 충족시켜야 한다. 그 밖에 중간 수준 회원(답변 수 30개, 채택률 60%), 높은 수준 회원(답변 수 70개, 채택률 65%), 영웅(150개, 70%), 지존(350개, 70%), 초인(650개, 70%), 식물신(1000개, 75%), 바람신(1300개, 75%), 물신(1700개, 75%), 달신(2300개, 80%), 별신(3000개, 80%), 태양신(4000개, 80%) 등의 등급이 있다. 이런 내공 점수는 지식iN에서 수행할 수 있는 활동의 종류를 결정할 뿐만 아니라, 마일리지 전환을 통해 주문형 비디오(VOD) 보기, 음악 듣기 서비스 등을 이용할 수 있다.

이 밖에도 지식인iN은 답변 글의 신뢰성과 전문성을 높이기 위하여 전문가 지수를 개발하여 활용하고 있다. 그것은 지식 질문 및 응답(Q&A)과 오픈백과에서의 답변 및 집필 활동을 수치화한 것으로, 각 해당 디렉토리에 대한 전문성 수준을 나타낸다. 하지만 전문성 지수는 앞서 열거한 내공 순위와는 상관이 없다. 또한 지식iN 활동으로 전문성을 인정받은 사람들의 아이디 앞에 자동으로 붙는 신용도 표시도 답변 글의 신뢰도를 높이는 방법 중의 하나로 평가된다. 이러한 신용도 표시에는 명예지식iN, 지식 스폰서, 디렉터리 에디터, 전문가 지수 탑 5 이내, 전문가 지수 탑 20 이내, 전문가 지수 탑 50 이내, 전문가 지수 탑 100 이내 등이 있다. 한편, 지식iN은 지식 교환과 관련하여 몇 가지 중요한 운영 원칙을 갖고 있다. 지식iN은 몇 가지 유형의 기사를 제재 대상으로 설정하고 있는데, 영리 추구나 홍보성 목적의 활동, 음란성 게시물 등록, 욕설·비방·반사회적 게시물 등록 및 타인에게 불쾌감을 주는 활동, 타인의 개인정보·사생활·명예를 침해하는 게시물 등록, 타인의 지적 재산권을 침해하는 게시물 등록, 다른 사용자의 정상적인 서비스 이용을 방해하는 행위(게시물 열람 시 자동으로 팝업창이 열리도록 하는 행위, 악성 코드를 실행시키거나 유포하는 행위 등), 숙제성·청

탁성·요청성 게시물 등록, 정보적 가치가 부재한 게시물(주관적 감상이나 의견, 장난성 게시물 등) 등록, 게시물의 도배, 부당한 내공 및 채택의 취득(복수의 ID를 동원하여 질문-답변하는 행위 등), 기타 서비스 취지에 부합하지 않는 일체의 행위 등이 이에 포함된다.

위키피디아와는 달리, 지식iN은 하나의 질문에 대한 답변들을 최신 시간순으로 나열하여 보여준다. 그러다 보니 정보들이 이런저런 답변 글 속에 산만하게 분산되기 쉽고 그래서 이용자들이 스스로 그것들을 정리하고 분류해야 하는 어려움이 있다. 아울러, 검증되지 않은 답변 글이 얼마든지 게시될 수 있어 전체적으로 기사의 신뢰성에 상당한 결함이 있다. 이는 지식iN이 가능한 한 많은 답변 글을 유도하는 것에 초점을 맞추는 대신, 답변 글의 신뢰성을 높이기 위한 장치에는 그다지 엄밀하다고 보기 어렵기 때문이다. 이러한 점은 시간적 순서에 상관없이 정보에 대한 이용자들 사이의 자발적이고 비교적 엄격한 검토 과정을 거쳐 합의된 기사를 만들어가는 위키피디아 모델과 네이버 지식iN 모델을 근본적으로 구분시키는 사실이라 할 수 있다.

이상에서 살펴본 플래닛매스, 에브리씽투, 지식iN 모델은 모두, 위키피디아와 유사하게, 누구든지 기사 생산에 참여할 수 있도록 하는 집단지성 원리에 바탕을 두고 있다. 플래닛매스는 소유자 중심의 권위 구조와 자유 형식 권위 구조를 동시에 운영하고 있으나, 소유자 중심 구조는 더 많은 사용자들이 선호하는 모델인 반면, 위키피디아와 유사한 자유 형식 구조는 양적으로 훨씬 더 생산성이 높은 것으로 나타났다. 에브리씽투 모델은 플래닛매스 모델의 소유자 중심 권위 구조를 지향한다는 점에서 위키피디아 모델과는 상이한 편집 원리를 채택하고 있는 것으로 볼 수 있다. 이용자들에게 경험 점수를 부여하여 서로 간의 긍정적인 평가를 유도하는 평판 시스템은 위키피디아에서는 발달되지 못한 에브리씽투 고유의 신뢰성 제고 방안이라 할 수 있다. 또한 네이버 지식iN 모델은 상업적 이윤 추구 목적 아래 운영되고 있다는 점에서 비영리 기관 뉴스 미디어 재단에서 운영되고 영리 추구와 전혀 무관한 위키피디아 모델과 근본적으로 구분된다. 지식iN 모델은 이용자의 참여를 유도하기 위하여 내공 점수라는 일종의 평판 시스템을 도입하고 있으며, 그러한 내공 점수는 이용자들에게 네이버가 제공하는 여러 가지 상업 서비스와의 교환을 제공한다.

4. 결론

사이버 공간 속 공동체들은 그 목적과 활동 내용에 따라 다양한 범주들로 나뉠 수 있다. 거대 전자 상거래 기업의 상품을 중심으로 조직된 수많은 온라인 공동체가 있는가 하면, 동일한 연고나 관심을 공유하는 사람들 사이의 친숙성에 바탕을 둔 공동체 유형이 있으며, 특정한 공공재(지식, 기술, 사전 등) 생산을 목적으로 하는 유형의 공동체도 있다(Ciffolilli, 2003). 다음(Daum) 아고라와 싸이월드에서 흔히 발견할 수 있는 공통의 연고나 관심을 공유하는 공동체 유형이 사이버 공간에서 가장 일반적이고 보편적인 형태의 공동체라 할 수 있다. 특정한 공공재 생산을 위한 공동체에는 위키피디아나 네이버 지식iN이 대표적인 사례라 할 수 있으며, 오늘날 사이버 공간에서 가장 많은 사람들이 즐겨 찾는 공동체 사이트에 속한다고 볼 수 있다. 이 같은 공동체 유형상의 다양성에도 불구하고, 많은 온라인 공동체들은 앞서 살펴본 웹 2.0의 핵심 원리 중 하나인 집단지성을 구현하는 사이트들이라는 점에서 공통성을 갖는다. 온라인 포럼 구성원 공통의 관심사에 대한 자발적인 토론은 이전처럼 소수의 전문가나 엘리트들이 사회의 주요 의제를 일방적으로 결정하는 것을 점점 더 어려워지게 만들고 있다. 수동적인 대중이 아니라 적극적이고 자발적인 다중이 사회적 의제를 형성할 수 있는 힘이 점점 더 커지고 있는 것이다. 그리고 이 연구에서 살펴본 위키피디아나 지식iN과 같은 온라인 공동체는 좀 더 분명하게 집단지성의 신뢰성을 높이기 위한 절차와 메커니즘을 발전시키고 있다.

위키피디아에서 발전된 집단지성의 조직 원리는 목적 지향의 공동체뿐만 아니라 친숙성에 바탕을 둔 공동체나 상업 공간 혹은 공공 기관의 온라인 사이트에도 응용될 수 있을 것이다. 물론 각 포럼 고유의 속성 때문에 위키피디아 모델이 기계적으로 다른 유형들에 적용될 수는 없겠지만, 위키피디아가 보여준 집단지성의 높은 신뢰성과 그것이 발전시킨 다양한 신뢰성 제고 방안들은 다른 모델의 공동체들에 많은 도움이 될 수 있다. 이를테면, 위키피디아의 편집 원리인 '중립적 관점'과 '검증 가능성'은 공통의 관심사를 둘러싼 온라인 포럼에서 토론의 질과 수준을 높이기 위한 장치로 활용될 수 있다. 대부분의 토론 사이트들이 위키피디아처럼 서로 합의할 수 있는 어떤 지식을 구성하려 하는 것은 아니기 때문에 이들 사이트에서 위키피디아와 같은 수준의 '중립적 관점'을 기대할 수는 없을 것이다. 하지만, 특정한 관점을 주장한다고 하더라도 가능한 한 다양한 관점을 고려하는 주장과 그렇지 않은 주장들 사이의 설득력은 대체로 다르게 나타날 것이다. 그리고 '검증 가능성'의 원리는 다른 유형의 공동체들에서도 위키피디아와 거의 같은 차원에서 추구해도 무방할 것이다. 아울러, 기사의 질을 높이기 위해 위키피디아가 도입하고 있는 자발적인 위계 구조도 다양한 유형의 온라인 공동체 문화에 적용될 수 있을 것이다. 일반 편집자, 관리자, 관료, 중재 위원 등의 위계 구조 혹은 평판 시스템은 온라인 토론의 질을 높이기 위한 훌륭한 장치로 활용될 수 있을 것이다.

제5장

구글의 정동 경제(Affective Economy)

1. 머리말

현대 경제는 컴퓨팅과 네트워킹 기술의 광범위한 사회적 보급에 힘입어 정보, 지식, 문화, 정동, 소통 등의 비물질 영역이 물질 영역보다 더 많은 부가가치를 낳는 정동 자본주의로 전환하고 있다(Boutang, 2011; 네그리·하트, 2008; 이항우, 2013). 자본 축적은 원료와 단순 노동의 물질 요소보다는 지식과 정동의 무형 요소에 더 많이 의존하며, 노동과정은 개별 공장의 울타리에 한정되지 않고 사회 전체로 확대되고 있다. 정동 자본주의에서 혁신은 여전히 과학, 연구, 예술, 문화, 철학 부문의 해커들에 의해 창출되고 있지만, 그 성과는 대부분 정보재, 정보 흐름, 정보 분배 수단을 소유한 벡터 계급이 가져간다(Wark, 2004). 또한, 상품생산과정에 통합된 상품과 기호의 적극적 해석자이자 창조자인 소비자/사용자의 정동 노동은 정동 자본주의 이윤 획득의 새로운 원천이 되고 있다.

이러한 전환은 상품, 노동, 가치, 착취 등 전통적인 정치경제학 관념을 둘러싼 많은 논쟁을 촉발시켰다(Andrejevic, 2011a; Arvidsson, 2009; Lazzarato, 1996; Terranova, 2000; Willmott, 2010; 백욱인, 2013; 조정환, 2010). 비물질재의 가치, 비

물질 노동의 헤게모니, 노동의 가치 법칙과 정동의 가치 논리, 가치 생산과정으로서의 소비 과정, 자발적 무임 노동의 착취 같은 문제가 주요 이론적 쟁점을 형성했다. 그런데 최근의 연구는 구글, 페이스북, 트위터 등의 웹 2.0 자본이 선도하는 '관심 경제(attention economy)' 혹은 '정동 경제'의 구체적인 작동 방식에 주목하고 있다(Andrejevic, 2011a; Bucher, 2012; Gerlitz and Helmond, 2013; Lee, 2006; Roosendaal, 2011). 정동 경제의 개념적 문제들이 좀 더 경험적으로 검토되고 있는 것이다. 지난 10여 년간 웹 2.0 경제는 폭넓게 환영받았는바, 여기에는 그것이 컴퓨터 네트워크에 접속한 사람이면 누구나 자신을 세계에 알릴 플랫폼을 제공해주고, 소수 엘리트의 손에 장악되었던 지식과 정보와 권력을 이제 그 어느 때보다도 더 다중에게 돌려준다는 정동 동원이 작지 않은 효력을 발휘했다. 또한, 웹 2.0 정동 경제는 1960년대의 저항적 '해커 윤리'를 혁신적인 경영 전략으로 적극 도입했으며(Levy, 2010), 1980년대 중반 이후 자유/오픈소스 소프트웨어 운동에서 발원한 '참여', '협력', '공유'의 생산 정동을 자본의 주요 축적 전략 요소로 활용했다. 이를 통해 그것은 기업 권력에 완고하게 저항한 해커 문화와 동료생산의 정동을 굴복시키고 경제적 가치 창출의 새로운 원천으로 포획하는 데 성공했다(Zwick, Bonsu, and Darmody, 2008: 168). 정동 경제는 네트워크 속 인구들이 플랫폼에서 창출하는 잉여가치를 사적으로 전용할 뿐만 아니라, 그들의 활동에서 분출되는 감정의 파동을 실시간으로 포착하고 상업적으로 관리·활용하는 빅 데이터 경제로 진화하고 있다.

이러한 정동 경제의 작동 방식을 규명하고, 정동 자본주의가 생산자/소비자를 포함한 네트워크 속 행위자들의 관심과 정동을 어떻게 이윤 창출 과정에 통합시키는지를 분석하는 작업의 일환으로, 이 장은 구글에 대한 사례 연구를 수행한다. 우선, 이 장은 정동 경제의 일반적 특징을 밝힌다. 구체적으로, 정동 경제의 노동과 가치 관념, 비물질적 정동 자산으로서의 브랜드 관념, 정동의 가시화 기술, 해커주의 아비투스와 동료생산 정동 등의 문제를 다룬다. 다음으로, 이 장은 구글 정동 경제의 구체적 특징이 어떻게 광고, 개인 데이터, 검색, 뉴스, 도서, 동영상 사업 등에서 나타나고 있는지 분석한다. 첫째, 이 장은 '애딘포메이션(adinformation)'이라는 개념을 통해, 구글이 자신들의 주요 수익원인 광고 사업을 위해 어떻게 '유용한 광고는 좋은 정보'라는 관념을 확산시키고, 그 속에서 구글 브랜드에 대한 이용자들의 정동을 어떻게 동원하는지 탐구한다. 둘째, '디프라이버싱(deprivacing)'이라는 개념을 통해, 구글 정동 경제의 핵심 비물질재인 개인 데이터가 구글에 의해 어떻게 수집되고 활용되며, 그 속에서 이용자의 프라이버시 문제는 어떻게 통제되고 관리되는지를 살펴본다. 셋째, '무임승차하기(free-riding)' 문제를 중심으로, 구글 검색, 구글 뉴스, 구글 도서(Google Books) 등과 같은 디지털 텍스트로 대변되는 구글의 비물질재가 저작물에 관한 기존의 규율 체계와 어떻게 충돌하며, '공정 이용'의 효과가 상이한 정동 노동 집단에 따라 어떻게 차등적으로 관철되는지를 분석한다. 마지막으로, '안전 피난처 활용하기(safe-harboring)' 개념을 중심으로, 디지털 동영상의 소유, 통제, 활용을 둘러싼 콘텐츠 생산자들 간의 갈등과 대립의 성격을 살펴본다.

2. 정동 경제

1) 정동 자본주의의 노동과 가치

축적 양식의 측면에서, 정동 자본주의는 정보, 지식, 정동, 창의성, 혁신 등과 같은 비물질재에 대한 투자가 이윤 획득의 주요 원천이 되는 경제 체제이다. 비물질재는 거의 모든 산업 영역에서 물질적 생산 관행을 재조직하는 핵심 요소가 되었으며, 세계 경제에서 그것에 대한 투자가 차지하는 비중은 이미 1980년대 중반부터 물질 장비에 대한 투자를 넘어섰다(Boutang, 2011: 50). 생산양식의 측면에서도, 정동 자본주의는 기존의 수직적인 산업적 노동 분업보다는 네트워킹을 통한 두뇌들의 대규모 협업을 더 중시한다. 그것은 네트워크의 긍정적 외부성을 최대한 확보하고 인구 전체에 퍼져 있는 창의성과 집단지성을 적극 활용한다(Boutang, 2011: 57). 그리하여, 오늘날 사회적 부와 가치의 생산과정은 개별 공장의 담벼락을 넘어 사회 전체로 확대되고 있다. 최근의 정보통신 환경은 지구적 범위의 컴퓨터 네트워킹 이용자들에게 대규모 정보 소비와 생산의 물질적 수단을 제공한다. 정보의 소비 과정이 곧 생산과정이 되는 이른바 생산과 순환의 탈경계화 맥락에서, 사회적 부의 생산은 임금노동 영역에 국한되지 않고 그 바깥에서 이루어지는 다양한 지적·문화적·예술적·사회적 활동에 의해서 이루어진다. 노동은 "탈영토화되고, 분산되고, 탈중심화되어 전체 사회가 이윤의 처분에 맡겨지게"(Gill and Pratt, 2008: 7)된 것이다. '사회-공장' 시대의 가치와 이윤 창출은 점점 더 사회화된 생산에 의존하며, 사람들 사이의 관계적·소통적·정서적 활동은 정동 자본주의 가치 추출의 우선적 원천이 되고 있다.

정동 자본주의에서 노동이란 가치를 생산하는 모든 활동을 가리키며, 일반적으로 '노동'으로 간주되지 않는 소비와 여가 활동까지도 포괄한다(네그리·하트, 2008; Andrejevic, 2011a; Arvidsson and Colleoni, 2012; Lazzarato, 1996; Terranova, 2000). 네그리와 하트는 비물질 노동을 "지식, 정보, 소통, 관계 또는 정서적 반응 등과 같은 비물질적 생산물들을 창출하는"(네그리·하트, 2008: 158) 노동으로 정의하고, 이를 지적·언어적 노동과 정동적 노동으로 구분한다. 전자는 "아이디어, 상징, 코드, 텍스트, 언어적 형상, 이미지"(네그리·하트, 2008: 158) 등을 창출하는 노동이며, 후자는 "편안함, 안녕, 만족, 흥분 혹은 열정의 느낌"(네그리·하트, 2008: 158) 등을 생산하는 노동이다. 라자라토(Lazzarato, 1996)는 비물질 노동을 "상품의 정보적·문화적 내용을 생산하는 노동"으로 규정한다. 상품의 '정보적' 내용 생산은 주로 고용된 상징 노동자들의 몫이지만 '문화적' 내용은 상품 소비자들의 활동에 의해서도 생산된다. 사회관계, 공유된 의미, 정서적 연관 등과 같은 '심성적 잉여(ethical surplus)'가 소비를 통해 형성된다는 점에서 소비는 곧 생산적 노동이 될 수 있다. 아비드손(Arvidsson, 2005)은 '심성적 잉여'를 '브랜드(brand)'와 연결시켜 소비가 곧 노동이라는 관념을 확장시킨다. 브랜드 주위에 모인 소비자들 사이에 교류되고 공유되는 아이디어와 제품 평가, 동질감, 소속감 등이 브랜드 가치를 창출한다는 것이다.

정동 자본주의에서 노동이 '가치를 창출하는 모든 실천'으로 간주되듯이, 가치도 '사회적으로 인정된 중요성'을 가리키는 말로 사용된다. 가치는 상품의 생산과정에서 창출되지만 순환 과정에서도 생산된다. 특히, 비물질재는 소비를 통해 없어지는 것이 아니라 새로운 내용이 첨가되고 변형될 수 있다. 소비 과정이 곧 생산과정이 될 수 있는 것이다. 따라서 가치를 순전히 노동시간의 양으로 측정하거나 결정하기란 어렵다. 네그리와 하트는 "비물질적 생산의 패러다임에서 가치 이론은 측정된 시간의 양이라는 관점에서는 이해될 수 없"(네그리·하트, 2008: 210)다고 주장한다. 아비드손은 "가치는 명목적 관념이기 때문에 가치의 기준은 사회적으로 구성된다고 말할 수 있다. 그것은 정치적 투쟁의 산물이며, 따라서 하나의 사회적 구성물에서 다른 사회적 구성물로 변화한다"(Arvidsson, 2009: 16)고 지적한다. 가치 관념은 어떤 본질적 속성이나 실체의 반영이 아니며 헤게모니적 실천을 통해서 그 의미가 일시적으로만 고정되는 것이 된다. 따라서 정동 자본주의의 가치 생산은 사람들 사이의 폭넓은 소통, 우호 관계를 유지하는 사회적 기술, 집단지성의 활용 능력 등에 의존한다.

여기에 '브랜드'의 역할은 특히 중요하다(Boutang, 2011; Willmott, 2010). 아비드손에 따르면, "브랜드는 신용, 정동, 공유된 의미를 창출하는 사람들의 능력을 직접적으로 가치화하는 것(예컨대, 주식 가격의 형태로)을 가능케 하는 메커니즘이다"(Arvidsson, 2005: 236). 브랜드 자산은 기업의 주식 가격에 큰 영향을 미치며, 그것의 가치는 화폐로 전환된다. 브랜드 자산 가치의 창출은 기업 내 상징 노동자만큼이나 디지털 네트워크 사용자와 소비자에 의존한다. 제품 개발이나 내용 공급에 직접 참여하거나 혹은 상호 소통을 통해 제품에 신뢰도나 명성을 부여하는 방식으로 기업의 브랜드 자산 형성에 적지 않은 기여를 하기 때문이다. 즈윅과 그의 동료들에 따르면, "소비자가 판촉자의 가치 제안을 받아들이고 그것의 의미, 효율성, 기능성을 보완하거나 향상시킴에 따라 그들의 행동은 생산 활동으로 전환된다"(Zwick, Bonsu, and Darmody, 2008: 175). 그런데 사용자와 소비자의 활동은 많은 경우 인터넷 플랫폼에서 자발적으로 일어나지만, 플랫폼을 소유한 기업들은 사용자와 소비자에 의한 이러한 긍정적 네트워크 외부성을 전용한다. 플랫폼은 적극적 소비자들의 "독립적이고, 창의적이며, 자발적인 행동이 이제 기업의 상품생산을 위한 원재료 속으로 효과적으로 흘러 들어갈 수 있게"(Zwick, Bonsu, and Darmody, 2008: 177) 만드는 중요한 장치가 되었다.

2) 웹 2.0 정동 경제

정동 자본주의는 관계적·정동적 요소로부터 이윤을 축적하는 것에 집중한다. 정동이란 우리의 '정신과 육체 모두에 담겨 있는 편안함, 안녕, 만족감, 흥분 등과 같은 삶의 활력'(네그리·하트, 2008: 158)을 지칭한다. 흔히 '무의식적으로 경험되며 일정한 형태를 지니거나 뚜렷이 표현되지 않는'(Andrejevic, 2011a: 609) 정동은 현대 경제에서 생산적으로 조정되고 조종되어 상품이나 브랜드에 대한 소비자들의 관심, 선호, 애착, 평판 형성과 구축의 밑바탕이 된다. 그래서 정동의 경제 논리는 소비자들에 대한 인구학적 정보를 수집하는 것을 넘어서서, 그들의 지배적 정서나 감정의 파동을 실시간으로 탐색하고 활용하는 것에 집중한다(Andrejevic, 2011a: 615). 그리고 최근의 소셜 미디어는 소비자들의 정동 데이터를 수집하고 분석하기 위한 중요한 플랫폼이 되고 있다. 온라인 네트워크에서 사람들의 "감정이 더 많이 표출되고 순환될수록, 행동이 더 많이 추적되고 모아질수록, 판매자가 정동을 유도하고 고착시켜 그것을 더 많은 소비로 전환시킬 수 있는 가능성은 커진다"(Andrejevic, 2011a: 615). 따라서 정동 경제에서는 어떤 말과 생각이 네트워크에서 널리 흘러 다니게 하거나 혹은 반대로 회자되지 않도록 관리하는 것이 중요하다. "생물학적·사회적 삶의 사회적 재생산은 자본주의 생산과 교환으로 계속 포섭되며, 그만큼 정동은 개인적 내용이기 이전에 비인격적 흐름으로 사고되어야 하며… 공장만큼이나 경제의 기반을 이룬다"(Clough, 2003: 361; Massumi, 1998: 61; Andrejevic, 2011a: 615에서 재인용). 이러한 '사회-공장'에서 웹 2.0 자본이 통제하고 전용하는 것은 바로 이용자들의 정동 관계이다.

개인 데이터에 토대를 둔 정동 동원과 관리를 가능하게 해주는 대표 기술은 페이스북의 '좋아요', 트위터의 '리트위트', 구글의 '페이지랭크' 등과 같은 정동의 가시화 기법이다(Granka, 2010). '페이지랭크'는 전체 네트워크에서 생산되는 정동 가치의 총량과 개별 노드의 정동 가치를 표현해주는 검색 알고리즘이다(Vaidhyanathan, 2011). 페이지랭크에서 개별 노드의 랭크 가치는 그것에 링크를 건 노드의 수와 질에 의해 결정된다. 그것은 웹 페이지의 인기를 측정하여 랭킹에 따라 검색 결과를 위계적 순서로 제시한다. 파스퀴넬리(2009)에 따르면, "각 링크는 결코 대칭적이지 않은 욕망, 관심, 지식의 교환을 표현"하며, "페이지랭크가 드러내고 측정하는 것은 모든 하이퍼텍스트와 네트워크의 바로 이러한 비대칭적 구성이다". 즉, 랭킹은 네트워크 속 각 노드가 지닌 정동의 위계이다.

페이지랭크와 같은 정동의 가시화 기법과 더불어, 자유/오픈소스 소프트웨어에서 발전한 '동료생산' 정동도 정동 자본주의가 주요하게 활용하는 비물질재다(Boutang, 2011; Vaidhyanathan, 2011). 정동 경제는 종종 반전시위나 히피 문화보다도 더 진정한 1960년대 저항 문화의 유산으로 간주된다(Turner, 2006). 1960년대 초 미국 엠아이티(MIT) 대학을 중심으로 형성되었던 저항적 '해커 윤리'는 최근 정보의 자유, 반권위주의, 탈중심성, 실적 중심주의 등을 강조하는 웹 2.0 사업의 조직 방식에 커다란 영향을 미치고 있다(Levy, 2010: 27~33). 해커 윤리는 2000년대 정동 자본주의의 혁신적 경영 전략으로 적극 도입되었고, 선진 경제의 발전에 매우 긍정적으로 작용한 것으로 평가되기도 한다(Turner, 2006: 138).

정동 자본주의의 이러한 해커주의 아비투스와 동료생산 정동은 1980년대 이래 지금까지 전개되고 있는 이른바 '버닝맨(Burning Man)' 연례행사를 통해서 계속 환기되고 재생산된다. '버닝맨'은 예술가들의 보헤미안 정신과 디지털 기술 개발자들의 해커 윤리가 한데 어우러지는 장의 기표다(Auletta, 2010; DiBona, Cooper, and Stone, 2006; Turner, 2009). 수많은 비영리 오픈소스 참여자들뿐만 아니라 첨단 영리기업 소유주들에게도 '버닝맨'은 웹 2.0 사업의 정동적 준거가 되고 있다. '버닝맨'의 정동은 저항 문화, 아마추어 예술 찬미, 반소비주의, 선물 교환, 탈상품화 등으로 대변되는데, 많은 컴퓨터 프로그래머들과 소프트웨어 개발자들은 그것을 자신들의 주요한 정동적 정체성 요소로 삼는다. 터너에 따르면, 버닝맨은, 막스 베버(Max Weber)의 개신교 윤리와 마찬가지로, "보헤미안 예술 세계의 이상과 사회 구조를, '창의적'으로 되는 그들의 매우 특수한 방식을, 새롭고 매우 유동적인 탈산업 정보 노동 종사자들을 위한 심리적·사회적·물질적 자원으로 전환시킨다"(Turner, 2009: 76). 버닝맨 문화의 특징인 팀 작업, 동료생산, 실적 중심주의, 평판 쌓기 등이 첨단 기술 생산의 작업 윤리를 규정하고 강화시켜준다고 볼 수 있기 때문이다.

하지만 정동 자본주의의 적극적인 정동 동원과 활용은 '지식 경제'로 대변되는 신자유주의 자본 축적 메커니즘의 핵심 구성 요소에 다름 아닌 것으로 해석될 수 있다. 정동 경제는 사회적·공통적으로 생산된 가치에 대한 사적 전용 혹은 "공동 지성이 생산한 가치를 포획하기 위한 기생적"(Pasquinelli, 2009) '지대 경제'의 새로운 형태로 이해될 수 있기 때문이다(Vercellone, 2008). 파스퀴넬리에 따르면, 네트워크와 노드의 정동 가치를 표현하는 각종 랭킹 알고리즘은 궁극적으로 전 세계 수십억 네트워크 이용자들의 활동 결과물, 즉 집단지성을 자양분 삼아 작동한다. 그것들은 네트워크의 긍정적 외부성 혹은 집단지성의 부불 노동을 사적으로 전용할 수 있도록 해주는 지적 재산이다(Jakobsson and Stiernstedt, 2010). 그리하여, 아무런 콘텐츠를 생산하지 않고서도 단지 플랫폼을 소유하고 있다는 이유로 막대한 지대를 축적하는 플랫폼 벡터 계급이 새롭게 출현했다. 벡터 계급은 중세의 지주 계급과 근대의 자본 계급의 뒤를 이어 등장한 현대의 새로운 지배 계급이다(Wark, 2004). 그리고 영화, 음반, 출판 등 콘텐츠에 토대를 둔 전통적인 거대 문화 자본을 콘텐츠 벡터 계급이라고 한다면, 구글이나 페이스북과 같이 최근의 인터넷 플랫폼에 토대를 둔 문화 자본은 플랫폼 벡터 계급이라 할 수 있다.

그런데 전통적인 콘텐츠 벡터 계급과는 구분되는 플랫폼 벡터 계급의 성장은 정동 자본주의의 복잡한 사회경제적 모순과 갈등에 두 가지 새로운 양상을 부가한다. 한편으로, 플랫폼 벡터 계급에 의한 네트워크 속 행위자들에 대한 착취 문제가 제기된다. 이용자/소비자들의 '자유/무료 노동'이 창출하는 잉여가치는 벡터 계급에 의해 전유된다. 정동 자본주의 정동 노동은 대개 자본의 직접적 통제 바깥에서 자발적으로 제공되었다는 점에서 '자유'노동이자 자본에 의해 물질적으로 보상받지 않았다는 점에서 '무료' 노동이다(Andrejevic, 2011a; Arvidsson and Colleoni, 2012; Terranova, 2000). 많은 정동 노동은 '놀이'이자 '노동'이며, 대부분의 플랫폼은 '놀이터'이자 '공장'이다. '놀이'와 '노동'의 경계가 모호해진 상황에서, 플랫폼 벡터 계급은 '놀이' 혹은 '강제되지 않은 노동'은 착취당한 노동으로 보기 어렵다는 논리로 '자유/무료 노동'의 전용을 정당화한다. 그 결과, '사용자-제작 콘텐츠'와 '사용자-창출 데이터'에 대한 통제권과 소유권은 전통적인 콘텐츠 벡터 계급에 이어 다시 플랫폼 벡터 계급의 손으로 흘러 들어간다. 다른 한편으로, 벡터 계급들 사이의 갈등도 지적 재산의 전용과 관련한 새로운 양상을 보이고 있다. 콘텐츠 벡터 계급은 문화적 공유지를 몰수하여 얻은 지적 재산의 인위적 희소성에 근거하여 많은 지대를 축적해왔다. 하지만 플랫폼 벡터 계급은, 콘텐츠 벡터 계급과는 달리, 지적 재산권의 '소유'보다는 '사용'을 통해 수익을 얻으려 한다(Boutang, 2011; Pasquinelli, 2009). 지적 재산이 자유롭게 사용되면 될수록 사용자-제작 콘텐츠가 자신의 플랫폼에서 유통될 기회가 늘어나고, 그만큼 광고 수익을 얻거나 브랜드 가치를 높일 가능성이 커지기 때문이다. 요컨대, 사용자-제작 콘텐츠와 사용자-창출 데이터의 소유와 통제를 둘러싼 사용자/소비자, 콘텐츠 벡터 계급, 플랫폼 벡터 계급 간 갈등과 대립은 인지 자본주의의 중요한 모순 관계를 구성한다.

이상의 논의를 토대로, 이 장은 구글 정동 경제의 특징을 분석한다. 이를 위해, 이 장은 다음과 같은 구체적인 세 가지 연구 질문을 제기한다.

- 사용자 정동은 페이지랭크나 브랜드와 같은 구글의 비물질재 가치 창출에 어떻게 통합되는가?
- 사용자 정동 노동의 산물인 개인 데이터는 구글에 의해 어떻게 사적으로 통제되고 전용되는가?
- 웹 콘텐츠 생산과 공유의 사용자 정동에 대한 구글의 전용은 지적 재산권 체제에서 어떻게 관리되는가?

3. 구글의 정동 경제

1) '애딘포메이션(Adinformation)': "유용한 광고는 좋은 정보"

구글의 정동 경제는 광고와 정보가 통합된 '애딘포메이션'에 토대를 둔 경제다. 그것은 정보의 생산과 유통과 소비에서 형성되는 정동을 포착하고 이를 광고 사업과 연결시킴으로써 수익을 얻는다. 구글의 정보 검색 기술 '페이지랭크'는 수십억 인터넷 사용자들의 정동을 위계적 방식으로 가시화한다. 페이지랭크 알고리즘의 혁신성은, 이전의 정보 검색 기술과는 달리, 각 웹 페이지에 연결되어 들어오는 링크의 수와 질을 토대로 페이지의 랭킹을 부여한다는 점에 있다. 페이지의 랭킹은 연결되어 들어오는 페이지가 많을수록 그리고 높은 랭킹의 노드로부터 들어오는 링크가 많을수록 높아진다. 그리하여 검색을 통해 얻는 정보 목록은 위계화된 정보 목록, 즉 정동 목록이 된다. 페이지랭크 알고리즘은 최상의 정보 사이트를 찾으려는 수많은 인터넷 사용자들의 분산 노동을 지렛대로 삼아 인터넷 정동을 표현한다(Pasquinelli, 2009). 이처럼 웹 페이지에 부여된 차별적 정동의 가시화를 통해, 페이지랭크는 1990년대 중후반까지 평면적이고 무질서한 정보의 바다였던 인터넷을 하나의 거대한 역동적인 정동 위계로 전환시켰다.

페이지랭크는 사용자들의 정동을 기업의 선의에 대한 신뢰로 통합하려는 구글 광고와 브랜딩 전략의 핵심 요소이기도 하다. 구글은 자신의 브랜드에 사용자들의 경험, 감정, 태도, 생활 양식, 절대적 믿음 등과 같은 가능한 모든 형태의 애착, 즉 '심성적 잉여'가 형성되도록 하는 작업을 끊임없이 수행한다. "세상의 정보를 조직하고, 그것을 유용하고도 보편적 접근이 가능한 것으로"(Google, 2013e) 만드는 것이 자신의 임무라는 천명에는 완벽한 검색 엔진을 만드는 것은 물론이거니와 심지어는 비영리성까지도 추구하는 것처럼 스스로를 표상하는 브랜딩 전략이 두드러진다. 또한 구글은 광고료에 따라 검색 랭킹이 좌우되는 것을 거부하고, 광고 이익과 무관한 '자율적·유기적 검색 결과'를 제공한다는 관념을 브랜드 자산의 주요 구성 요소로 부각시킨다. 대부분의 포털은 사용자들의 관심과 연관성이 높은 유용한 링크를 제공하기보다는, 광고가 마치 정보인 것처럼 속여서라도 광고 수익을 극대화하는 관행에서 자유롭지 못하다. 그런데 똑같이 광고 수익을 좇는 기업인 구글은 바로 이 지점에서 자신의 브랜드 차별성을 각인시킨다. 구글은 단기적 이익을 위해 검색의 객관성과 중립성을 희생하는 것은 사용자들로부터 신뢰를 잃어버릴 위험이 크다고 보기 때문에 검색 랭킹을 광고주에게 팔지 않는다. 그리고 미끼, 사기, 포르노, 악성 코드 유포 사이트 등을 검색 결과에서 걸러낸다(Vaidhyanathan, 2011: 14). 예컨대, 페이지랭크는 '되돌아가기'라는 버튼을 눌러 구글로 돌아와 다시 다른 사이트를 클릭하는 사용자를 추적하는 '전환(conversion)' 기법을 통해, 검색 목적과 무관한 정보나 상품을 광고하는 사이트를 목록 하단으로 내려보낸다(Hoofnagle, 2009). 또한 팝업 광고, 빨리 열리지 않는 사이트, 현란한 애니메이션으로 치장된 광고 사이트 등은 구글 검색에서 높은 가시성을 획득하기 어렵게 만든다. 구글은 이런 작업을 "나쁜 짓을 하지 않고도 돈을 벌 수 있다"(Google, 2013a)는 또 다른 기업 모토와 연결함으로써, 사용자들의 정동을 동원하고 평판을 구축한다.

그러나 구글의 정동 경제가 실질적 의미에서 정보와 광고를 엄격하게 구분하는 것은 아니다. 오히려 정반대로 "유용한 광고는 좋은 정보"라는 말로 그 경계를 사실상 해체한다. 수익의 많은 부분을 광고에서 얻는 구글에게 정보와 광고의 경계는 부드럽고도 확실하게 허물어져야 한다. 구글의 기업 철학은 "광고가 당신이 찾는 것과 관련되어 있다면, 그것은 유용한 정보를 제공하는 것이라고 확신한다"(Google, 2013a)는 언명으로 표현된다. 실제로 구글은 검색어와 관련된 광고 사이트를 검색 정보와 구분되는 광고임을 표시하며 검색 결과에 노출한다. 예컨대, 사용자가 검색창에 '유럽 여행'을 입력하면 구글은 '애드워즈'라는 광고 프로그램을 통해 사업주들 사이의 '유럽 여행'이라는 단어에 대한 즉각적인 경매를 조직하여 참여 사업주의 인터넷 사이트 목록을 검색 결과의 오른쪽 상단 혹은 하단에 게시한다. 이러한 구분은 광고와 정보를 혼란스럽게 뒤섞지 않는다는 점에서 사용자들 사이에 긍정적 평판을 획득하는 장치가 된다.

또한 검색어 광고는 최고 가격 경매자에게 차상위자 경매자의 가격으로 광고 위치를 판다는 점에서, 소규모 광고주들의 신뢰와 신용을 동원하는 강점이 있다. 과도하게 높은 광고비를 부담한다는 우려를 경감시켜주기 때문이다(Vaidhyanathan, 2011: 28). 결과적으로, 페이지랭크는 '심성적 잉여'를 창출하는 바, 이용자들에게는 광고가 유용한 정보가 될 수 있다는 인식을 심어주고, 광고주들로부터는 합리적이고 효과적인 마케팅 채널을 제공한다는 신뢰를 얻는다.

나아가, 구글의 정동 경제는 검색 '연관성'이나 '효율성'보다 더 강력한 '실용주의', '실적 중심주의', 심지어는 '민주주의' 등과 같은 정동을 적극적으로 환기한다. 오직 수많은 웹 사용자들의 정보 검색과 연결 활동에 의해 사이트 가치가 결정된다는 사실에 대한 강조는 '실용주의'와 '실적 중심주의' 관념과 쉽게 연결된다. 구글은 페이지랭크 알고리즘을 "전체 웹에서 어떤 사이트가 다른 페이지들에 의해 최상의 정보원으로 '한 표를 얻었는지'를 분석"(Google, 2013a)하는 기술로 규정한다. 이로써 이용자들의 페이지 연결 활동은 일종의 투표 행위가 되며, 실제로 구글뿐만 아니라 많은 사람들은 페이지랭크를 '민주주의' 원리의 구현 기술로 받아들인다. 요컨대, "웹에서 민주주의가 작동한다"(Google, 2013a)는 주장은 기업의 영리 추구 활동을 민주주의적 실천과 연결시키는 매우 적극적인 '심성적 잉여' 창출 전략의 표상으로 볼 수 있다.

또한, 오픈소스 운동의 정동도 구글 정동 경제의 중요한 구성 요소가 된다. 구글은 "우리는 수많은 프로그래머들의 집합적 노력이 혁신을 낳는 오픈소스 소프트웨어 개발에 적극적으로 참여한다"(Google, 2013a)는 사실을 부각시켜, 오픈소스 운동이 상징하는 집단지성과 공유의 정동을 자신의 브랜드 자산의 한 축으로 통합시키려 한다. 내부적으로도, 버닝맨의 보헤미안 에토스를 환기시킬 수 있는 다양한 사회적·기술적 접촉과 공유의 공간을 만들고 종업원들 간의 사교적 교류가 업무적 상호작용과 융합되도록 하는 조직 장치들을 운영한다. 이러한 기업 내부 문화는 "카페 라인, 팀 회의 혹은 체육관에서 새로운 아이디어가 생겨나며, 그것은 매우 빠른 속도로 교류되고 검증되고 실천에 옮겨진다. 그리고 그것은 전 세계적 사용을 목표로 하는 새로운 프로젝트의 출발대가 된다"(Google, 2013a)는 말로 표상된다. 실제로 구글 직원들은 아이디어 데이터베이스와 이메일 리스트 등 다양한 내부 공유 공간을 통해 개인적 평판을 높일 수 있는 기회와 노동시간의 20%를 스스로 선택한 개인 프로젝트를 위해 쓸 수 있는 기회를 제공받는다.

2) '디프라이버싱(deprivacing)': 개인 데이터와 프라이버시의 분리

개인 데이터는 구글 정동 경제의 핵심적인 비물질재다. 프라이버시를 개인 데이터와 분리시키거나 아예 온전한 상품으로 만드는 이른바 '디프라이버싱'은 구글의 데이터 사업에 밑바탕이 된다. 개인 데이터는 구글 플랫폼에서 수행되는 이용자들의 정동 노동의 부산물이지만, 구글은 그것을 무료로 사용하고 그것에 대한 거의 전적인 소유권을 행사한다. 〈표 5-1〉에 나타난 바와 같이, 구글은 두 가지 종류의 사용자 데이터를 수집한다. 하나는 사용자가 구글 계정을 만

〈표 5-1〉 구글이 수집하는 사용자 데이터

데이터 구분	데이터 유형	데이터 내용
사용자 제공 데이터	계정 정보	이름, 이메일 주소, 전화번호, 신용카드 등
사용자 이용 데이터	기기 정보	하드웨어 모델, 운영 시스템 버전, 기기 고유 식별자, 모바일 네트워크 정보(전화번호 등), 기기 식별자나 전화번호와 구글 계정 연결 정보 등
	로그 정보	서비스 이용 기록(검색어 등), 전화 로그 정보(전화번호, 수신 번호, 발신 번호, 사용 일시 등), IP 주소, 기기 관련 정보(고장, 시스템 성능, 하드웨어 환경, 브라우저 유형, 브라우저 언어, 검색 날짜와 시간, 방문 사이트 주소, 구글 계정이나 브라우저 확인 쿠키 등)
	위치 정보	위치 추적 서비스와 관련한 실제 위치 정보(GPS 신호 등), 기기 센서 데이터(와이파이 접근 지점, 셀타워 등) 등
	고유 앱(application) 번호	앱을 설치하거나 삭제할 때 혹은 자동 업데이트와 같이 서버에 정기적으로 접촉할 때 생기는 서비스 설치 정보(운영 시스템 유형, 앱 버전 번호 등)
	지역적 저장 (local storage)	브라우저 웹 저장 공간(HTML 5 등)이나 앱 데이터 저장 공간 등을 활용하여 사용자 기기에 국지적으로 수집하고 저장하는 정보(개인정보 등)
	쿠키와 익명 식별자	이용자 기기에 심은 쿠키나 익명 식별자를 통한 구글 서비스 이용 정보, 제휴 사업자와의 접촉 정보

자료: Google(2013c).

들 때 직접 제공하는 '사용자 제공 데이터'이다. 다른 하나는 구글 서비스 이용에 따라 발생하는 '사용자 이용 데이터'이다.

구글은 계정을 만든 이용자의 이름, 성별, 주소, 전화번호 등과 같은 사용자 제공 데이터를 수집한다. 또한 그것은 이용자의 컴퓨터 하드웨어 모델, 운영 시스템 버전, 고유 식별자 등과 같은 기기 데이터를 확보한다. 아울러, 검색어, 검색 일시, 방문 사이트, 휴대전화 수신 및 발신 번호와 사용 일시 등과 같은 로그 데이터를 축적한다. 나아가, 위치 추적 서비스 관련 데이터 등과 같은 위치 데이터를 수집하며, 어플리케이션 서비스 설치 정보 등과 같은 어플리케이션 정보를 모은다. 이 밖에도, 국부 저장 데이터, 쿠키와 익명 식별자 등을 수집한다.

그런데 사용자 이용 데이터와 같은 정동 데이터가 사용자 제공 데이터와 같은 인구학적 데이터보다 구글의 정동 경제에 더 중요하다. 사용자들의 행동 패턴을 파악할 수 있는 방대한 정동 데이터가 있으면, 그들의 행동을 정확하게 예측하여 더 많은 수익을 얻을 기회도 늘어나기 때문이다. 따라서 사용자가 어떤 키워드를 검색했고, 무슨 페이지를 얼마나 오랫동안 읽었으며, 누구와 어떤 메시지를 교환했고, 어떤 동영상을 공유했으며, 어떤 광고를 클릭했는지 등과 같은 정동 노동의 산물을 수집하고 저장하는 것이 정동 경제의 핵심 요소가 된다. 정동 노동을 분석하여 얻은 사용자들의 희망, 걱정, 공포, 호기심, 관심, 선호, 취향, 성향, 습관, 의견 등과 같은 정동 데이터는 사용자를 향한 맞춤형 광고의 중요한 자료다. 예컨대, 구글 검색창에 '카메라'를 입력한 사람은 자기 주변의 카메라 가게에 대한 광고를 클릭할 가능성이 높다. 신문 사이트의 부고 기사를 읽은 사람은 여행사 광고를 열어볼 가능성이 높다. 자기 블로그에 영화평을 올린 사람은 다른 영화 광고를 읽어볼 가능성이 높다. 구글은 2008년 자사 수익의 97%에 달하는 210억 달러를 벌어들였는데 이는 당해 미국의 5대 방송사(ABC, NBC, CBS, Fox, CW)의 광고 수입 총액과 맞먹는 액수다(Auletta, 2010: 16; Vaidhyanathan, 2011: 27). 이는 사이트 방문자의 행동 데이터를 많이 모으는 인터넷 사이트가 그렇지 않은 전통 미디어보다 광고 수익을 얻기가 더 쉽다는 사실의 증거로 볼 수 있다. 요컨대, 개인 데이터에 토대를 둔 구글의 정동 경제에서, 이용자의 관심과 정동은 광고주에게 판매하기로 되어 있는 구글의 비물질 재화이다.

구글은 플랫폼 이용자들의 정동 노동의 산물인 개인 데이터를 무료로 사용하지만, 이러한 사실은 구글의 이른바 '무료 서비스' 담론에 가려서 잘 드러나지 않는다. 구글은 "광고는 당신이 구글과 많은 웹 사이트와 서비스를 무료로 이용할 수 있도록 해준다"(Google, 2013b)고 주장한다. 쿠키에 관해서는, "광고를 더욱 효과적으로 만들며, 수많은 웹 사이트가 무료로 제공될 수 있도록 해준다"(Google, 2013b)고 말한다. 구글 서비스 이용이 무료라는 사실을 강조하는 것이다. 실제로, 우리가 매번 얼마간의 돈을 내고 구글 검색과 같은 서비스를 이용하지는 않는다는 점에서, '무료 서비스' 담론은 얼핏 타당한 주장처럼 보인다. 하지만 구글을 포함한 대부분의 웹 2.0 플랫폼에서 생산되고 소비되는 콘텐츠는 네트워크 속 인구들의 인지적·정동적 노동의 산물이다. 수많은 검색 사이트, 동영상 사이트, 사회 연결망 사이트 등의 콘텐츠는 이용자들 자신에 의해 생산된 것이다. 그럼에도 불구하고, 웹 2.0 플랫폼은 자신이 생산한 적이 없는, 다른 사람들의 재화를 마치 자신의 것인 양 판매한다. 더욱이, 그러한 콘텐츠 이용이 파생시킨 콘텐츠, 즉 개인 데이터를 무료로 사용하고 그것에 대한 거의 전적인 소유권을 행사한다. 네트워크에서 생산된 가치를 사적으로 전용하는 것이다. 이처럼 구글이 이용자의 온라인 활동 기록을 수집하고 분석하여 대부분을 무료로 광고 사업에 활용하고 있음에도 불구하고, 구글의 '무료 서비스' 담론은 그러한 사실을 숨기는 장치로 작용하고 있다.

무료 서비스 담론과 더불어, 이용자 개인 데이터를 더 많이 모을수록 더 나은 검색 결과를 제공해줄 수 있다는 이른바 '더 나은 검색' 담론도 구글 정동 경제를 뒷받침하는 주요 브랜딩 수단이다. 구글은 "당신이 의도하는 바를 정확하게 이해하고 당신이 원하는 것을 정확하게 가져다주는"(Google, 2013d) 완벽한 검색 엔진을 자처한다. 그래서 사용자들이 구체적이고도 정확한 검색 결과를 원한다면, 구글이 그들의 모든 과거 검색 기록을 저장하고 활용하는 것에 동의해야 한다. '더 많은 데이터가 더 나은 검색을 가능하게 한다'는 논리는 빅 데이터의 획기적인 사회적 유용성 관념과 만나면 더욱 강력한 것이 된다. 예컨대, 독감에 관한 인터넷 검색이 어느 순간 갑자기 늘어나면, 의료 종사자들은 이 정동을 독감 유행의 예후로 파악하고 치료약을 미리 준비할 수 있다. 과연, 방대한 개인 데이터에 토대를 둔 정동 분석의 긍정적 효과를 무시하기란 쉽지 않다. 요컨대, '무료 서비스'와 '더 나은 검색' 담론은 네트워크 속 인구들의 정동 노동과 그것이 생산한 가치에 대한 구글의 사적 전용을 촉진하는 매우 효과적인 담론 장치라 할 수 있다.

다른 한편으로, 구글 정동 경제는 프라이버시 문제를 개인 데이터로부터 점점 더 분리시킨다. 구글은 이용자들에 관한 매우 구체적이고 상세한 정동 데이터를 축적하는 반면, 이용자들은 구글이 자신들에 관해 무엇을 기록하고 활용하는지를 거의 알지 못한다. 그만큼 프라이버시는 해체된다. 구글의 지메일(Gmail) 사업은 이를 잘 보여준다(Auletta, 2010; Vaidhyanathan, 2011). 구글은 2004년도에 1기가바이트라는 당시에는 최대 규모의 저장 용량을 무료로 이용자들에게 제공하는 지메일 서비스를 시작했다. 그런데 이 서비스는 두 가지 점에서 전례를 찾아볼 수 없을 정도로 매우 공세적인 프라이버시 방침을 도입했다. 하나는 회원 본인에 의해서도 삭제되지 않는 이메일 시스템을 만들겠다는 방침이다. 이는 "서비스 제공을 위해 당신의 지메일 계정 내용은 구글 서버에 저장되고 유지됩니다. 이메일 잔여본은 설사 당신이 삭제하거나 계정을 종료한 후에도 우리 시스템에 남아 있게 됩니다"(Orlowski, 2004; Lee 2006에서 재인용)로 표현된다. 지메일 회원이 자신의 이메일을 지워도, 구글이 그것을 삭제하지 않는 한 절대 지워지지 않는 이메일 시스템을 만들겠다는 것이다. 1기가바이트의 대규모 저장 공간도 구글의 이러한 목적 달성에 필요한 수단이었을 따름이다. 다른 하나는 이메일 내용과 직접 관련된 광고를 이메일 시스템에 도입한다는 방침이다. 그리하여, 대부분의 다른 이메일 서비스와는 달리, 구글은 지메일 회원의 모든 수신 이메일을 미리 스캔한 후 내용과 연관된 광고를 이메일과 함께 이용자에게 전달하게 되었다. 구글이 이용자보다 먼저 수신 이메일을 열어보고, 그 내용을 판단하고, 연관된 광고를 이메일 내용에 첨가하는 시스템이 도입된 것이다. 그 결과, 구글은 이메일이라는 매우 사적인 영역에 대한 사실상의 통제권을 갖게 되었다.

당연히, 구글 정동 경제가 초래하는 프라이버시 침해 문제는 결코 사소한 것이 아니다. 지메일을 이용하지 않는 발신자의 입장에서 볼 때, 수신자가 아닌 제3자가 자신의 동의 없이 메시지를 열어보는 것은 명백한 프라이버시 침해다. 수신자의 입장에서도, 자신에게 전달되는 메시지를 제3자가 먼저 열람한다는 것은 프라이버시 침해에 해당한다. 나아가, 이용자가 수신 메시지를 삭제하거나 계정을 종료한 후에도 구글이 계속 그것을 보유하는 것은 이용자의 개인정보 통제권을 위협할 뿐만 아니라, 궁극적으로 메시지 오용의 위험도 크다. 아울러, 사적 이메일을 제3자가 스캔하는 것이 허용된다면, 국가나 다른 기업들이 각기 다른 목적으로 얼마든지 개인 이메일을 스캔하고 활용할 수 있는 길을 열게 될 것이기 때문에, 사회 전체적으로 개인의 프라이버시 침해 위험성은 더욱 커진다고 볼 수밖에 없다. 요컨대, '무료'와 '더 나은 검색' 논리는 이처럼 구글 정동 경제의 가장 공세적인 프라이버시 방침으로까지 이어져 디지털 시대 개인 데이터와 프라이버시의 분리 혹은 프라이버시의 디프라이버싱을 가속화한다.

3) 디지털 텍스트의 차별적 '공정 이용(fair-use)': '무임승차하기(free-riding)'

구글의 정동 경제는 이용자-창출 데이터에 대한 통제에 바탕을 두고 있을 뿐만 아니라 이용자-제작 콘텐츠에 대한 '차별적' 공정 이용에 힘입어 작동한다. 구글은 인터넷에 있는 거의 모든 것을 복사한다. 웹 문서, 뉴스, 지식, 이미지, 지도, 도서, 동영상, 블로그, 게시판 등 저작권 보호를 받는 것이든 아니든 상관없이 웹에 연결된 거의 모든 것을 복사하고 평가하고 순위를 매긴다. 복사는 구글 검색 사업의 필수 요건이지만 그것은 그 자체로 현존 저작권법과 배치된다. 저작권법은 원칙적으로 모든 복제를 불법으로 간주하기 때문이다. 그러나 저작권법의 '공정 이용' 조항 덕분에, 구글의 웹 사이트 복사는 합법적인 것으로 인정받는다. '공정 이용'은 배포의 목적이 공공선을 높이기 위한 것이라면 저작권물의 일부를 복사하고 배포하는 것을 합법으로 간주한다. 저작권물의 복사와 배포가 비평, 논평, 보도, 교육, 학술, 연구 등과 같은 목적을 위한 경우에는 저작권 침해로 볼 수 없다는 것이다. 현실적으로, 구글 검색 엔진은 다른 사람들의 웹 콘텐츠를 복사해야만 제대로 작동할 수 있다. 그런데 수십억 개의 웹 텍스트에 대하여 저작권자로부터 일일이 사용 허락을 받아야 한다면, 누구도 검색 사업을 하지 않을 것이며, 궁극적으로 웹은 아예 검색 불가능한 것이 되고 말 가능성이 높다. 그래서 웹 콘텐츠 복사는 유용한 정보를 찾는 전체 웹 이용자들의 이익을 위한 작업, 즉 '공정 이용'의 한 형태로 이해될 수 있다. 웹 콘텐츠의 일부를 발췌하는 것은 검색 결과가 자신이 찾는 것과 유관한 것인지를 판단하는 데 도움을 준다고 볼 수 있기 때문이다. 요컨대, 인터넷 검색은 디지털 시대 저작권의 현실적 한계를 토대로, 웹에서는 모든 것이 복사될 수 있다는 것을 하나의 원칙으로 만들었다(Vaidhyanathan, 2011: 167). 이는 지적 재산의 '소유'보다는 '사용', '독점'보다는 '공유'의 불가피성이라는 디지털 네트워크 상황이 일부 반영된 결과라 할 수 있다.

하지만, '공정 이용'이 모든 콘텐츠 생산 노동에 미치는 효력은 균등하지 않다. 2002년 구글은 '구글 뉴스(Google News)' 사업을 시작했다. 그런데 에이피(Associated Press: AP)를 포함한 일부 언론사들은 이를 저작권 침해로 간주했다(Auletta, 2010; Vaidhyanathan, 2011). 특히, 라이선스 계약을 통해 세계 각국 언론사와 인터넷 포털에 기사를 제공하는 에이피는 구글 뉴스가 자신의 저작물을 무단으로 복사하고 그 일부를 마치 자기 것인 양 독자들에게 제공한다고 비난했다. 그리고 구글이 자사의 뉴스 기사를 상품화하여 돈을 버는 이상, 자사와의 라이선스 계약이 필요하다고 주장했다. 그러나 구글은 '공정 이용'으로 맞섰다. 구글 뉴스가 에이피 기사의 일부만을 게시하고 기사 출처 링크를 제시하는 것은 '공정 이용'에 해당한다고 주장했다. 또한, 구글 뉴스가 에이피 기사에 대한 트래픽을 확대시켜주기 때문에 에이피 사이트는 오히려 활성화될 수 있다는 점도 강조했다. 구글과 언론사들 사이의 '공정 이용'을 둘러싼 저작권 갈등은 결국 2004년에 구글과 에이피, 캐나다언론협회, 에이에프피(Agence France-Presse: AFP),

영국언론협회가 라이선스 계약을 체결함으로써 봉합되었다. 이 합의를 통해, 구글은 이들 언론사의 기사 사용료를 지불하는 대신, 기사 전부 혹은 일부를 게시할 권리를 획득했다. '공정 이용' 조항이 전문 뉴스 생산자들에게는 통용되지 않은 셈이다. '공정 이용'이 모든 웹 콘텐츠 생산 노동에 동등하게 적용되지 않는다는 것을 보여준 것이다. 따라서 웹에서는 공정 이용에 해당하는 모든 복제가 허용된다는 원칙은 결국 대다수 일반 사용자들의 콘텐츠 제작 노동에만 관철되는 것이라고 할 수 있다.

구글의 디지털 도서도 사용자-제작 텍스트와 전문-생산 텍스트의 뒤를 이어 '공정 이용' 조항에 기대어 추진된 사업이었다(Auletta, 2010; Levy, 2011; Vaidhyanathan, 2011). '구글 도서'는 2004년 구글이 수백만 권의 대학 도서관 소장 도서들을 스캔하면서 시작되었다. 구글의 계획은 요하네스 구텐베르크(Johannes Gutenberg)가 인쇄기를 발명한 이후 전 세계에서 출판된 모든 책(약 3300만 권)의 디지털 복제본을 만드는 것이었다. 어떤 책에 포함된 모든 단어들을 그것들이 포함된 다른 모든 책들과 연결하고 검색 가능한 목록을 만들어 이용자들에게 제공한다는 계획이었다. 권당 10달러씩 총 3억 달러가량의 예상 복제 비용은 연간 수십 수백억 달러를 버는 구글에게 그리 큰 부담은 아니었는지도 모른다. 구글은 이 사업의 의의를 "우리의 핵심 임무와 작업은 이용자들을 교육하고, 흥분시키고, 즐겁게 하기 위해 많은 책을 제공하는 것"이라고 밝혔다. 이 계획이 알려지자, 많은 사람들은 이를 지식 검색 역사상 매우 획기적인 일로 받아들였다. 인류의 지식을 확장하고 민주화하는 데 결정적으로 기여할 것이라고 보았던 것이다.

이러한 구글의 계획과 사회의 긍정적 반응의 배경에는 '공정 이용' 조항이 디지털 시대에 확대 적용될 수 있을 것이라는 기대가 자리 잡고 있었다. 구글은 도서관이 제공한 책을 복제하는 것은, 웹 사이트 복제와 마찬가지로, 저작권법의 '공정 이용' 조항에 의해 보호될 수 있다고 보았다. 하지만 대다수 출판사와 저작자의 의견은 달랐다. 2005년 미국출판인협회와 저작자 길드는 구글이 저작권자의 허락을 받지 않고 책을 복사했다며 저작권 소송을 제기했다. 약 3년에 걸친 분쟁 끝에 당사자들은 합의에 도달했다. 미국출판인협회와 저작자 길드가 소송을 취하하는 대신 구글은 1억 2500만 달러의 저작권 침해 보상비를 지불하기로 한 것이 주 내용이다. 구글의 '공정 이용' 주장이 관철되지 못한 것이다. 합의는 저작권과 관련한 매우 중요한 다른 내용들도 포함하고 있었다. 구글은 이들로부터 모든 책을 자유롭게 복사하고, 원문의 20%에 달하는 발췌본을 무료로 인터넷에 게시하며, 절판된 도서의 디지털 복사본을 출판할 배타적 권리를 갖기로 했다. 이용자들은 공공 도메인의 책은 무료로 내려 받을 수 있지만, 저작권물은 최고 20%까지만 읽을 수 있다. 그 이상을 원하는 경우에는 구글의 디지털 복사본을 구매할 수 있다. 또한 출판사와 저작자는 디지털 복사본 판매와 광고 수익의 65%를 갖고 구글은 나머지를 갖기로 했다.

그러나 이러한 합의는, '구글 도서'에 대한 애초의 사회적 기대를 우려로 바꾸는 결과를 낳았다. 그것이 기존의 저작권 체제를 약화시키는 것과는 거리가 멀었기 때문이다. 저작권이 만료된 도서는 이미 무료로 공공에 개방되어 있었다는 점에서 별반 새로운 이점이 없다. 그리고 저작권이 살아 있는 절판된 도서의 디지털 복제본 판매 수익을 출판사, 저작자, 구글이 나누어 갖기로 한 합의는 출판 시장을 새롭게 창출하는 데는 도움이 될지 모르지만, 저작권 체제를 약화시켜 지식에 대한 대중적 접근을 확대하는 방향으로 작용할 가능성은 낮다. 아울러, 영리를 추구하는 사기업이 도서관과 같은 공적 부문을 대신하여 인류 공통의 지적 생산물에 대한 통제권을 갖는다는 것도 사회적으로 용인되기 어려운 발상이다. 구글이 절판되었거나 저작권자를 찾기 어려운 도서에 대한 권리를 독점할 수 있게 되었다는 것도 이 합의의 치명적 문제점이었다. 결국, 합의는 2011년에 법률적으로 폐기되었다.

이처럼 구글 검색은 사용자-제작 텍스트에서 시작하여 전문-생산 텍스트 그리고 도서 등으로 정동 경제의 비물질재를 확대시켰고, '공정 이용'은 그 사업의 토대가 되었다. 하지만 이들 프로젝트에는 항상 '무임승차' 논란이 따라다녔다(Auletta, 2010). 설사 구글의 복제 행위가 많은 부분 '공정 이용'에 해당한다고 할지라도, 그것을 통해 구글이 커다란 상업적 이익을 얻고 있는 한, 콘텐츠 생산자들의 정동 노동에 대한 무임승차라는 비판을 피할 수가 없다. 물론, 구글 서비스가 웹 이용자들로 하여금 사용자-제작 콘텐츠에 접근할 수 있도록 만들어 준 것은 사실이다. 그리고 그만큼 사용자들의 표출 정동이 실현될 수 있는 장을 제공해준 것도 사실이다. 특히, 신문 기사와 같은 전문적으로 생산된 콘텐츠의 경우, 구글 검색은 독자들의 관심과 호기심과 같은 정동 정보를 생산자에게 제공하여 수익을 창출하는 데 일정한 도움을 주기도 한다. 하지만 '공정 이용'의 효력이 그러하듯이, 무임승차의 문제도 일반 콘텐츠 생산자와 소수의 전문 콘텐츠 생산자에게 각기 상이한 의미를 갖는다. 대다수의 네트워크 속 두뇌들은 구글이 자신들의 정동 노동을 전용하여 벌어들이는 수익으로부터 아무런 몫도 얻지 못하며, 구글의 '공정 이용' 논리는 그들에게 거의 완벽하게 관철된다. 그만큼 그들의 정동 노동은 착취된다. 반면, 전문 콘텐츠 생산자들은 저작권 압박을 통하여 구글 검색 수익의 일부를 나눠 가지며, 구글의 '공정 이용' 효력은 별로 발휘되지 못한다.

4) 사용자-제작 콘텐츠의 전용: '안전 피난처 활용하기(safe harboring)'

유튜브의 사용자-제작 동영상은 구글 정동 경제의 또 다른 주요 비물질재다. '사용자-제작 콘텐츠'라는 관념은 사실상 유튜브 동영상에서 비롯된 것이라고 해도 과언이 아니다. 카메라가 장착된 모바일 기기가 널리 보급됨에 따라, 사람들이 직접 촬영한 각종 동영상을 유튜브에 올리는 일이 쉬워졌고, 이는 곧 사용자-제작 콘텐츠의 폭발적 보급으로 이어졌다. 사용자-제작 콘텐츠의 민주적 공유 플랫폼을 자처한 유튜브는 2005년도에 이미 매일 약 2500만 회의 동영상을 방영했고, 구글에 인수된 2006년에는 월간 방문자 수가 3400만 명을 넘어섰다. 2010년까지 유튜브는 전체 온라인 동영상 시청의 75%를 차지했으며, 2012년에는 비디오 방영 횟수가 하루 평균 40억 회에 달했다.

유튜브 동영상을 활용한 구글 정동 경제는, 디지털 텍스트와 마찬가지로, 지적 재산권 체계와 충돌했다. 영화사, 음악사, 방송사 등 대부분의 거대 콘텐츠 벡터 계급은 자신들의 저작권이 유튜브에 게시된 수많은 불법 동영상에 의해 침해당한다고 주장했다(Auletta, 2010; Levy, 2011; Vaidhyanathan, 2011). 하지만 유튜브는 '디지털 새천년 저작권법(Digital Millennium Copyright Act)'의 '안전 피난처' 조항에 기대어, 저작권물이 유튜브에 불법적으로 게시되는 것에 별로 개의치 않았다. '안전 피난처' 조항의 '고지와 삭제' 원칙은 고지된 저작권 침해 게시물을 사후적으로 삭제하는 한, 인터넷 서비스 제공자들에게 저작권 침해에 대한 법적 책임을 물을 수 없도록 한다. 사용자나 제3자가 저작권 제한을 받는 게시물을 인터넷에 올리는 것을 인터넷 서비스 제공자가 사전에 막을 의무는 없다는 조항에 따라, 구글은 유튜브 사용자의 저작권법 위반을 예방하는 노력을 기울이지 않았다. 저작권자가 저작권 침해를 알려오면 그때 가서 해당 게시물에 대한 조치를 취하면 된다고 보았기 때문이다.

이에 비아컴(Viacom)은 2007년 3월 구글과 유튜브에 10억 달러의 저작권 침해 손해배상 소송을 제기했다. 미국의 엠티비(MTV), 니켈로디언(Nickelodeon), 코미디 센트럴(Comedy Central) 등과 같은 방송 채널을 보유하고 있는 비아컴은 16만 건이 넘는 자사 프로그램이 유튜브에 불법 게시되었으며, 구글은 이를 예방하는 조치를 취하지 않았다고 주장했다. 소송의 핵심 쟁점은 과연 구글이 중립적 인터넷 서비스 제공자와 마찬가지로 '안전 피난처' 조항의 대상이 될 수 있는가라는 문제였는데, 2010년 6월 미국 법원은 구글 플랫폼을 일종의 '피난 안전처'로 인정하는 판단을 내렸다. 구글이 특정 저작권물이 게시된다는 것을 설사 미리 알았다고 할지라도 어느 것이 허락을 받은 것이며 어느 것이 그렇지 않은 것인지를 알기는 어려운 일이라는 점, 유튜브와 같은 비디오 공유 사이트로 하여금 모든 게시물을 미리 적극적으로 확인하도록 하는 것은 법의 취지에도 어긋나는 일이라는 점, 구글이 비아컴의 삭제 요구를 충실하게 이행했다는 점이 그 근거가 되었다. 현실적으로도, 사용자-제작 콘텐츠의 활발한 공유와 인터넷 참여 문화의 활성화라는 시대의 정동을 무시하기란 어려운 일이기도 했다.

한편, 많은 전통 미디어들은, 비아콤과는 달리, 소송보다는 협상 전략을 택했다. 엔비씨(NBC)와 폭스(Fox)는 유튜브에 게시되는 자신들의 저작물에 대한 선불 저작권료를 요구했다. 하지만, 구글은 유튜브가 동영상 유통 플랫폼이기 때문에 전통적인 배포망과 같은 차원의 선불 저작권료는 지불할 수 없다고 주장했다. 선불 저작권료를 둘러싼 갈등은 씨비에스(CBS)가 2006년에 전통 미디어로서는 처음으로 자사 프로그램의 축약본이 유튜브에 게시되는 것을 허락하는 대신, 수익을 유튜브와 나누기로 합의한 데서 실마리를 찾았다. 뒤이어, 엔비씨, 비비씨(BBC), 워너브라더스(Warner Bros.), 소니(Sony) 등이 이와 유사한 협정을 체결했다. 유튜브를 경쟁자로만 볼 것이 아니라 광고와 판촉의 새로운 플랫폼으로 삼는 전략을 도입한 것이다. 콘텐츠 벡터 계급은 유튜브가 확보한 수십억의 잠재적 구매자를 외면할 수가 없었기 때문에, 자신들의 지적 재산권을 일부 양보해야만 하는 상황을 일정 정도 수용할 수밖에 없었다.

그런데, 플랫폼 벡터와 콘텐츠 벡터 계급 사이의 이러한 공생 전략은 사용자-제작 콘텐츠의 민주적 공유 플랫폼이라는 유튜브 원래 성격에 커다란 변화를 초래했다. 한편으로, 사용자-제작 콘텐츠에 대한 사전 감시는 한층 더 강화되었다. 유튜브에 게시되는 모든 동영상은 구글이 저작권 침해 예방을 위해 도입한 '동영상 확인 시스템'을 통과해야만 하게 되었다(Auletta, 2010: 256). 다른 한편으로, 콘텐츠 벡터 계급이 전문적으로 생산한 콘텐츠가 점점 더 유튜브 동영상의 주요 부분으로 자리 잡게 되었다. 구글이 유튜브의 오랜 적자를 해소하기 위해 전문적으로 생산된 콘텐츠에 집중한 데 따른 결과였다.

이처럼 구글은 콘텐츠 벡터 계급의 지적 재산권을 보호하고 유튜브 수익의 일부를 그들에게 보전해주지만, 수십억 일반 이용자들의 정동 노동이 구글로부터 그에 상당하는 보호와 보상을 받기란 거의 불가능하다. 유튜브 지적 재산권 방침에서 알 수 있듯이, 일반 이용자들의 정동 노동의 산물인 콘텐츠에 대한 사실상의 통제권은 구글이 쥐고 있기 때문이다. 유튜브는 "유튜브에 콘텐츠를 업로드하거나 게시하면, 당신은 유튜브에게 그 콘텐츠를 서비스 제공과 관련하여, 그리고 유튜브 사업 및 서비스 제공과 관련하여 사용하고 재생산하고 배포하고 파생 작품을 만들고 전시하고 공연할 전 세계적·비배제적 로열티를 지불하지 않는, 이전 가능한 라이선스(재라이선스할 권리와 함께)를 준다"(YouTube,

2013)고 명시한다. 이러한 약관에 따라, 대부분의 일반 이용자들은, 콘텐츠 벡터 계급과는 달리, 자신들이 생산한 콘텐츠에 대한 독점권을 구글에 주장할 수가 없다. 그것을 거의 마음대로 사용할 권리를 구글에게 주었기 때문이다. 또한, 극히 일부의 경우를 제외하고, 일반 콘텐츠 제작자들이 자신들의 창작물을 통해 유튜브가 얻는 광고 수익을 나눠 가질 가능성은 없다.

결국, 저작권법의 '면책' 조항은 유튜브 플랫폼에 가능한 한 많은 사람들을 모으고, 이를 통해 구글과 전통 콘텐츠 기업이 수익을 공유하도록 하는 수준에서의 '안전 피난처' 작용만을 하는 셈이다. 일반 콘텐츠 생산자들은 자신들이 업로드하는 정동 노동 산물에 대한 저작권 위반 여부를 항상적으로 점검받으며, 업로드된 창작물이 창출하는 가치에 대한 통제권을 거의 갖지 못한다. 앞의 '공정 이용' 조항과 마찬가지로 '안전 피난처' 조항은 지적 재산권을 일정 정도 느슨하게 만드는 측면이 있지만, 콘텐츠/플랫폼 벡터 계급은 그것의 영향을 순조롭게 관리, 통제하고 있다고 보아야 할 것이다.

4. 결론

정동 경제는 '일반 지성'의 산물, 즉 네트워크 속 인구들의 분산적 협업이 창출하는 공통의 가치를 전용한다. 구글은 이러한 사회화된 생산을 더 밀고 나가 광고와 정보를 매우 효과적으로 뒤섞고 브랜드 가치의 중요성을 정동 경제에 각인한다. 정동 경제는 이전에는 사적인 영역으로 간주되었던 가족, 친구, 연인, 공동체 관계 등과 같은 '일차적 사회성'을 평판, 유명세, 브랜드 구축의 지렛대로 활용하고 프라이버시를 사실상 해체한다. 이를 통해 구글은 개인 데이터와 지적 재산이라는 구글 정동 경제의 두 가지 핵심 비물질재를 추출한다. 검색과 이메일 사업을 통해 구글이 얻고자 하는 것은 바로 사용자에 관한 상세한 개인 데이터이며, 이러한 '사용자-창출 데이터'는 구글 정동 경제의 중요한 수익원천이다. 또한 플랫폼 사업을 통해 구글이 유통시키고자 하는 것은 바로 수십

억 웹 텍스트와 동영상과 같은 사용자의 지적 재산이며, 이러한 '사용자-제작 콘텐츠'가 가진 가치는 구글 정동 경제에 의해 사적으로 전용된다. 그 과정에서 지적 재산권의 약화 현상이 일부 관찰되긴 하지만, 그것의 '소유'와 '사용'을 둘러싼 갈등은 지적 재산권 체제 속에서 대체로 순조롭게 관리된다.

'사용자-제작 콘텐츠'와 '사용자-창출 데이터'는 분명히 잉여가치와 착취의 원천이지만, 정동 자본주의에서 착취 문제는 가치 관념만큼이나 모호하고 복잡한 성격을 띤다. 정동 노동의 이중적 성격 때문이다. '사용자-제작 콘텐츠'와 '사용자-창출 데이터'로 대변되는 많은 정동 노동이 강제된 노동은 아니라는 점에서 반드시 착취당한 노동으로 간주될 필요는 없을지 모른다. 하지만 플랫폼이라는 생산 수단에 대한 소유권을 통해 벡터 계급은 사용자가 생산한 콘텐츠와 데이터에 대한 통제권을 획득하고 행사한다. 사용자-창출 데이터에 대한 소유권은 거의 절대적으로 플랫폼 벡터 계급에게 귀속되며, 자신의 노동 결과물에 대한 통제권을 상실한 사용자는 착취당한 노동의 또 다른 측면인 소외를 경험한다.

하지만, 부불 노동과 착취에 대한 이러한 비판이 반드시 지불 노동의 회복을 촉구하는 것으로 나아갈 필요는 없다. 자본주의 상품화 논리의 확대와 강화로 귀결될 수 있기 때문이다. 수십억 일반 이용자의 웹 콘텐츠가 구글의 검색 사업에 의해 무료로 활용되는 것이 저작권 위반이 아니라면, 전문적으로 생산된 신문 기사, 도서, 음악, 영상 등에 대해서도 동일한 논리가 적용되어야 한다는 사회적 요구를 확대시키는 것이 더 필요한 일일지도 모른다. 네트워크 속 행위자들의 분산된 협업이 창출한 가치를 사회가 공통적으로 소유할 수 있는 방안은 자본주의적 상품화 논리가 아니라 자유 소프트웨어, 오픈소스 소프트웨어, 위키피디아, 창의 공유지 등의 실천이 지향하는 독점적 저작권 체제의 약화 속에서 찾아야 할 것이다.

제6장

정동 경제의 가치 논리와 빅 데이터 폴리네이션

1. 머리말

현대 경제의 가장 두드러진 특징 중 하나는 사회 전체가 하나의 공장 혹은 생산의 장이 되는 이른바 '사회-공장'의 출현이다(Pratt and Gill, 2008; Virno, 1996). 한편으로, '사회-공장'의 출현은 1970년대 이래 자본이 컴퓨터와 네트워크 기술을 물질적 생산과정에 적극적으로 통합한 데 따른 결과이다. '네트워크화된 기업들(networked enterprises)'로 대변되듯이, 현대 자본주의 생산은 지구적 범위와 수준의 복합적 기업 네트워크가 주도하고 있다. 예컨대, 르노 자동차의 외주 비율은 1985년 50%에서 2000년 80%로 확대되었으며, 현대 자동차는 전 세계에 400개의 직접 하청과 2만 5000개의 간접 하청 공급망을 갖고 있다(Arvidsson, 2011: 43). 다른 한편으로, '사회-공장'의 형성은 사람들의 일상생활이 디지털 기술에 의해 점점 더 매개되고 있는 데 따른 결과이기도 하다. 최근의 컴퓨팅과 네트워킹 기술은 정보 경제의 진입 장벽을 크게 낮추고 일반 이용자의 대규모 정보 생산과 배포 능력을 크게 향상시켰다. 또한 정보는 소비와 함께 없어지는 것이 아니라 변형되거나 새로운 내용이 첨가될 수 있기 때문에 그것의 소비 과정은 곧 생산과정이라 할 수 있다. 이처럼 상품의 생산과 순환의 경계가 해체되는 시대에, 사회적 부의 생산은 고용된 임금노동 관계를 넘어서서 사람들의 일상적이고 다양한 사회적·문화적·인지적·예술적 활동에 의해 점점 더 많이 이루어진다. 실제로, 자본은 1910년대에 포드주의/테일러주의 도입으로 숙련 노동자 중심의 계급 구성을 해체하고 미숙련 대중 노동자 중심의 계급 재구성을 이루어냈듯이, 1970년대 이후 포스트-포드주의 도입을 통해 대중 노동자 계급을 해체하고 '사회화된 노동자'로의 계급 재구성을 이루어내기도 했다(Trott, 2007; 안정옥, 1995; 윤수종, 1995). 그리하여 오늘날 네트워크 속 인구들의 관계, 소통, 협력, 정동은 가치 창출의 새로운 원천이 되고 있으며, 그들의 사회화된 노동은 자본에게 말 그대로 '공짜 점심'이 되고 있다.

흔히 정동 자본주의로의 패러다임 이행으로 규정되는 지난 40여 년간의 경제 변동은 노동, 가치, 착취 등과 같은 전통적인 정치경제학 개념들에 중요한 수정을 초래하고 있다(Andrejevic, 2011a; Arvidsson, 2005; Fuchs, 2010; Lazzarato, 1996; Zwick, 2013; 박현웅, 2012; 백욱인, 2013). 우선, '노동'과 '놀이'의 경계가 모호해진 상황에서 노동을 과연 어떻게 정의해야 하는가라는 문제가 제기된다. 노동의 중심축이 물질재 생산에서 비물질재 생산으로 이행하고, 노동의 범위가 생산뿐만 아니라 소비 그리고 심지어는 여가와 일상 활동 영역까지도 포괄하는 것으로 이해될 수 있기 때문이다. 또한, 가치의 핵심을 상품생산에 투입된 노동의 양 혹은 시간으로 파악하는 노동가치설의 본질주의적 관점으로는 정보, 지식, 문화, 소통, 혁신 등과 같은 다양한 비물질재가 지닌 가치의 특수한 성격을 제대로 설명하기가 어려운 문제가 있다. 비물질재 생산에 투입된 노동시간을 측정하기란 거의 불가능하며 실제로 비물질재의 가치는 노동시간에 근거하여 발생하지도 않는다. 물질재의 경우에도, 가치는 노동의 양에 의해 본질적으로 규정되는 것이 아니라 재화에 대한 공통 의견이나 평판의 형성을 통하여 사회적으로 구성되는 것으로 볼 수 있다. 즉, 정동의 가치 논리가 노동의 가치 법칙을 대체하는 경향이 커지고 있는 것이다. 나아가, 착취는 전통적으로 강제되고 소외된 노동이 임금과 불균등하게 교환되는 것이라는 차원에서 설명되었으나,

사회화된 생산의 시대에 그것은 사회적이고 공통적으로 생산된 가치에 대한 사적 포획 혹은 자발적으로 제공된 무임 노동에 대한 자본의 사적 전유라는 차원에서 새롭게 규명되고 있다.

한편, 최근 빅 데이터는 이러한 비물질 생산의 가장 주목받는 재화로 등장하고 있다. 디지털 네트워크에 연결된 수십 억 인구의 검색, 소통, 구매, 공유, 찾기, 방문, 이동 등의 일상 활동은 거대한 데이터 족적을 남기며, 정부와 기업은 네트워크화된 컴퓨터와 센서를 이용하여 이 모든 것을 기록하고 저장한 빅 데이터를 손에 쥔다. 예컨대, 2010년 기준으로 세계 인구의 60%가 휴대전화를 사용하고 있으며, 3000만 개의 네트워크화된 센서 노드가 교통, 자동차, 산업, 설비, 소매 부문에 설치되어 있다. 월-마트는 매 시간 100만 건의 거래 데이터를 처리하며, 페이스북은 전 세계 수십억 사용자들이 올린 약 400억 장의 사진을 보유하고 있다. 2000년도의 '슬로언 디지털 스카이 서베이(Sloan Digital Sky Survey)' 프로젝트는 시작 몇 주 만에 이전까지의 전체 천문학 역사가 수집한 것보다 더 많은 천체 빅 데이터를 수집했다. 전 세계 데이터의 90%는 지난 2년 동안 생성된 것이며, 디지털 정보량은 5년마다 10배씩 증가하는 것으로 알려져 있다. 빅 데이터 산업은 연간 거의 10%씩 성장하고 있으며, 1000억 달러의 시장 가치를 갖고 있는 것으로 평가된다. 실제로, 빅 데이터를 활용하는 소매업은 이전보다 60% 이상의 영업 이익을 얻는 것으로 알려져 있으며, 향후 전 세계적으로 수백만 개의 빅 데이터 관련 일자리가 창출될 것이라는 전망도 나온다.

그런데 백욱인이 지적했듯이, 최근 정부와 기업과 언론이 전파하는 빅 데이터 담론의 대부분은 그것의 활용과 효과를 다루는 것에 집중하고 있을 뿐, 빅 데이터의 형성과 생산과정에 대해서는 거의 관심을 두지 않는다(백욱인, 2013: 305). 하지만 생산이라는 관점에서 보면, 빅 데이터는 기본적으로 비물질 노동의 산물 즉, 비물질재라는 사실이 더욱 분명하게 드러나고 그것이 지닌 가치나 가치의 전유 등과 관련한 문제가 더욱 중요하게 부각된다. 빅 데이터는 우리의 생산과 소비와 일상 활동 전반에서 창출되는 것이고, 그것이 지니는 가치의 핵심은 정동이며, 데이터 소유권 문제는 감시나 프라이버시의 차원을 넘어서서 착취 문제의 핵심 요소로 대두되기 때문이다. 따라서 비물질 노동을 새로운 자본 축적과 생산양식의 근간으로 파악하는 정동 자본주의론의 관심은 빅 데이터의 노동과 가치와 착취에 관한 논의를 통해 더욱 확장될 필요가 있다.

이 장은 우선, 앞서 밝힌 정치경제학 쟁점들이 정동 자본주의 이론에서 어떻게 다루어지는지를 살펴본다. 구체적으로, 정동 자본주의 노동 관념이 어떻게 생산 활동에서 소비 활동으로 그리고 다시 여가 활동으로 개념적 대상의 범위를 확대시켜왔는지 탐구한다. 아울러, 이 장은 정동의 가치 논리가 어떻게 브랜드 자산 형성 및 금융적 축적 방식과 연관되고, 정동의 동원과 관리 기술이 어떻게 네트워크화된 주체들을 자본 축적에 통합시키는지 살펴본다. 나아가, 이 장은 '자유/무료 노동'의 착취 문제가 어떻게 '사용자-제작 콘텐츠'와 '사용자-창출 데이터'의 통제권과 소유권 문제와 연관되고 있는지를 검토한다. 다음으로, 이 장은 이상의 쟁점들이 정동 자본주의의 가장 최근 혁신 혹은 비물질재라고 할 수 있는 빅 데이터와 어떻게 결부되는지를 살펴본다. 특히, 이 장은 가치의 정동 논리에 비추어 빅 데이터의 가치화 혹은 폴리네이션이 이루어지는 담론 과정을 경험적으로 규명한다. 이를 위해 2011년 7월부터 2013년 1월 사이에 국내 일간지에 보도된 총 147건의 빅 데이터 관련 기사들에 대한 담론 분석을 수행했다.

2. 정동 경제의 노동, 가치, 착취

1) 비물질 노동: 생산, 소비, 여가 활동

전통적으로, 특히 마르크스주의 정치경제학에서, 노동은 생계를 위해 개인의 육체적·정신적 능력과 자유 시간을 임금 혹은 여타의 시장 요소와 교환한 것을 가리키는 말로 이해된다. 그래서 노동은 흔히 생존을 위해 불가피한 것, 강제된 것, 그리고 다른 사람의 처분과 명령에 맡겨진 것이라는 관념을 내포한다(Cova,

Dalli, and Zwick, 2011: 232). 그런데 이러한 노동 관념은 사회적·집합적 협력 생산의 성격이 두드러지는 현대 정동 자본주의의 생산과정에 그대로 적용하기에는 한계가 있다. 오늘날과 같은 '사회-공장' 혹은 '공장 담벼락을 넘어선' 생산의 맥락에서, 노동은 '가치를 생산하는 모든 활동'이라는 좀 더 넓은 차원에서 규정되어야 하기 때문이다(Bohm and Land, 2012). 이 경우, 가치는 물질 노동을 통해서만이 아니라 비물질 노동을 통해서도, 고용 노동만이 아니라 비고용 관계에서도 생산되는 것이 된다. 또한 노동은 반드시 불가피하고 강제되고 소외된 것으로 이해될 필요도 없게 된다.

정동 자본주의의 핵심 노동 형태인 비물질 노동은 대체로 산업에 고용된 상징 노동자의 몫으로 분류되지만, 소비나 여가 생활과 같이 일반적으로 노동으로 간주되지 않는 활동까지도 포괄한다. 우선, 재화의 생산과 관련된 비물질 노동은 대체로 시장에서 거래되는 상품의 생산 차원에서 규정된다. 네그리와 하트는 지식, 정보, 문화, 소통 등을 생산하는 비물질 노동을 지적·언어적 노동과 정동적 노동으로 구분한다. 전자는 주로 아이디어나 상징 그리고 이미지 등을 생산하는 노동이며, 후자는 육체적·정신적 활력과 관련된 편안함, 흥분, 열정 등의 느낌을 제공하는 노동이다(네그리·하트, 2008: 158). 그리고 그들은 고용 추세, 전통적인 생산 관행의 변화, 비물질 재산(특허권과 저작권)의 중요성, 분산 네트워크 조직의 확산 등을 근거로 비물질 노동의 헤게모니를 강조하는데(네그리·하트, 2008: 166), 이는 그들의 비물질 노동 관념이 시장에서 상품으로 거래되는 재화의 생산에 우선적인 초점이 맞추어져 있기 때문인 것으로 볼 수 있다. 이와 유사하게, 훅스는 직접적·간접적 지식 노동자에 의해 수행되는 노동을 비물질 노동으로 정의한다. 그에 따르면, 직접적 지식 노동은 "시장에서 상품(예컨대, 소프트웨어, 데이터, 통계, 전문성, 자문 능력, 광고, 미디어 콘텐츠, 영화, 음악 등)으로 팔리는 지식재와 서비스를 생산하는"(Fuchs, 2010: 186) 노동이며, 간접적 지식 노동은 "교육, 사회관계, 정동, 소통, 성, 가사, 자연 자원과 영양과 간호와 일상생활에 대한 공통 지식 등과 같은 자본과 임노동의 존속을 위한 사회적 조건을 생산하고 재생산하는"(Fuchs, 2010: 186) 노동이다. 간접적 지식 노동의 많은 부분은 여전히 상품화된 노동이며, 그렇지 않은 경우에도 자본과 임노동 관계에서의 상품생산을 보조하거나 뒷받침하는 노동이라는 점에서, 훅스도 재화의 생산에 주목하는 비물질 노동 관념을 주장한다고 볼 수 있다.

그런데 비물질 노동은 생산 영역뿐만 아니라 소비 부문까지도 포괄하는 것으로 볼 수 있다. 상품의 순환과 소비 과정에서도 가치가 창출된다고 볼 수 있기 때문이다. 라자라토는 비물질 노동을 "상품의 정보적·문화적 내용을 생산하는 노동"(Lazzarato, 1996: 133)으로 정의한다. '정보적 내용'을 생산하는 노동은 "직접 노동과 연관된 기술이 점점 더 사이버네틱스와 컴퓨터 통제(그리고 수평적·수직적 소통)와 연관된 기술이 되는, 2차 산업과 3차 산업 대기업 노동자들의 노동과정에서 일어나는 변화를 직접적으로 지칭한다"(Lazzarato, 1996: 133). '문화적 내용'을 생산하는 노동은 "일반적으로 '노동'으로 인식되지 않은 일련의 활동들, 다시 말해서 문화적·예술적 표준, 패션, 취향, 소비자 규범, 그리고 더욱 전략적으로 공공 의견을 규정하고 확정하는 것과 같은 활동과 연관"(Lazzarato, 1996: 133)되어 있다. 이러한 설명에 따르면, 상품의 '정보적' 내용은 주로 컴퓨팅과 네트워킹 기술을 활용하여 다양한 정보 문화재를 생산하는 고용된 상징 노동자들에 의해 만들어진다고 볼 수 있지만, '문화적' 내용은 상품의 생산뿐만 아니라 순환과 소비 과정에서도 창출되는 것으로 볼 수 있다. 소비 규범이나 소비자 취향 및 의견 등은 대개 소비 과정을 통해 생산되고 재생산된다고 말할 수 있기 때문이다. 그래서 비물질재는 물론이거니와 모든 물질재가 정보와 문화의 비물질적 요소를 지니게 된다. 요컨대, 소비도 일종의 생산 노동으로 간주될 있는바, 라자라토가 말한 '심성적 잉여', 즉 소비자들 사이의 사회관계, 공유된 의미, 정서적 공감, 소속감 등이 재화의 소비와 관련하여 형성되기 때문이다.

소비가 가치를 창출하는 일종의 노동으로 이해될 수 있다는 관념은 '브랜드'에 관한 최근의 논의에서 더욱 분명해진다(Arvidsson, 2009, 2013). 브랜드는 지식, 정보, 문화, 소통, 사회 조직, 혁신 능력, 유연성, 심성적 잉여, 정동 등과 함께 현대 자본주의 경제에서 매우 중요한 비물질 노동의 산물이다. 그것은 일반적으로 소비자의 마음속에 각인된 상품의 의미를 지칭한다. 현대 사회에서 소비는 자원의 단순한 사용에 머물지 않고 개인의 정체성, 다른 사람들과의 차별성, 집단에의 소속감 등을 창출하는데, 브랜드는 그러한 의미 구축에 커다란 역할을 한다. 아비드손에 따르면, 브랜드는 기업이 "주주, 소비자, 직원, 하청업자 그리고 대중 일반과 형성할 수 있는 정동적으로 중요한 관계"(Arvidsson, 2009: 17)를 표상한다. 그것의 가치는 기업에 고용된 상징 분석가의 광고와 판촉을 포함한 다양한 상품 판매 전략을 통해서도 만들어지지만, 브랜드 주위에 모인 소비자들 사이의 아이디어 교환, 제품 평가, 동질감과 소속감 형성 등과 같은 비물질 노동에 의해서도 창출된다. 소비자들이 브랜드 상품을 사는 이유는 그것이 소비를 통해 실현되는 자신들의 삶의 의미와 양식에 긴밀하게 결합되어 있기 때문이다. 브랜드는 소비자에게 "소통적 생산 수단"(Steffen and Land, 2012: 229)으로서의 사용 가치를 갖는 셈이다. 그것은 소비자에게 정체성의 중요 구성 요소가 되며, 다른 사람들과의 더 많은 소통 가능성을 제공한다.

아울러, 이처럼 기존에는 노동으로 간주되지 않던 소비뿐만 아니라, 웹 사이트를 만들고, 페이스북 페이지를 읽고, 온라인 토론에 참여하는 것과 같은 다양한 일상적 인터넷 활동도 노동으로 간주될 수 있다. 테라노바는 "디지털 경제는 특수한 형태의 생산(웹 디자인, 멀티미디어 생산, 디지털 서비스 등)에 관한 것이지만, 동시에 우리가 곧바로 노동으로 생각하지 않는 노동 형태(채팅, 실시간 대화, 메일링 리스트, 아마추어 뉴스레터 등)에 관한 것이기도 하다"(Terranova, 2013: 38)고 주장한다. 과연, 수십억 인터넷 사용자들의 일상적 온라인 활동이 구글, 유튜브, 페이스북과 같은 소셜 미디어 기업에게 막대한 수익을 가져다준다는 점에서, 인터넷 이용은 일종의 노동으로 간주될 수 있다. 더욱이, 인터넷 이용자들은 단순한 사이트 소비자들이 아니라 적극적인 콘텐츠 생산자들이다. 훅스가 말했듯이, 사용자들은 "영속적인 창의적 활동, 소통, 공동체 구축, 내용 생산에 관여한다"(Fuchs, 2012: 192). 정보를 검색하거나 제공하고, 비디오를 게시하거나 시청하고, 친구 관계를 새로 맺거나 유지하는 것과 같은 플랫폼 활동 자체가 소셜 미디어의 콘텐츠 생산 노동인 것이다.

나아가, 소비와 온라인 활동의 결합으로서의 비물질 노동의 중요성은 최근의 정동 경제에서 특히 주목받는 현상이다(Cova and Dalli, 2009; Kozinets, Hemetsberger, and Schau, 2008; Zwick, Bonsu, and Darmody, 2008). 코지넷과 그의 동료들에 따르면, "온라인 소비자들의 집합적이고 참여적인 행위는 이용자의 여가 활동이 기업에 의해 무료 자원으로 활용되는 생산 노동으로 귀결될 수 있는 새로운 형태의 사업 조직에 도움이 된다"(Kozinets, Hemetsberger, and Schau, 2008: 340). 그래서 소비자들은 기업이 제공하는 상품의 소비자 혹은 사용자로서만이 아니라 가치를 '공동-생산(co-creation)'하는 창의적 주체로 규정되기도 한다. 소비자-사용자의 비물질 노동은 다양한 형태로 분류할 수 있다. 예컨대, 기업이 주최하는 경연 프로젝트에 참여하여 기업의 업무를 사실상 대행하는 '크라우드(crowd)' 유형, 오픈소스 소프트웨어와 같이 양질의 독립 프로젝트에서 자신의 능력을 시험하고 즐기는 '하이브(hive)' 유형, 관심과 신념과 생활 방식을 공유하는 동질적이고 친숙한 사람들 사이의 모임인 '몹(mob)' 유형, 그리고 다양한 웹 2.0 서비스와 같이 수많은 개인들의 사소한 기여가 전체적으로는 커다란 부가가치를 낳는 '스웜(swarm)' 유형 등이 소비와 온라인 활동을 아우르는 비물질 노동의 대표적인 형태라고 할 수 있다(Kozinets, Hemetsberger, and Schau, 2008: 347~350). 현대의 정동 경제는 재화의 생산, 혁신, 판촉 과정에 소비자-사용자들의 비물질 노동을 깊이 연루시킴으로써 점증하는 시장 불확실성을 관리하고 혁신의 원천을 발굴하려 한다.

2) 정동의 가치 논리

(1) 노동시간과 폴리네이션

정동 자본주의에서 가치는 흔히 '사회적으로 인정된 중요성'으로 간주된다(Arvidsson, 2009: 16). 가치는 재화의 생산과정뿐만 아니라 순환 과정에서도 창출된다. 지식이나 정보 같은 비물질재 혹은 물질재의 비물질 요소는 소비 과정에서 사용되어 없어지는 것이 아니라 오히려 변형되거나 새로운 내용이 첨가될 수 있다. 소비를 통해 새로운 가치가 창출될 수 있다는 것이다. 그런 점에서, 재화의 순환과 소비 과정은 동시에 그것의 생산과정이라 할 수 있다. 따라서 재화의 가치는 전통적인 마르크스주의 정치경제학에서처럼 노동시간의 양에 의해 결정되거나 측정될 수 있는 것으로 보기는 어렵다. 네그리와 하트가 밝혔듯이, "비물질 생산 패러다임에서 가치 이론은 측정된 시간의 양이라는 관점에서는 이해될 수 없다"(네그리·하트, 2008: 210). 가치가 개별적 혹은 집단적 노동시간으로 측정될 수 없는 이유는 오늘날 가치 생산의 대부분이 '사회-공장'에서의 협력적 노동과 사회 네트워크 안에서 순환되는 공통된 것의 활용을 통해 이루어지기 때문이다. 실제로, 1890년대에는 노동시간으로 측정되는 노동의 양이 전 세계 가치 생산의 90%를 차지했다면, 1990년대 초반에 그것의 비중은 10%로 떨어졌다(Arvidsson, 2012: 140).

가치란 노동의 양이나 시간이라는 본질 혹은 핵심의 반영이 아니라 시장에서의 헤게모니적 실천을 통해 실체가 형성되는 사회적 구성물이라 할 수 있다(Arvidsson and Colleoni, 2009; Boutang, 2011; Willmott, 2010; Zwick, Bonsu, and Darmody, 2008). 윌모트(2010)가 주장하듯이, 사용 가치, 시장 가치, 상징 가치, 미학적 가치, 윤리적 가치 등 다양한 의미로 변환되고 사용되는 가치 관념을 노동의 양이라는 단일한 기준으로 환원하여 설명하기란 불가능하다. 가치란 '명목적 관념'에 불과하다고 보는 아비드슨과 콜레오니는 무형 자원의 가치는 "평판, 신용, 종업원 동기 등과 같은 정동적 투자를 끌어당길 수 있는 능력"(Arvidsson and Colleoni, 2012: 140)에 달려 있다고 주장한다. 즉, 가치 생산은 사람들 사이의 폭넓은 소통, 우호 관계를 유지하는 사회적 기술, 집단지성의 활용 능력 등에 의존한다는 것이다. 이와 유사하게, 즈윅과 그의 동료들은 가치가 "상품의 사용 시점에 발생하는, 그리하여 개별 상호작용과의 빈번한(비록 항상은 아닐지라도) 집단적 재조율을 통해 상품의 형태, 내용, 성격을 끊임없이 증강시키거나 변환시키는 사회적 의사소통의 산물"(Zwick, Bonsu, and Darmody, 2008: 175)이라고 주장한다. 부탕도 무형재의 가치는 대중들의 관심 동원, 공통 의견 형성, 평판 구축, 유행 창출 등과 같은 '폴리네이션'에 의해 결정된다고 역설한다(Boutang, 2011: 44~45). 가치에 대한 이상의 논의는 공통적으로 정동 자본주의가 노동의 가치 법칙보다는 정동의 가치 논리를 따른다는 사실을 강조한다.

실제로, 구글, 유튜브, 페이스북 등과 같은 소셜 미디어에서 창출되는 가치 혹은 그러한 산업이 얻는 광고와 금융 수익의 원천은 노동의 가치 법칙보다는 정동의 가치 논리에 의해 더 잘 설명된다. 예컨대, 훅스(2010)는 소셜 미디어 플랫폼은 이용자들의 '관심'을 광고주에게 판매함으로써 이윤을 얻는다고 주장한다. 그런데 그는 그러한 관심을 댈러스 워커 스마이드(Dallas Walker Smythe)가 말한 일종의 '청중 상품'으로 파악하여, 그것을 노동가치설로 설명한다. 소셜 미디어 이용자들은 광고주에게 판매되는 상품이며 그것의 가치는 그들이 소셜 플랫폼을 이용한 시간의 양에 비례한다는 것이다. 훅스에게, 소셜 미디어 이용 시간은 곧 가치를 창출하는 노동시간이다. 하지만 이러한 설명은 매우 당혹스러운 사실에 직면하게 되는데, 페이스북이 2010년에 거둔 3억 5500만 달러의 광고 수익은 모든 페이스북 이용자들의 연간 0.7달러만큼의 잉여가치 창출 노동시간에 토대를 둔 것이 된다. 혹은 인터넷의 '청중 상품'이 창출한 가치가 1000억 달러라고 할 때, 이는 개별 인터넷 이용자의 연간 59달러어치의 노동시간에 불과한 것이 된다(Arvidsson and Colleoni, 2012: 138). 개별 노동시간으로 환원되는 잉여가치의 양은 너무나도 미미한 것으로 드러날 뿐만 아니라, 더욱 중요하게, 이러한 설명법은 많은 소셜 미디어 산업이 실제로 거둬들이는 막대한 금융 수익을 종종 간과한다. 구글이나 페이스북의 수익은 광고보다는 금융에서 더 많이 나온다. 페이스북은 2011년 1월에 15억 달러의 금융 수익을 주식 시장에서 얻었는데, 이는 2010년 말에 거둔 '청중 상품' 판매 수익의 다섯 배에 달하는 수치다. 이 격차는 '노동시간'으로 환원될 수 없는 '정동'과 '평판'의 차원에서 설명될 수 있는 현상이다.

비물질재의 생산은 항상 금융과 긴밀하게 연관되어 있다. 무엇보다도, 금융은 비물질재 생산이 가진 시장 불확실성을 관리하는 핵심 수단이다. 비물질재의 가치는 사전에 측정하거나 평가하기가 쉽지 않다. 그것에 대한 투자는 물질재처럼 고정자본의 양에 근거해서 이루어질 수가 없으며, 전부 아니면 전무라는 매우 불안정한 시장 수익성을 고려해야만 한다. 부탕에 따르면, "인지 자본주의의 출현과 함께, 그리고 기업 부문과 경제 조절 기구 속 경제 주체들 사이의 상호 의존성과 사회화 및 외부성을 고려할 수 있는 회계 관행의 부재 속에서, 도입된 유일한 안정화 장치는 금융"(Boutang, 2011: 146)이다. 금융에서 발전된 가치 평가 메커니즘은 비물질재 생산의 시장 불확실성을 관리하는 데 커다란 도움이 된다. 비물질재 생산의 혁신 창출에 필요한 자금의 동원은 바로 이러한 사실에 토대를 둔다.

다른 한편으로, '브랜드'는 비물질재의 가치가 금융 수익으로 현실화될 수 있도록 하는 주요 수단이다. 윌모트에 따르면, 가치는 "무형 자산의 주도적 역할과 중요성이 강조되는 점점 더 금융화된 경제의 맥락에서 브랜드와 같은 상징물의 생산을 통한 부의 창출과 분배를 조명"(Willmott, 2010: 519)할 수 있는 관념으로 사용되어야 한다. 브랜드는 주로 두 가지 형태로 가치화된다. 첫째, 브랜드는 소비자들 사이에 높은 가격의 브랜드 제품을 구입할 의향을 형성시킨다는 점에서, 일종의 '특별 가격'을 창출한다고 볼 수 있다. 둘째, 브랜드는 주식 가격의 형태로 금융 시장에서 화폐화된다(Arvidsson, 2005: 250). 주주들이 누리는 배당금과 자본소득은 부분적으로 브랜드 가치에서 나온 것이다. 2006년 구글이 종업원 수 65명에 불과한 유튜브를 16억 5000만 달러에 사들인 데서 알 수 있듯이, 금융 시장에서의 기업의 시장 가치와 장부 가치의 괴리는 현대 경제의 점증하는 브랜드 가치에 힘입은 바가 크다. 윌모트는 "현대의 금융 자본주의 시대에, 레고 블록이나 버진 광대역과 같은 브랜드 상품이 지닌 화폐 가치는 브랜드에 귀속되는 지적 재산을 소유한 기업의 주식 가격의 한 요소로 포함되기 때문에, 사용자-소비자에 의해 생산된 브랜드 자산이 어떻게 가치화의 대상이 되는지를 주목"(Willmott, 2010: 521)해야 한다고 주장한다. 주식 시장은 기업의 유형 자산보다는 지적 재산을 더 중시하는데, 이는 브랜딩에 대한 투자가 물질재에 대한 투자보다 더 높은 수익을 창출할 가능성이 한층 더 커졌기 때문이다. 즉, 노동의 가치 법칙보다는 정동의 가치 논리가 더 중요해졌기 때문이다.

(2) 정동 알고리즘

정동 자본주의의 상업적 관리와 통제의 핵심 대상인 정동은 "소비자의 욕망, 감정, 선호에 영향을 미칠 수 있도록 생산적으로 조정되고 조종될 수 있는 일상적 감정"(Andrejevic, 2011a: 615)으로 규정할 수 있다. 정동 자본주의는 소비자들 사이의 정서적·관계적 상호작용이 창출하는 가치에 주목하며, 그들의 관심, 선호, 애착, 평판 등과 같은 정동을 상품이나 브랜드와 연결시키기 위해 노력한다. 전통적으로 정동은 개인적인 것이거나 가족, 친구, 연인, 공동체 등과 같은 소규모의 일차적 사회관계에 특징적인 현상으로 간주되었다. 그래서 공적이고 공식적인 사회생활에서 사적 정동을 표현하는 것은 적절하지 못한 행동 혹은 가능한 한 억제해야 현상으로 이해되었다. 하지만 현대 경제는 사적 정동의 공적 표출을 유도하고 이를 통해 새로운 부가가치를 얻으려고 한다. 상품에 대한 소비자들의 의견은 상품의 가치 형성에 중요한 요소가 되었다. 상품의 신뢰성, 유용성, 미적 가치와 같은 비물질적 속성에 대한 소비자들 사이의 공개적인 '정신적 교감(mental communion)'이 중요해진 것이다(Arvidsson, 2011: 48). 브랜드는 그러한 '정신적 교감'과 '심성적 잉여'가 곧바로 화폐화될 수 있도록 해주는 정동 자본주의의 대표 비물질재다. 제품 개발 아이디어를 공유하고 공동체적 유대를 창출하는 '할리 데이비슨(Harley Davidson)', '지프(Jeep)', '나이키(Nike)', '두카티 모터(Ducati Motor)' 등과 같은 브랜드 상품 애호가들의 공동체, 즉 '브랜드 공동체'는 비물질적 사용 가치 생산의 플랫폼이 되었다(Swahney, Verona, and Prandelli, 2005).

최근의 소셜 미디어는 이러한 정동적 가치 창출을 더욱 촉진시킨다. 그것은 링크 걸기, 친구 맺기, 좋아요, 공유하기, 평가하기, 리트위트 등과 같은 다양한 장치를 통하여 활발한 정동 표출을 유도하고, 그로부터 생산되는 가치를 전유한다. 페이스북의 경우, 이용자가 페이스북 계정을 만들면 고유 아이디(ID)가 부여된 쿠키가 이용자 컴퓨터에 생성된다. 쿠키는 이용자가 페이스북 사이트를 방문할 때마다 페이스북 서버에 다시 보내져 이용자가 누구인지를 미리 파악할 수 있도록 해준다. 또한 페이스북 계정을 가진 이용자가 페이스북뿐만 아니라 페이스북 로고가 붙은 그 어떤 웹 사이트를 방문하더라도 그 사실은 페이스북 서버에 기록된다. 따라서 페이스북 회원이 페이스북 로고를 장착한 다른 웹 사이트를 방문하는 것은 사실상 페이스북 사이트를 방문하는 것과 동일한 일이 된다. 페이스북 계정을 갖고 있지 않은 이용자의 경우에도, 어떤 웹 사이트가 '페이스북 연결(Facebook Connect)' 기능을 운용하고 있다면, 페이스북이 생성하는 쿠키가 해당 웹 사이트 쿠키와 더불어 방문자 컴퓨터에 이식된다. 따라서 페이스북은 비회원 이용자의 개인 프로파일도 보유할 수 있게 된다.

페이스북의 '좋아요' 버튼은 웹 콘텐츠 생산자와 페이스북 모두에게 매우 유용한 판촉 수단이 된다. 페이스북 회원이 특정 웹 컨텐츠상의 페이스북 '좋아요' 단추를 누르면, 그것은 페이스북 친구들의 '뉴스 피드'에 게시되고, 이는 다시 해당 사이트로의 방문자 증대에 기여할 수 있다. 실제로, '좋아요' 단추를 이식한 사이트는 이전보다 방문자 수가 두 배 이상 증가하고, 머문 시간과 조회 기사 수도 80% 이상 증가하는 것으로 알려져 있다(Roosendaal, 2011: 4). 다른 한편으로, 페이스북은 '좋아요'와 같은 '소셜 플러긴즈(social plug-ins)' 장치를 통해 어떤 웹 사이트도 그리고 어떤 웹 이용자도 자신의 사이트로 끌어모을 수 있다. 페이스북은 자신의 플랫폼을 넘어서서 웹 전체로 확장되고 있으며 모든 웹 이용자와 잠재적으로 연결되어 있는 셈이다. '좋아요' 단추는 페이스북을 매우 유력한 인터넷 허브로 만들고, 웹 이용자들에 관한 방대한 정동 데이터를 수집하기 위한 매우 효과적인 장치다. 그리고 이러한 유력한 허브가 수집한 방대한 정동 데이터는 '표적 광고(target advertisement)'를 통한 수익 창출의 원천이 되고 있다.

구글의 '페이지랭크'와 페이스북의 '에지랭크'는 개인 데이터에 토대를 둔 정동 동원과 관리의 대표 기술이다. 전체 네트워크에서 생산되는 정동 가치의 총량과 개별 노드의 정동 가치량를 표현해주는 알고리즘인 '페이지랭크'는 개별 노드에 연결된 다른 노드의 양과 질에 따라 노드의 랭킹을 부여한다. 즉, 어떤 노드에 연결되어 들어오는 노드의 수가 많을수록, 그리고 높은 랭킹의 노드로부터 들어오는 링크가 많을수록 해당 노드는 높은 랭킹을 얻는다. 그리고 구글 검색은 이러한 페이지 랭킹에 따라 서열화된 검색 결과를 사용자에게 제공한다. 페이지랭크는 네트워크 속 각 노드가 지닌 정동의 위계를 가시화하는 기술인 것이다. 페이스북의 '에지랭크' 알고리즘은 사용자의 글, 사진, 영상, 링크 등이 차등적으로 뉴스 피드에 게시되도록 해준다. '에지(Edge)'란 사용자가 자신의 페이스북 페이지에 올리는 모든 대상에 대한 사람들의 반응, 즉 '좋아요', '논평하기', '공유하기' 등과 같은 정동적 반응을 가리키는 말이다. 에지랭크는 주로 '친밀도(affinity)', '영향력(weight)', '감쇠 시간(time decay)'의 세 가지 기준으로 에지를 서열화한다. '친밀감'은 대상 생산자와 친구들 사이의 관계 혹은 상호작용의 양과 성격을 측정하는 지표다. 친구의 프로파일을 자주 확인하거나 개인적인 메시지를 보내는 것은 '친밀도'를 높이는 반응이라 할 수 있다. '영향력'은 대상이 얼마나 인기 있고 중요한지를 나타내는 지표다. '좋아요'보다는 '논평하기'가, '논평하기'보다는 '공유하기'가 대상의 영향력을 높이는 반응이라 할 수 있다. '감쇠 시간'은 대상이 얼마나 최근의 것인지를 나타내는 지표다.

에지의 랭킹이 주로 이 세 가지 기준에 의해 결정되기 때문에, 뉴스 피드의 최상단을 차지하는 대상은 곧 가장 최근에 게시된 대상이라는 등식은 성립하지 않는다. 어떤 유형의 대상(글, 그림, 동영상, 링크)을 올렸는지, 대상을 게시한 사람이 누구인지('친밀도'), 얼마나 많은 '좋아요'나 '논평하기'나 '공유하기'를 얻었는지('영향력'), 얼마나 최근의 게시물인지('감쇠 시간') 등에 따라 대상이 뉴스 피드의 서열에서 차지하는 위치는 달라진다. 사용자와 더 친밀하고 다른 사람들로부터 더 많은 반응을 얻는 유력한 친구의 게시물이 그렇지 않은 친구의 게시물보다 사용자의 뉴스 피드 상단을 차지할 가능성이 높은 것이다. 페이스북의 '가장 최근(most recent)' 뉴스 피드의 경우에도, 단순히 '감쇠 시간'의 기준에 따라 대상이 표시되지는 않는다. 친구들로부터 아무런 '좋아요'나 '논평하기' 등과 같은 반응을 얻지 못한 대상은 아무리 가장 최근에 게시된 것일지라도 뉴스 피드의 상단을 차지하지 못할 가능성이 높다. 부처(Bucher, 2012)가 말했듯이, 에지랭크 알고리즘은 모든 이용자들을 동등하게 다루지 않으며, 영향력이 높은 이용자들 더 중시하고 우선시하는 기술이라 할 수 있다. 페이스북은 더 많은 반응을 얻은 대상을 뉴스 피드에 부각시켜 많은 사람들이 페이스북을 방문하여 서로 소통하는 것처럼 보이게 하고, 이를 통해 다시 더 많은 사람들이 '좋아요' 단추를 누르거나 댓글을 달도록 유도한다. 이처럼 개인 간 정동적 유대가 공개적으로 표출될 수 있도록 함으로써, 페이스북과 같은 소셜 미디어는 이전에는 알기 어려웠던 우리의 사회관계 폭과 영향력을 훨씬 더 분명하게 파악할 수 있게 해준다(Hearn, 2010: 430). 그리고 우리의 전반적인 사회적 영향력은 '디지털 평판'으로 측정되고 표현된다.

자기 홍보와 자기 브랜딩 그리고 다른 사람의 활동에 대한 반응과 평가 같은 비물질 노동은 디지털 평판이라는 가치를 창출하며, 이러한 모든 활동은 이제 현대 정동 경제의 핵심 활동이 되었다. 소셜 미디어에서 교감되는 상품이나 브랜드에 대한 이용자들 사이의 강한 정동적 흐름은 직접적으로 상품의 시장 가치 형성에 중요한 영향을 미친다. 이러한 시장 가치에 가장 큰 관심을 가진 집단은 정동을 추출하고 측정하는 알고리즘과 메커니즘을 개발하고 통제하는 '정동-중개자'들이다. 이들의 노동을 통해 정동은 비로소 실제적인 화폐 가치로 전환된다. 시장에서 작동하는 '정동-중개' 유형은 다양하다(Hearn, 2010). 기업의 제품과 서비스에 대한 소비자의 피드백을 이끌어내고 그것을 평가하는 유형, 소비자들에게는 기업 상품에 대한 의견과 감정을 표현할 수 있는 공간을 제공하고 기업들에게는 그 공간에 접근하여 자신의 브랜드 관리에 필요한 정보를 얻도록 하는 '지식 브로커' 모델, 웹을 탐색하여 기업 평판에 대한 실시간 정보를 수집하여 소비자 대화에 개입할 수 있도록 해주는 서비스 모델, 우호적인 소비자 커뮤니티를 활성화시키기 위해 유력한 개인을 확인하고 소비자 대화의 개입과 관리 지침을 제공하는 유형, 개인이나 기업의 온라인 평판에 대한 월간 평가를 제공하고 긍정적 평판을 창출하기 위해 정보를 통제하고 조작하는 서비스를 제공하는 모델, 1억 개의 블로그, 사회 연결망, 그룹, 게시판 등을 탐색하여 정동 정보를 제공하는 유형 등이 있다. 이러한 정동-중개 기업 활동의 초점은 소비자들의 지배적 정서나 감정의 파동을 실시간으로 탐색하고 분석하는 것에 놓여 있다(Lee, 2006; Andrejevic, 2011a: 606). 그리하여 온라인 네트워크에서 어떤 생각과 감정이 널리 확산되도록 하거나 혹은 반대로 최대한 억제되도록 관리하고 통제하는 방법을 자본에게 공급한다.

이처럼 현대 자본주의 정동 경제는 '사귐(socializing)'과 '연결(connecting)'의 미덕을 강조하며, 사적 정동의 표출은 개인의 공적 존재감을 현시하고 확인하는 주요 수단이 된다. 부처(2012)는 페이스북에 '가시성의 위협'보다는 '비가시성의 위협'이 존재하며, 에지랭크는 인기를 좇고 참여가 정상이라고 믿는 주체를 생산하는 일종의 규율 기술로 작동한다고 주장한다. 아비드손은 소셜 미디어가 인쇄 문화의 초연한 '독립적 주체성' 대신에 상호 의존적인 '네트워크화된 주체성'을 강화하며, 다른 사람들과의 친밀성이나 강한 정동적 경험을 정체성 형성의 중요한 요소로 만든다고 주장한다. 즉, 소셜 미디어는 "자신의 정체성에 대한 다른 사람들의 평가를 자기 가치에 대한 느낌뿐만 아니라 전문가로서, 네트워커로서 혹은 미시 유명인으로서의 자신의 객관적 가치에 중요"(Arvidsson, 2012: 49)한 요소로 만든다는 것이다. 그리하여 참여하는 주체 혹은 네트워크화된 주체는 현대 자본주의 정동 경제 재생산의 중요한 토대가 된다. 헌에 따르면, "소중한 개인적 디지털 평판의 성취에 부여된 약속은 개인들로 하여금 기업이 제품 혁신, 홍보, 판촉을 자신들에게 효과적으로 아웃소싱한다는 사실과 함께 자아 표현과 정동 관계를 자본의 장기 이익과 일치하는 방향으로 규율한다는 사실을 보지 못하게 만든다"(Hearn, 2010: 434~435). 소셜 미디어를 통해 우리 자신을 홍보하고 브랜딩하며 다른 사람을 언급하고 평가하는 평판과 정동의 경제 활동은 점점 더 자본의 가치 창출과 전유의 주요 원천이 되고 있다.

3) '자유노동'과 착취

정동 자본주의에서 착취는 관계나 소통 등이 창출하는 공통된 것의 부를 사적으로 전유하는 것과 관련되어 있다. 네그리와 하트는 착취를 "협력적 노동에 의해 생산된 가치, 그리고 사회적 네트워크 안에서의 순환을 통해 점점 더 공통적으로 되는 가치의 포획"(네그리·하트, 2008: 165)으로 규정한다. 관계나 소통

그리고 협력적 노동은 인지 자본주의에서 흔히 '자유노동'으로 간주된다. 여기에서 '자유(free)'란 이중적 의미를 갖는다. 강제되지 않고 자발적으로 제공된다는 의미에서의 '자유'와, 경제적 보상을 받지 않고 무료로 제공된다는 의미에서의 '자유' 관념이 동시에 내포되어 있다. 테라노바는 대부분의 사용자-제작 콘텐츠 보급, 사회 연결망 사이트 구축과 관리, 소프트웨어 수정, 메일링 리스트 참여, 브랜드 공동체나 팬덤 활동 등을 자발적으로 제공된 노동이자, 자본에 의해 무료로 전유되는 노동으로 본다. 그녀에 따르면, 이러한 '자유노동'은 "자발적으로 제공됨과 동시에 지불되지 않았으며, 즐겼음과 동시에 착취당한" (Terranova, 2004: 33) 노동이다. 훅스(2010: 192)는 생산 노동이 공장 담벼락을 넘어 전체 사회로 확산됨에 따라, 모든 지불/비지불 지식 노동이 착취 대상이 되는 전례 없는 착취의 확대가 진행되고 있다고 주장한다.

마르크스주의 정치경제학에서 착취는 강제 노동, 잉여 노동, 비지불 노동을 의미한다(Andrejevic, 2009: 417). 그렇다면 자발적으로 제공된 무임 노동은 과연 착취당한 노동인가? 소셜 미디어 이용은 가치를 창출하는 노동이자 지불받지 않은 노동이다. 하지만 그것을 강제된 노동이라고 단정하기는 어렵다. 라이트에 따르면, 착취는 세 가지 원리에 토대를 둔다. 첫째, 착취는 한 계급의 물질적 부가 다른 계급의 물질적 박탈에 인과적으로 의존해야 한다. 둘째, 그러한 의존은 다시 박탈당한 계급이 핵심 생산 수단으로부터 배제되는 것에 의존해야 한다. 셋째, 박탈당하고 배제된 계급의 노동이 다른 계급에 의해 전유되어야 한다(Wright, 1997: 10; Fuchs, 2010: 185에서 재인용). 훅스(2010: 186)에 따르면, 실업자, 은퇴자, 학생, 영구 장애인, 복지 의존자, 가사 노동자 집단은 자본에 의해 직접 착취되지는 않지만, 생산 수단으로부터 배제되어 있으며 자본-임노동 관계의 재생산 노동을 일정 부분 담당한다. 따라서 노동 생산물의 전유 그 자체는 착취로 간주될 수 없고, 정치적 강압이나 강제라 할 수 있는 나머지 두 가지 요소도 반드시 충족되어야만 착취 관계가 성립될 수 있다. 그래서 강압이나 강제의 성격이 희박한 소셜 미디어 이용 노동의 전유를 착취의 맥락에서 설명하기란 쉽지 않다.

그런데 이러한 딜레마는 두 가지 방식으로 다루어질 수 있다. 첫 번째는 강제나 강압이 자유로운 선택을 가능하게 하는 사회관계 속에 이미 배태되어 있다는 점을 강조하는 방식이다. 홈스트롬은 "자신의 노동 능력 말고는 어떠한 생산 수단에도 접근하지 못하는 사람은 체인이나 법에 의해 일하도록 강요될 필요가 없다"(Holmstrom, 1997: 79)고 주장한다. 그런 점에서 강제는 "사회관계 자체에 각인"(Andrejevic, 2011a: 281)되어 있는 것으로 볼 수 있다. 이와 유사하게, 아비드손과 콜레오니(Arvidsson and Colleoni, 2012: 138)는 브랜드 상품에 대한 소비자의 집착은 결코 기업에 의해 강요된 바는 없지만, 소비자의 일상생활을 지배하는 브랜드 편재성이 그러한 선택과 집착을 강제하는 효과를 갖는다고 주장한다. 착취가 사회관계 속에 배태되어 있다는 일반론적 설명은 나름의 설득력을 갖는다. 하지만, 브랜드 상품을 구입하는 것이나 인터넷 콘텐츠를 생산하고 소비하는 일상 활동은 생계를 위해 불가피하게 수행해야만 하는 노동과는 질적으로 구분되며 반드시 어떤 법률적 문제를 수반하는 것은 아니라는 점에서, 정동 경제의 착취 문제를 충분하게 밝히기에는 한계가 있다.

자유노동의 착취를 설명하는 두 번째 방식은 '사용자-제작 콘텐츠'와 '사용자-창출 데이터'의 법률적 위상을 구분하는 방식이다. 정동 경제의 착취 문제는 지금까지 주로 '사용자-제작 콘텐츠'에 초점을 맞추어 논의되어왔다. 그런데 '사용자-제작 콘텐츠'와 관련한 착취 주장이 커다란 설득력을 갖지 못한 이유는 개별 생산자의 콘텐츠 소유권이 대부분의 소셜 미디어에서 부정되고 있지 않기 때문이다. 그래서 '사용자-제작 콘텐츠'의 자발적 공유로부터 얻는 사용자들의 즐거움과 '사용자-제작 콘텐츠' 활용을 통한 자본의 수익 추구 사이의 균형 문제가 주된 관심사로 다루어졌다. 안드레예비치에 따르면, 대부분의 웹 2.0 플랫폼에서 "사용자들은 사적으로 통제된 네트워크 기반 위에서 온라인 공동체와 사회성을 구축하는 작업에 대한 대가로 자신들의 창의적 활동에 대한 사소한 통제력을 부여받는다"(Andrejevic, 2009: 419). 사용자들에게 소외로부터의 탈출을 제공함으로써, 소셜 미디어 기업은 자신이 제공한 플랫폼에서 사용자들이 서로 상호작용하고 공동체를 형성하도록 하며, 그들이 제작한 콘텐츠에 대한 통제권을 완전히 박탈하지는 않는다(Cohen, 2008: 14). 자신의 콘텐츠에 대한 소유권을 여전히 가지고 있으며, 자신을 세상을 알릴 기회가 제공되는 이상, 사용자들의 플랫폼 이용은 소외나 착취로 설명하기는 어렵다.

그래서 안드레예비치는 '사용자-창출 데이터'에 초점을 맞추어 착취 문제를 다루어야 한다고 주장한다. 소셜 미디어 기업이 자신들의 플랫폼에서 교류되는 '사용자-제작 콘텐츠'를 완전히 통제하지는 못하지만, 플랫폼에서 창출되는 방대한 사용자 데이터에 대해서는 거의 전적인 통제권을 갖기 때문이다. 사용자들이 온라인에서 생산하고 배포한 '사용자-제작 콘텐츠'가 다른 사용자들에 의해 공유되고 소비되는 과정은 '사용자-제작 콘텐츠'에 대한 '콘텐츠', 즉 '사용자-창출 데이터'를 생산한다. 웹 2.0의 정동 경제가 추출하고 사적으로 전유하는 것은 바로 '사용자-창출 데이터'다. 안드레예비치에 따르면, "분리(사회성의 온라인 자원에 대한 사적 통제)는 분리(사용자에 의해 생산된 정보에 대한 특정한 사용권의 구축)를 부른다. 그리하여, 사회 연결망 사이트에 게시된 다양한 '약관'은 대개의 경우 온라인에서 수집된 정보의 사용, 판매, 이전에 대한 권리를 확인하는 목적의 사용자 라이선스 합의"(Andrejevic, 2011b: 87)를 도출한다. 그리하여, 사용자는 자신의 플랫폼 활동에 대한 상세한 모니터링과 정보 수집에 순응할 뿐만 아니라, 그러한 정보가 자신을 관리하고 조작하기 위해 어떻게 사용되는지에 대하여 거의 아무런 말도 하지 못하는 상황에 놓이게 된다. 정동 경제는 소비자들의 창의성과 사회성을 고무하고 찬양하지만, 소비자들의 그러한 활동이 산출하는 데이터는 그들이 모르는 방식으로 획득되고 수집되어 자신들에 대한 맞춤형 광고와 판촉 자료가 되어 되돌아온다. 이러한 소외 현상이 정동 경제가 의존하는 착취의 또 다른 모습이 되는 것이다(Andrejevic, 2011c).

그러나 '자유노동'의 착취 문제를 '소외' 문제와 관련하여 설명하는 안드레예비치의 관점은 착취 논쟁의 출발점이라 할 수 있는 '자유노동'의 '지불되지 않은(부불)' 성격 혹은 부불성 문제를 여전히 미해결 상태로 남겨놓는다. 그래서 헤스먼달프는 아예 '부불 노동'을 '착취'와 분리시킴으로써 이러한 딜레마를 극복하고자 한다. 그에 따르면, 부불 노동은 역사적으로 오랫동안 존속되어왔으며 심지어 더 나은 미래 사회에서도 불가피한 것일 수 있다. 그래서 그는 노동이 무료로 제공된다는 사실 자체가 부불 노동에 대한 충분한 반대 이유가 되기 어렵다고 주장한다(Hesmondhalgh, 2010: 277). 다시 말해서, 부불 노동이 착취된 노동일 수는 있지만, 그렇다고 해서 지불 노동의 회복이 반드시 부불 노동의 포획이나 전용에 대한 주요한 해결책이 될 수는 없다는 것이다.

이처럼 헤스먼달프는 부불 노동에 대한 착취 문제가 임금이나 물질적 급여의 회복으로 해소될 수 있다는 관념을 거부하는 대신, 물질적 보상을 받아야 하는 부불 노동과 그러지 않아도 되는 것을 구분하는 것이 필요하다고 주장한다. 예컨대, 위키피디아를 만드는 작업은 정부의 세금 보조를 받는 것이 마땅하다. 반면, 텔레비전을 시청하고 소셜 미디어에서 친구를 사귀고 글을 올리는 활동이 가치를 창출하고 또 대부분 착취되고 있다는 논리가 타당하다면, 잠자는 활동이나 자신의 자유 시간을 아마추어 농구 선수 지도에 사용하는 코치의 활동에도 물질적 급여가 제공되어야 한다는 주장이 제기되지 못할 이유가 없다. 헤스먼달프에게, 이처럼 상품화 논리를 내면화하는 논리는 현대 자본주의에 대한 적절한 비판의 토대가 되기 어렵다. 따라서 그는 사회적·공통적 가치 창출을 위해 수행된 무임 노동에 대한 물질적 보상을 요구하기보다는, 그것이 갖는 '선물' 노동으로서의 가치를 옹호하고 그것을 보장하기 위한 지적 재산권 체제를 구축하는 노력이 우선시되어야 한다고 주장한다(Hesmondhalgh, 2010: 279). 하지만 선물 경제의 미덕에 대한 이러한 강조에도 불구하고, 착취 문제에 대한 비판을 곧 물질적 급여의 직접적이고도 개인적인 지불 요구와 등치하는 태도를 보인다는 점에서, 헤스먼달프의 주장은 자유노동에 대한 사회적이고 공통적인 물질적 보상 방안에 대한 논의를 제한하는 한계를 갖는다고 지적할 수 있다.

3. 빅 데이터 폴리네이션: 천연자원, 과학, 맞춤, 성장 산업

정동 경제의 노동, 가치, 착취 문제에 대한 이상의 논의를 토대로, 아래에서는 빅 데이터에 대한 폴리네이션, 즉 가치의 담론적 구성이 최근 2~3년간의 국내 언론 보도를 통해 어떻게 일어나는지를 살펴본다. 주로 정부와 기업이 생산하고 언론이 대중적으로 전파하는 빅 데이터 담론은 크게 '새로운 성장 동력', '상관성의 과학', '맞춤형 서비스와 혜택 제공', '산업화 조건 구축' 등의 논리를 중심으로 조직된다. 우선, '새로운 성장 동력'이라는 폴리네이션을 살펴보면, 빅 데이터는 공공 부문과 민간 부문 모두에 걸쳐 정치적·경제적·사회적·문화적으로 매우 커다란 혁신을 창출할 성장 동력이라는 전망과 평가가 강조된다. 아래의 [발췌 1]을 보자.

> **[발췌 1]** 버지니아 로메티 IBM 회장은… "세상에 존재하는 모든 데이터 정보의 90%가 지난 2년 새 생겨난 겁니다. … 과거에는 이런 데이터가 무용지물이었지만 이제는 분석기술을 통해 의미 있는 정보를 뽑아낼 수 있게 되었습니다. 정보는 21세기의 천연자원입니다." … "이런 시대에는 사람들의 소셜네트워크 또한 새로운 생산라인이 될 것"이라고 전망했다("빅데이터는 자원… SNS는 새로운 생산라인", ≪동아일보≫, 2013년 10월 10일 자).

[발췌 1]에서는, 빅 데이터에 대한 아이비엠 회장 발언의 권위에 힘입어, 빅 데이터가 "에너지, 교통, 유통, 헬스, 제조업, 도시 등" 다양한 분야에서의 혁신을 약속하는 기술로 자리매김되고 있다. 새로운 성장 동력으로서 빅 데이터의 중요성이 강조되고 있다. 그런데 여기에서 주목할 점은 빅 데이터가 "21세기의 천연자원"에 비유되고 있다는 사실이다. "원유", "석유", "석탄", "금" 등과 같은 명명과 함께 언론에 자주 등장하는 이러한 비유는 궁극적으로 빅 데이터가 누구라도 자유롭게 채취하고 활용할 수 있는 마치 자연적 대상인 것처럼 인식되게 만드는 효과를 낳는다. 그리하여 빅 데이터가 수십억 인구의 비물질 노동의 산물이라는 사실은 그만큼 간과되거나 은폐되기 쉽다. 하지만 빅 데이터는 천연물이 아니다. 그것은 웹을 검색하고, 상품을 구매하고, 이동 기기를 사용하고, 교통수단을 이용하는 것 등과 같은 수많은 개인들의 다양한 비물질 노동에

의해 창출된 것이다. 물론, 그러한 데이터로부터 유의미한 패턴을 추출하고 분석하는 작업은 고용된 지식 노동자들에 의해 수행되지만, 그러한 지식의 주요 원천은 여전히 네트워크 속 인구들의 비물질 노동임이 분명하다. 또한 [발췌 1]에 나타난 "새로운 생산라인"으로서의 "소셜 네트워크"라는 통찰력도 소셜 네트워크를 비물질 노동이 수행되는 생산의 장으로 보는 것보다는 "무용지물"을 처리하여 가치를 추출하는 작업라인으로 보는 관념과 더욱 가깝게 연결되어 있다는 점에서, 네트워크 속 인구들의 비물질 노동이 가치 창출의 원천이라는 사실을 제대로 부각시키지는 않는다. 결과적으로, '빅 데이터는 새로운 성장을 추동할 천연자원이며 소셜 미디어는 새로운 생산라인'이라는 빅 데이터 폴리네이션은 오늘날의 정동 경제가 사회적·공통적으로 생산된 가치와 부를 사적으로 포획하고 전유하는 데 필요한 조건과 환경의 형성에 적지 않은 기여를 하는 담론 작업으로 볼 수 있다.

다음으로, 빅 데이터 분석이 제공하는 상관관계가 기존의 과학이 추구하던 인과관계보다 더 과학적인 미래 예측을 가능하게 해준다는 이른바 '상관관계가 인과관계를 대체할 수 있다'는 담론은 빅 데이터 폴리네이션의 또 다른 주요 구성 요소이다. 아래의 [발췌 2]와 [발췌 3]을 보자.

> **[발췌 2]** 빅 데이터는 규모와 주기 형식 등이 너무 크고 복잡해 수집 저장 검색 분석이 난해한 데이터를 말한다. 각 데이터는 들쑥날쑥하고 속성이 다르며 수많은 서버에 산재해 있다. 따라서 그냥 두면 거의 쓸모가 없지만, 효과적인 분석 방법을 동원하면 전에는 생각도 할 수 없었던 연결 고리를 만들어낸다. 물론 인과성이 아니라 상관성이다. '이유'는 모르지만 '결론'을 예상할 수 있는 것이다("빅 데이터", ≪한겨레신문≫, 2013년 6월 25일 자).

> **[발췌 3]** 이제 사람들은 빅 데이터 분석을 통해 지금까지 알지 못했던 새로운 사실들을 알 수 있게 되었고, 지금까지 나왔던 어떤 기술보다도 정확하게 미래를 예측할 수 있는 힘을 가지게 되었다("빅 데이터의 명암", ≪경향신문≫, 2012년 10월

29일 자).

[발췌 2]에서는 기존의 과학 모델이 추구했던 인과성이 아니더라도 빅 데이터를 통해 찾아낸 변수들 사이의 상관성만으로도 미래를 정확히 예측하고 적절한 대응책을 찾을 수 있다는 사실이 강조된다. 설사 빅 데이터가 드러내 보이는 패턴의 형성 원인은 모를지라도, 그것이 방대한 데이터에 토대를 두고 있기 때문에(즉, '숫자가 말해주기 때문에') 충분히 신뢰할 만하다는 것이다. '상관관계로도 충분하다'는 논리에서는 사람들이 어떤 일을 왜 하는지는 알 수 없을지라도, 어쨌든 그 일을 하고 있다는 사실이 중요하다. 데이터가 충분하기 때문에 사람들이 어떤 일을 하고 있다는 사실에 대한 우리의 확신은 전례 없이 큰 것이 된다. 그리하여 빅 데이터는 사회 현상에 대한 새로운 시각이나 사회 현상의 규칙성을 알려주는 획기적인 기술로 자리매김된다. [발췌 3]에서는 이처럼 빅 데이터가 드러내 보이는 상관성이 이전의 그 어떤 과학적 예측보다도 더 정확성을 갖는다는 사실이 강조된다. 빅 데이터는 과학에 대한 전통적 접근을 진부한 것으로 만들고, 빅 데이터의 통계 알고리즘은 기존의 과학이 밝혀내지 못했던 '의미 있는 패턴들' 혹은 그동안 존재했지만 포착할 수 없었던 사람들의 속마음을 잡아낸다는 것이다. 과학이 제공해주지 못했던 미래 예측 능력을 빅 데이터가 제공해준다는 말이다. 그리고 이러한 관념은 종종 정부나 기업의 의사결정 과정이 종래의 '표본 선정-데이터 수집-데이터 분석-의사결정'의 4단계에서 '데이터 전수 조사-의사결정'의 2단계로 압축될 수 있다는 주장과도 연결된다.

하지만 이러한 빅 데이터 폴리네이션에서도 네트워크 속 인구들이 창출하는 데이터 그 자체는 "복잡"하고 "난해"하며 "들쑥날쑥"하여 "거의 쓸모가 없"는 것으로 규정하는 반면, 빅 데이터의 "효과적인 분석 방법"은 이러한 '쓰레기통'에서 '세상을 바꿀 지혜'를 도출해줄 기술로 찬칭하는 행태를 확인할 수 있다. 아울러, 빅 데이터 분석의 주요 관리와 통제 대상은 네트워크 속 인구들 사이의 실시간 정동 파동과 흐름임에도 불구하고, '과학보다도 더 과학적인' 빅 데이터의 '실시간 전송(now-casting)' 능력에 대한 강조는 그들의 관심과 정동이 전반적인 감시 시스템의 고도화보다는 빅 데이터의 효율성 브랜딩에 더 많이 기울게 하는 결과를 낳는다.

빅 데이터가 기존의 과학을 대체할 정도로 과학적인 미래 예측 능력을 제공해준다는 믿음과 더불어, 빅 데이터가 정부, 기업, 개인 모두에게 유익한 맞춤형 서비스 혜택을 준다는 주장도 빅 데이터 폴리네이션의 또 다른 주요 구성 요소이다. 기업에게 빅 데이터는 소비자들에 대한 실시간 미세 개입의 토대를 제공하고 맞춤형 광고와 판촉 능력을 향상시켜주는 것으로 제시된다. 그리고 정부에게 그것은 국가 미래 전략과 과학적인 정책 수립의 결정적 토대를 제공해주는 것으로 간주된다. 또한 개인에게 빅 데이터는 커다란 양의 경제적 잉여를 획득할 수 있도록 해주는 것으로 강조된다.

[발췌 4] 미래창조과학부와 한국과학기술기획평가원은… 빅데이터(거대자료) 분석 기술의 명암을 조명했다… 평가에 따르면, 민간 부문은 데이터 분석을 토대로 과학적인 의사결정을 통해 기업의 경쟁력·생산성 향상이 가능할 것으로 봤다. 공공 부문은 기후변화 예측, 우범지역 모니터링으로 범죄 예방, 거래 정보 분석으로 탈세 방지 등에서 긍정적 영향을 가져올 것으로 분석했다("빅데이터 기술의 명과 암", ≪서울신문≫, 2013년 7월 9일 자).

[발췌 5] 소상인이 창업을 할 때 해당 점포의 과거 개폐업 이력, 추정매출, 입지 분석 등의 정보를 미리 알고 해당 점포에 가장 적합한 업종을 찾는데 도움을 받게 된다("정부 2017년까지 97개 사업 추진", ≪국민일보≫ 2014년 1월 8일 자).

[발췌 4]에 나타난 것과 같이, 거의 모든 빅 데이터 브랜딩은 빅 데이터 도입이 경쟁력과 생산성 향상에 크게 기여한다는 다양한 사례 소개에서 출발한다. 빅 데이터 분석 결과를 토대로 아동 대상의 소염 진통제를 젊은 여성 대상의 멍 치료제로 방향 전환을 하여 50% 이상의 매출 향상을 거둔 유유제약, 카드 이용자의 소비 성향에 따라 맞춤형 할인 쿠폰을 제공함으로써 15% 이상의 카드 이

용 건수 증가를 이끌어낸 SK카드, 20~30대 여성에게 영유아 용품 할인 쿠폰을 제공하여 22% 이상의 구매 향상 실적을 거둔 롯데카드, 소비자가 모바일에서 조회한 제품, 조회 수, 질문 등록 수, 실제 구매 여부 등 활동 정보와 이용 패턴을 분석해 연관 제품을 추천하는 서비스를 통해 34% 이상의 매출 신장을 거둔 CJ오쇼핑, '엄마'라는 용어로 20대와 50대 고객을 동시에 겨냥한 마케팅을 통해 전년 대비 25% 이상의 매출 증대를 거둔 아이스크림 회사 등과 같이 빅 데이터를 토대로 새로운 수익을 창출한 수많은 성공 사례들은 빅 데이터의 브랜드 가치를 높이는 경험적 지표로 활용된다.

공공 부문에서도, 빅 데이터가 과학적 정책 수립과 맞춤형 대국민 서비스의 효과적 수단이 된다는 폴리네이션을 손쉽게 확인할 수 있다. 2013년 한 해 동안, 미래창조과학부를 포함한 거의 모든 정부 부처가 계획하거나 추진한 다양한 빅 데이터 사업(위기청소년조기경보, 범죄확률사전예측, 일일물가분석, 의약품부작용조기경보, 돌발기상현상예측시스템, 상권정보시스템, 소상인창업정보제공, 개인맞춤형건강관리서비스, 미래일자리수급예측시스템 등)은 "빅 데이터가 대세"라는 관념의 확산에 적지 않은 기여를 하는 것으로 볼 수 있다. 또한 빅 데이터는, 기업과 정부 부문만이 아니라, 일반 개인들에게도 많은 혜택을 가져다줄 수 있는 기술로 브랜딩된다. [발췌 5]에 나타난 것과 유사하게, 개인 대상 빅 데이터 브랜딩은 "빅 데이터 분석, 우리 생활에 어떤 도움을 줄까요?"나 "빅 데이터 의학, 암을 정복할까" 등과 같이 빅 데이터의 편익을 개인의 일상적 삶과 직접적으로 연결시키는 방식으로 이루어진다. 공공 부문의 유전체 분석 서비스는 개인들의 암 발생 가능성과 예방 대책을 알려줄 수 있으며, 기업의 제품 추천 서비스가 합리적이고 경제적인 구매 행위를 도와준다는 것 등과 같은 담론은 빅 데이터에 대한 개인들의 정동을 끌어모으고 그것에 대한 사회적 수용성을 높이는 효과적 장치가 된다.

나아가, 빅 데이터 폴리네이션은 빅 데이터 산업 선발국을 추격하기 위한 국가적 노력이 시급하다는 이른바 담론과 산업 발전을 가로막는 규제들을 과감하게 제거해야 한다는 논리를 적극적으로 동원하고 활용한다. 아래의 [발췌 5]와

[발췌 6]을 보자.

[발췌 6] LG경제연구원은 … 한국 기업들은 데이터 보유량이 부족하고 언어 장벽의 한계가 있어 빅데이터 기술 시대의 갈라파고스가 될 수 있다고 밝혔다… 보고서는 "빅 데이터 시대에 도태되지 않으려면 정부 투자와 관련 규제 개선이 필요하며 준비된 인재를 키우는 한국형 마스터플랜을 마련해야 한다"고 강조했다("한국, 빅데이터 시대의 갈라파고스 될 수도", ≪동아일보≫, 2012년 3월 14일 자).

[발췌 7] 방통위는 18일 빅데이터의 본격적인 산업 활용에 앞서 개인정보 침해사고 등 부작용을 막기 위해 가이드라인을 공개했다… 가이드라인은 개인이 제한 없이 일반 공중에게 공개한 부호나 문자, 음성 등 개인식별이 가능한 정보를 '공개된 정보'로 규정했다. … 개인이 블로그나 사회관계망서비스 등을 통해 공개한 성별, 연령 등 정보는 동의 없이 수집·활용할 수 있게 되는 셈이다("빅데이터 개인정보 보호안, 인권침해 유발", ≪경향신문≫, 2013년 12월 31일 자).

[발췌 6]에 나타난 것과 같이, 주로 LG경제연구원이나 삼성경제연구소 등의 기업 연구소들이 빅 데이터 산업은 글로벌 경제의 대세가 되었다는 점과 정부와 기업이 이러한 시대적 흐름에 빨리 적응하고 적극적으로 대처하지 못하면 심각한 위기를 맞을 수 있다는 미래 전망을 생산하고 유포한다. 그리하여 한편으로는, 수학과 통계 지식을 토대로 프로그램을 작성할 수 있는 정보통신학 능력과 데이터를 해석할 수 있는 인문사회과학 역량을 갖춘 '데이터 과학자(data scientist)'와 '데이터 큐레이터(data curator)' 양성을 중요한 사회경제적 과제로 부각시킨다. 다른 한편으로는, 공공 기관과 대기업의 데이터 보유량을 획기적으로 증대시킬 수 있도록 하기 위한 개인정보 보호 관련 규제 철폐가 시급한 과제로 뒤따라온다. 이러한 빅 데이터 폴리네이션에서, 개인정보 보호 요구는 빅 데이터라는 디지털 자원의 무궁무진한 활용을 가로막는 장애물로 취급되곤 한다. 실제로, [발췌 7]에 나타난 것과 같이, 최근 방송통신위원회는 빅 데이터 산

업 발전을 위한다는 명분으로 인터넷에 공개된 거의 모든 개인정보를 '공개된 정보'로 간주하여 정부와 기업이 자유롭게 수집하고 활용할 수 있도록 하는 '빅데이터개인정보보호안'을 만들었다. 페이스북이나 트위터와 같은 소셜 미디어에 게시된 모든 글을 기업주가 자유롭게 소유하고 활용할 수 있는 '공개된 정보'로 규정한 것이다. 그리고 "구더기(개인정보 보호) 무서워 장(빅 데이터)을 못 담글 수는 없다"와 같은 수사나 "칼(개인정보 유출)이 위험하다고 해서 부엌칼(빅데이터 활용)을 만들지 않을 수는 없다"와 같은 비유는 이러한 정책 변화를 정당화하는 수단으로 종종 활용되기도 한다. 그 결과, 빅 데이터의 대부분을 차지하는 '사용자-창출 데이터'에 대한 자본의 통제권과 소유권은 훨씬 더 강화되고, 자신이 산출한 데이터가 자신의 일상 활동을 상업적으로 관리하고 조종하기 위한 자본의 자료가 되어 자신에게 적용되고 시험되는 네트워크 속 인구들의 소외와 착취 상황은 더욱 심화된다. 아울러, '사용자-제작 콘텐츠'와 '사용자-창출 데이터'와 같이 사회적·공통적으로 생산된 부와 가치에 대한 자본의 사적 전유를 용이하게 하는 질서는 더욱 견고해진다.

4. 결론

정동 자본주의의 비물질재는 지속적으로 새로운 유형과 범위로 확대되었다. 일차적으로 비물질재는 컴퓨터 프로그램, 지식, 법률 지원, 돌봄 서비스 등과 같이 시장에서 상품으로 거래되는 재화와 서비스를 지칭한다. 그것은 점차 자동차, 의복, 운동화 등의 거의 모든 물질재와 그것을 생산하는 기업에 대한 소비-자들의 선호나 애착, 즉 심성적 잉여 혹은 브랜드도 포괄하는 것이 되었다. 그리고 지난 수십 년간 컴퓨터 네트워킹의 확산에 따라, 비물질재는 구글, 페이스북, 트위터, 유튜브 등 수많은 인터넷 기업들의 막대한 수익 원천이 되고 있는 사용자-제작 콘텐츠(글, 음악, 사진, 동영상 등)를 포함하는 것으로 확대되었다. 가장 최근에는, 인터넷, 휴대전화, 스마트폰, 휴대 컴퓨터, 센서 등 우리의 일상생활 전반을 매개하는 새로운 사물 인터넷을 통해 양산되는 방대한 사용자-창출 데이터, 즉 빅 데이터가 시장 잠재력이 매우 큰 비물질재로 부상하고 있다.

과연, 2000년대 초·중반의 '참여'와 '공유'와 '협력'의 웹 2.0 담론이 그랬던 것처럼, 최근의 '과학'과 '맞춤'과 '혜택'의 빅 데이터 담론은 정부와 기업과 개인 모두의 복리를 약속하는 새로운 징표처럼 사회적으로 널리 수용되고 있다. 이러한 빅 데이터 폴리네이션은 과장 어법에 힘입은 것일 수도 있고 혹은 새로운 시대적 통찰력에 바탕을 둔 것으로 보일 수도 있겠지만, 그것은 어쨌든 정동 자본주의의 자본 축적을 뒷받침하는 중요한 기제로 작용한다. 그래서 빅 데이터는 갑자기 우리의 눈과 귀를 사로잡기 시작한 신묘한 기술로서가 아니라 지난 수십 년간 진행되어온 정동 자본주의로의 사회경제적 이행이라는 좀 더 심층의 맥락에서 이해되어야 한다.

정동 자본주의가 네트워크 속 인구들의 창의성과 집단지성을 사적으로 전유하는 경제 체제라는 점에서, 그것의 '부불 노동'에 대한 착취 문제는 시장 경제 비판자들뿐만 아니라 옹호자들에게도 일정한 교정이 필요한 이슈로 간주된다. 시장주의적 해결책은 개인 데이터의 완전한 상품화를 주장한다. 디지털 시대의 개인 데이터는 프라이버시와 인권의 핵심 요소이지만 동시에 상품이기도 하다. 그런데 인권은 개인의 권리로 인정되지만, 상품은 결코 개인의 상품으로 인정되지 않으며 항상 기업의 상품이다. 개인 데이터에 대한 통제권과 소유권은 그것을 생산한 개인이 아니라 수집한 기업이 보유하고 있으며 기업은 그것으로부터 커다란 수익을 얻는다. 자신에 관한 데이터를 기업이 수집하고 활용할 수 있도록 하는 대가로 개인들이 얻는 서비스 무료 이용이나 쿠폰과 상품 추천 등의 혜택은 개인 데이터 활용을 통해 기업이 얻는 수익에 비하면 사실상 아무것도 아니다. 예컨대, 2012년 페이스북은 8억 4000여 만 명의 회원 데이터 사업을 통해 6억 7000만 달러의 수익을 거뒀으며, 그것의 금융 시장 가치는 1000억 달러에 달한다. 반면, 페이스북 사이트의 거의 모든 콘텐츠를 생산하고 개인 데이터를 남긴 이용자들은 그것으로부터 단 한 푼도 받지 못했다. 그래서 이러한 모순의 한 가지 해결책으로서, 개인 데이터 사용에 대한 물질적 보상을 해당 데이터 주체에게 지급하는 방안이 제시되는 것이다. 개인 데이터가 이미 상품이 되어 버린 마당에 그것을 아예 화폐화하고 개인의 사유 재산으로 확립하자는 것이다. 그리고 흔히 유명인에게 부여되는 '퍼블리시티권(right of publicity)'을 소셜 미디어에 확대하여 모든 개인 데이터의 상업적 이용에 대한 통제권을 개인이 가질 수 있도록 하는 것이 구체적인 실행 방안으로 고려된다.

그러나 사람들 사이의 거래에서 생성되는 데이터는 쌍방의 당사자가 공동으로 생산한 것이기 때문에 어느 한 편의 일방적 소유물로 보기 어려운 측면이 있다. 웹 사이트 방문으로 인해 생긴 이용 데이터는 방문자와 웹 사이트 소유자에 의해 공동으로 생성된 것이며, 따라서 공동으로 소유되어야 한다는 주장은 상당한 설득력을 갖는다. 내가 어떤 사이트에 방문했는지에 대한 기록과 데이터는 나의 것이듯이, 자신의 웹 사이트에 어떤 사람이 방문했는지에 대한 기록과 데이터는 그 사이트 소유자의 것으로 인정될 수 있다. 따라서 개인이 자신의 데이터를 스스로 통제하고 판매할 수 있도록 하는 '화폐화' 방안은 논리적으로나 현실적으로 실현 가능한 대안이 되기 어렵다.

그럼에도 불구하고, 빅 데이터를 사적이고도 독점적인 이익을 위해 활용되어야 하는 시장 자원으로만 볼 수는 없으며, 정동 자본주의의 집단지성 착취 문제를 해결하기 위해 '기본소득(basic income)' 제도의 도입을 적극적으로 고려할 필요가 있다. 데이터, 정보, 지식, 문화 등 정동 자본주의의 대부분의 비물질재는 공장 담벼락을 넘어 네트워크 속에서 이루어지는 사회적·공통적 생산의 결과물이다. 따라서 지식, 기술과 같은 인류 공동의 문화유산 상속인인 모든 개인들에 대한 배당 혹은 기본소득 보장의 당위성은 빅 데이터를 포함한 정동 자본주의의 모든 비물질재 생산 노동에 대해서도 동일하게 적용될 수 있을 것이다. 정동 자본주의와 기본소득의 결합은 정동 자본주의의 사회적·공통적 생산 논리에 상응하는 보상과 분배 방안의 도입이라는 점에서 정동 자본주의 '착취' 문제해결의 구체적 대안이 될 수 있으며, 자연 자원과 공공재뿐만 아니라 지식과 정보와 관계 등의 인지적·정동적 비물질재까지도 기본소득의 근거가 될 수 있다는 점에서 기본소득론의 확대와 강화에 일정한 기여를 할 수 있을 것이다.

제7장

사물 인터넷, 개인 데이터 소유권, 그리고 화폐 보상

1. 머리말

오늘날 인터넷은 본래의 가상 영역을 넘어서 물리적 대상과 사물들의 네트워크까지도 포괄하는 사물 인터넷의 시대로 이행하고 있다. 기존 인터넷과 함께 새로이 네트워크로 연결된 무수한 사물들의 솔기 없는(seamless) 구조라 할 수 있는 사물 인터넷 환경에서 점점 더 많은 일상의 사물들이 본격적인 인터넷 노드가 되고 있다. 오늘날 우리 생활의 대부분은 인터넷뿐만 아니라, 전자 태그(RFID Tag), 센서, 블루투스(BlueTooth), 와이파이(Wi-Fi), 4세대 이동통신(4G-LTE), 작동기 등과 같은 정보통신 기술이 구현된 스마트 기기들과 사물들이 편재된 환경 속에서 이루어지고 있다. 이러한 네트워크에서 창출되는 엄청난 양의 데이터를 추적하고, 저장하고, 분석하고, 표현하고, 상용화하는 컴퓨팅 표준을 개발하고 적용함으로써, 모든 일상적 사물과 배태된 지능을 서로 연결하고 우리의 생활 환경 속으로 통합시키는 기술이 바로 사물 인터넷이다. 그것은 사용자들과 기기들의 상태를 스스로 파악하고, 그와 연관된 상황 정보를 처리하고 전달하며, 상황에 적합한 행동을 자율적으로 조직할 수 있는 매우 새로운 네트워크 컴퓨팅 시스템이다.

사물 인터넷은 종종 스마트 기기들이 상호 연결된 글로벌 네트워크로 지칭되기도 하고, 그러한 네트워크를 구축하는 데 필요한 전자 태그, 센서, 작동기, 기기 간 통신 장치 등과 같은 기술들의 총체를 가리키는 말로 이해되기도 하며, 혹은 그것을 활용한 모든 사업과 서비스를 지칭하는 용어로 사용되기도 한다. 어떤 의미가 부각되든 간에, 사물 인터넷이 사용자들의 행동에 커다란 영향력을 행사하고, 일상생활의 많은 영역에서 중요한 변화를 초래할 것이라는 전망에는 별반 이견이 없다. 가정생활 보조, 전자 의료, 학습 능력 향상, 작업장의 관리와 운용, 제조 자동화, 사업 과정 관리, 인공 지능적 물류 등 다양한 분야에서 그것이 기존의 관행을 혁신하게 될 잠재성은 매우 높이 평가되고 있다(Atzori, Iera, and Morabito, 2010; Miorandi et al., 2012).

그간 사물 인터넷에 관한 학술적 논의는 크게 두 가지 문제에 집중했다. 첫 번째는 사물 인터넷 구축에 필요한 기술적 과제에 관한 것이다. 과학기술 분야의 주요 관심사라고 할 수 있는 이 문제는 주로 사물 인터넷의 어떤 기술이 완성되었고, 어떤 기술이 여전히 해결되어야 하는지, 무엇이 기술적으로 유망한 것이며 무엇이 취약한 부분인지를 규명하는 것과 관련되어 있다(Gubbi, Buyya, Maruisic, and Palaniswami, 2013). 두 번째는 사물 인터넷의 사회적 영향 혹은 그것이 일상생활에 미치게 될 효과에 관한 것이다. 사회과학의 주요 관심사라고 할 수 있는 이 주제는 사물 인터넷이 우리의 일상생활에 어떠한 변화를 초래할 것인지 예측하고, 그것의 가치를 극대화하면서 동시에 그것의 잠재적 위험성을 통제할 수 있는 방안을 마련하는 것과 관련되어 있다. 대개의 경우, 그것은 사물 인터넷이 가정생활에서부터 기업의 상품 제조 과정 그리고 도시 계획에 이르기까지 다양한 부문에서 가져다줄 사회적 편익이라는 맥락에서 제시되는 반면, 그것의 부정적 효과는 주로 프라이버시 침해 문제의 측면에서 다루어져 왔다(Sarma and Girao, 2009; Weber, 2010).

그리하여 사물 인터넷의 사회경제적 효과와 관련한 또 다른 중요한 문제라 할 수 있는 데이터 소유권 문제와 데이터 사용을 통해 창출되는 수익의 배분 문제를 비판적으로 살펴보는 논의는 상대적으로 등한시되었다. 사물 인터넷의 사용은 궁극적으로 그것이 파생시키는 복잡하고도 방대한 개인 데이터의 활용에 관한 것이라고 해도 과언이 아닐 것이다. 사물 인터넷이 창출하는 커다란 경제적 부가가치의 원료는 대부분 사물 인터넷 사용자들이 제공한 것이라고 볼 수 있다. 그렇다면, 사물 인터넷 일반 사용자들이 그에 대한 일정한 보상을 받을 수 있어야 하는 것이 아닌가? 사물 인터넷 데이터를 생산한 일반 이용자들이 자신의 노동에 대한 직접적인 물질적·화폐적 보상을 받는 것이 사회적 공정성에 부합하지 않을까? 이러한 문제의식에서 보면, 사물 인터넷 사용이 수반하게 되는 프라이버시 침해 문제에 관한 대부분의 논의는 기본적으로 개인 데이터 사용에 대한 물질적·화폐적 보상에 관한 논의의 알리바이와 같은 작용을 해온 것으로 평가될 수도 있다. 프라이버시 문제가 개인 데이터의 화폐적 보상 문제를 은폐하거나 억제하는 결과를 낳았다고 볼 수 있는 것이다.

따라서 이 장은 사물 인터넷의 데이터 사업이 창출하는 경제적 부와 가치의 사회적 배분에 초점을 맞추어, 사물 인터넷 사용자들의 개인 데이터 소유권을 토대로 그들에 대한 정당한 물질적·화폐적 보상 방안을 탐색하는 다양한 시도와 노력을 살펴보고자 한다. 구체적으로, 제2절에서는 사물 인터넷의 개념 정의와 사회적 영향, 그리고 그것을 통한 데이터 화폐화 등의 문제를 다룬다. 제3절에서는 데이터 소유권을 둘러싼 이론적 쟁점들을 살펴본다. 제4절에서는 데이터 화폐화의 몇 가지 경험 사례들을 검토한다.

2. 사물 인터넷과 빅 데이터

1) 사물 인터넷의 사회적 효과

사물 인터넷의 세 가지 핵심적 개념 요소는 네트워크로 연결된 스마트 기기들과 그 사용자들에 대한 식별(identification), 사물들 사이의 통신(communication), 그리고 상호작용(interaction)이다. 모든 스마트 기기는 분명한 물리적 실체를 갖고, 고유한 이름과 주소로 식별 가능하며, 스스로 메시지를 주고받는 통신 능력을 갖고 있으며, 물리 현상을 감지하고 그것에 작용을 가할 수 있는 수단을 갖추고 있다. 사물 인터넷에 대한 가장 일반적 정의는 그것의 구성 대상에 초점을 맞추는 '사물 지향적' 관점에서 제공되는데(Atzori, Iera, and Morabito, 2010), 이 경우 사물의 위치와 상태 인식에 결정적으로 중요한 전자 태그와 물리 세계와 디지털 세계의 연결에 불가결한 무선 센서와 작동기가 주요 관심 요소가 된다. 전자 태그와 고유/보편/편재 식별기(Unique/Universal/Ubiquitous IDentifier: UID)는 사물의 고유 식별자를 내장하며 그것을 실시간으로 모니터링할 수 있게 해준다. 그리하여 실제 세계를 가상 세계로 사상(mapping)하는 것이 가능하다. 인근 통신(Near Field Communications)과 무선 센서 및 작동기 네트워크(Wireless Sensor and Actuator Networks)는 사물의 위치, 온도, 운동 등과 같은 사물의 상태와 사물을 둘러싼 환경을 감지함으로써 물리 세계와 디지털 세계의 솔기 없는 연결성을 높여줄 수 있다. 센서는 "통상적인 무선 통신, 기억, 정교화 능력뿐만 아니라 자율적이고 주도적인 작동, 맥락 파악, 협력적 통신과 합성"(Atzori, Iera, and Morabito, 2010: 3) 능력을 가지고 있다. 그리하여 사물 인터넷은 "사회와 환경과 사용자 맥락에서 서로 연결하고 통신할 수 있도록 지능적인 인터페이스를 사용하여 스마트 공간에서 작동하는 정체와 가상의 고유성을 갖는 사물들"(Atzori, Iera, and Morabito, 2010: 3)의 네트워크를 포괄하는 관념이 된다.

다른 한편으로, 사물 인터넷은 네트워크에 초점을 맞추는 '인터넷 지향적' 관점에서도 논의되는데, 여기에서는 스마트 기기들을 연결하는 네트워크 기술로서의 인터넷 프로토콜(Internet Protocol: IP)의 역할이 강조된다. 인터넷 프로토콜이야말로 사물 인터넷이 현실화될 수 있게 해준다는 것인데, 모든 대상들을 인터넷 프로토콜을 경유하도록 만들면 현재의 기기들의 인터넷에서 사물들의 인터넷으로 진화할 수 있다고 믿는 것이다. 그래서 사물 인터넷은 "현재의 인터넷 프로토콜을 어떤 대상에서도 적응될 수 있도록 하고, 그러한 대상들이 어떤 장소로부터도 주소를 확인하고 접근할 수 있도록 하는 일정한 단순화"(Atzori,

Iera, and Morabito, 2010: 4)를 통해 구축될 수 있는 것으로 이해된다.

어떤 접근법을 따르든, 사물 인터넷은 주변 환경에서 포착한 데이터와 정보를 교환함으로써, 사물들 간 혹은 사물과 환경 간 통신과 상호작용을 가능하게 하고, 인간의 직접적 개입 혹은 개입의 부재 속에서도 물리 환경에 자율적으로 반응하고 동작을 수행하며 서비스를 창출하는 잠재성을 가진 것이라는 점은 공통적으로 강조된다. 그리하여 사물 인터넷이 제공하는 서비스는 이전의 인터넷 서비스와는 질적으로 상이한 새로운 서비스를 제공해줄 것으로 간주되는바, 그 핵심은 "웹 시대에 전형적인 '항상적으로 서비스를 제공하는(always on services)'이라는 현재의 관념에서, 특정한 요구에 반응하고 사용자의 맥락을 고려할 줄 아는 실시간으로 구축되고 구성되는 '항상적으로 반응하는 상황 속 서비스(always-responsive situated services)로의 이행"(Miorandi et al., 2012: 1499)으로 규정할 수 있다.

사물 인터넷이 미래 사회의 새로운 하부 구조 혹은 기반 시설의 핵심 요소가 될 것이라는 점은 자명하다. 실제로 그것의 사회적 영향은 재화와 서비스의 생산, 소비, 유통 등 사회생활의 거의 모든 영역 전반에 걸친 획기적 변화에 대한 다양한 전망 속에서 이미 심각하게 논의되고 있다. 그것은 가정 및 작업장 지원, 재고 및 상품 관리, 교통, 도시 행정, 치안과 공공 안전, 환경 모니터링, 의료, 교육, 부동산 등 사회의 폭넓은 분야에서 매우 새롭고도 유용한 서비스를 제공해줄 것으로 평가된다. 우선, 스마트 홈과 빌딩의 센서 장치는 전기, 가스, 물 등과 같은 자원의 소비를 모니터링하고 사용자의 요구를 적극적으로 파악하여 자원 절약과 거주자들의 만족도를 높여줄 기술로 이해된다. 또한, 스마트 재고 및 상품 관리에서, 전자 태그는 상품 공급망 속의 상품 위치와 흐름을 추적하고 확인하고 관리할 수 있는 능력을 증대시켜줄 것이다. 전자 태그의 실시간 정보 처리 기술은 상품의 디자인, 원료 구입, 생산, 수송, 저장, 배포, 반환, 사후 서비스 등 모든 상품 공급망을 실시간으로 관리할 수 있도록 해준다.

그리고 자동차, 기차, 버스, 자전거, 항공기, 선박 등의 교통수단에 장착된 센서와 작동기와 처리 기기는 운반물의 상태를 실시간으로 점검하고, 적절한 운행 정보를 제공하며, 운전 위험 요소를 식별하고, 더 안전하고 더 나은 운전 경로를 제시할 수 있다. 아울러, 사물 인터넷은 대도시와 고속도로의 교통을 모니터링하여 혼잡을 피할 수 있는 교통 흐름 서비스를 제공할 수 있으며, 이처럼 발전한 통신 기반을 교통 등과 같은 다양한 도시 서비스와 결합시킴으로써 사이버 세계와 물리 세계가 통합된 스마트 시티를 구축하는 데 커다란 도움이 될 수도 있다. 나아가, 사물 인터넷은 전자 감시 카메라에 비해 프라이버시 침해가 적은 치안과 감시 능력을 높여주며, 기온, 바람, 강우, 수위 등과 같은 자연 현상을 실시간으로 점검하는 센싱 능력으로 환경 감시와 재난 대응 능력을 높여줄 수 있다. 또한, 환자들의 체온, 혈압, 호흡 등과 같은 요소들을 감식하는 의료 센서를 통해 의료 센터는 원격 추적과 대응을 신속하게 조직할 수 있다. 심지어 사물 인터넷은 사회관계망 사이트 이용자들의 사회적 관계의 형성과 유지에도 일정한 긍정적 기여를 할 수 있는 것으로 간주되는데, 전자 태그는 사용자의 실시간 동향을 사이트에 게시할 수 있도록 해주고, 개인의 활동 이력과 관심에 대한 상세한 정보를 제공해 줄 것으로 평가된다.

이처럼, 사물 인터넷이 사회에 미치게 될 효과는 상당히 폭넓은 것이라 할 수 있다. 물론, 그것이 현실화되기 위해서는 해결되어야 할 기술적 문제들이 아직까지 많으며, 그것이 초래할 사회적 효과의 부정적 측면에 대한 비판적 전망이 갖는 설득력도 상당하다. 사물 인터넷을 구성하는 기기들이 갖는 정보 처리와 통신 방식의 이질성을 해소하는 표준화 문제, 스마트 사물들의 이름과 주소 및 이들 사이의 네트워킹과 각 사물들이 제공하는 정보와 지식 및 서비스 제공과 관리와 연관된 확장성 문제, 그리고 사물 인터넷 시스템을 위한 최적화된 에너지 제공 문제 등은 사물 인터넷 프로젝트가 직면한 주요한 기술적 문제들이다. 다른 한편으로, 사물 인터넷을 외부에서의 공격으로부터 보호할 수 있는 보안 문제, 훨씬 더 강화되고 일상화된 개인정보와 데이터 수집이 초래하게 될 프라이버시 침해 가능성 문제, 그리고 사물 인터넷에서 생산되는 개인 데이터 이용과 관련된 데이터 소유권 문제 등은 사물 인터넷 프로젝트가 직면한 주요한 사회적 문제들이라 할 수 있다.

2) 빅 데이터 화폐화

최근 점점 더 많은 기업들이 데이터가 기존의 영업 활동을 획기적으로 전환시킬 수 있는 매우 중요한 자산이라는 사실에 주목한다(Ctrl-Shift, 2014; Hewlett-Packard Development, 2013; World Economic Forum, 2011). 사물 인터넷을 통해 기업의 의사결정 능력을 향상시키고 더 많은 수익 창출 방안을 찾고 있다. 기업의 자산 관리 측면에서, 거의 실시간으로 자산 정보를 알려주는 사물 인터넷은 자산의 심각한 고장이나 작동 불능을 미연에 방지할 수 있는 적극적인 관리를 가능하게 해준다. 또한, 사물 인터넷이 제공하는 데이터는 소비자들이 기업의 제품을 어떻게 이용하는지에 관한 매우 상세한 사실들을 담고 있기 때문에, 기업의 신제품 개발이 이전과 같은 장기간의 연구 개발과 소비자의 주관적인 자가 진단에 의존하는 정도를 크게 낮출 수 있게 되었다. 그리고 사물 인터넷의 데이터는 사고 발생 경보를 보내는 데 활용될 수 있으며, 현장 관리 인력이 단순한 정기 점검만이 아니라 기기 오작동에 대한 즉각적이고 정확한 수리 작업을 수행할 수 있도록 해준다. 아울러, 각각의 문제들이 지닌 공통의 패턴을 추출함으로써 미래의 사고 발생을 예측하고 그 피해를 최소화할 수 있다. 나아가, 스마트 사물들 간의 통신은 사람의 직접적인 개입 필요성을 경감시켜, 작업의 진행 속도를 높이고 업무 경비를 절감시켜줄 수 있다. 기업의 영업 활동 전 과정에 결합된 스마트 기기들과 센서들이 직접적으로 통신할 수 있는 능력은 기업의 판촉, 통신, 서비스 제공 계획, 청구서 관리, 계정 관리 등을 자동화할 수 있게 해준다. 또한, 사물 인터넷은 물류 개선에 커다란 긍정적 효과를 가지며, 조직 내 모든 구성원들은 가용한 실시간 정보를 통해 더 나은 고객 서비스를 위한 협력 능력을 높일 수 있다.

그런데 사물 인터넷은 단순히 스마트 기기를 판매하는 것 이상의 폭넓은 사업 잠재성을 갖는다. 소비자들이 누구이며 무엇을 원하는지 실시간으로 파악할 수 있도록 하는 사물 인터넷의 능력은 소비자에 대한 기업의 지원 시스템을 근본적으로 혁신하여 그것을 비용의 문제가 아니라 수익 창출의 문제로 전환시킬 수 있도록 해준다. 사물 인터넷은 더 큰 판촉 기회를 제공할 뿐만 아니라 더 높은 고객 로열티를 창출해줄 것으로 간주되기 때문이다. 사물 인터넷 사업화 모델은 대체로 네 가지 범주로 나뉘어 설명된다(Wired, 2015). 가장 기본적인 유형이라고 할 수 있는 첫 번째 범주는 '기기 프리미엄(hardware premium)'으로 불릴 수 있는 것으로서, 기존의 혹은 새로운 기기들을 원격으로 조작할 수 있도록 '연결성' 요소를 첨가하여 상품에 프리미엄 가격을 부과하는 모델이다. 예컨대, LIFX라는 회사는 스마트폰 등으로 원격 조종이 가능한 발광다이오드(LED) 전등을 만들어 일반 형광등의 10배 정도 가격으로 판매한다. 두 번째는 '결합 서비스(bundling services)'라고 불릴 수 있는 것으로서, 가입자들에게 스마트 기기 사용과 관련한 다양한 서비스를 제공함으로써 지속적인 수익 통로를 마련하고 장기적인 고객 관계를 구축하는 모델이다. 예컨대, 폭스바겐(Volkswagen) 자동차의 '자동차-네트워크(Car-Net)' 서비스는 가입 회원들에게 안전 운행, 차량 유지 및 관리, 교통 경로 등과 관련된 정보를 실시간으로 제공한다. 세 번째는 사물 인터넷을 통해 수집한 데이터를 맞춤형 상품 개발에 활용하거나 직접 판매함으로써 수익을 얻는 모델이다. 예를 들어, 미쉐린 솔루션(Michelin Solutions) 서비스는 고객들의 차량에 탑재된 센서를 통해 얻은 빅 데이터로부터 일정한 패턴을 추출하여 고객들에게 판매함으로써 수익을 얻는다. 마지막으로, 하드웨어 제조자, 소프트웨어 개발자, 서비스 제공자, 서비스 사용자 등이 사물 인터넷 플랫폼을 통해 일상적으로 결합할 수 있도록 하는 생태계 구축 모델도 사물 인터넷 사업화 범주에 속한다. 확실히, 사람들과 사물들이 현실 세계에서 어떻게 움직이고 있는지에 관한 풍부한 정보를 얻기 위해 엄청난 양의 소비자 데이터와 센서/기기 데이터를 정밀하게 수집하고, 분류하고, 재구성하는 작업은 많은 기업들에게 새로운 수익원 창출의 주요 과제가 되고 있다. 이러한 상황에서, 구글이나 페이스북과 같은 기존의 빅 데이터 강자들 이외에, 실시간 빅 데이터 분석 서비스를 제공하는 본격적인 빅 데이터 서비스 제공자(Big Data Service Providers)가 새롭게 등장할 가능성이 매우 높다. 센서 데이터, 기업 내부 데이터, 사회관계망 데이터, 클라우드 서비스 데이터, 제3자 데이터 등을 취합하여 기업들이 자신들의 자산 관리를 최적화하고 정교한 시장 전략을 수립할 수 있도록 하는 사업 분석 서비스를 제공하는 빅 데이터 서비스 제공 사업이 조만간 현실화될 것이다.

분명히, 사물 인터넷의 적용 범위는 매우 넓지만, 그것은 기본적으로 사회적 수요와 동학에 크게 의존한다. 사물 인터넷에 관한 현재의 논의는 대부분 그것이 지닌 사회경제적 가치를 극대화하면서도, 동시에 그것의 보안 및 프라이버시와 연관된 위협을 최소화하는 방안에 관심이 집중되어 있다. 그런데 이러한 문제 설정에서는 또 다른 중요한 사회적 쟁점이 흔히 간과된다. 그것은 바로 사물 인터넷이 제공하고 소비하는 막대한 양의 데이터에 대한 소유권은 누구에게 귀속되는가 하는 문제다. 이 쟁점은 사물 인터넷의 사회경제적 가치를 극대화해야 한다는 주장에서도, 혹은 프라이버시와 관련한 위협을 최소화해야 한다는 주장에서도 제대로 다루어지지 않는다. 많은 경우, 사물 인터넷의 사회경제적 가치 극대화는 민간 부문의 기업이나 공공 부문의 정부가 각각 소비자들과 시민들에게 그들의 상황과 욕구에 최적화된 맞춤형 서비스를 제공함으로써 일상생활의 만족도를 높이고 부가가치를 창출한다는 차원에서 논의된다. 그리고 프라이버시 침해 가능성의 최소화는 사회경제적 가치 극대화에 수반될 수 있는 거의 유일한 부정적 효과에 대한 대책으로 간주되면서, 데이터 소유권을 둘러싼 기업, 정부, 사용자 사이의 비대칭적 관계가 중요한 문제로 대두되는 것을 가로막는 측면이 있다.

이러한 문제의식에 근거하여, 아래에서는 사물 인터넷이 제공하고 사용하는 데이터의 소유권 문제에 초점을 맞추어 사물 인터넷의 사회적 영향을 살펴보고자 한다. 이를 통해, 사물 인터넷 일반 사용자들이 그것의 사회경제적 가치 극대화와 관련해서는 주로 사물 인터넷 서비스 수혜자로서의 대상적 위치에 국한되는 반면, 오로지 프라이버시 문제와 관련해서만 주체적 위치로 자리매김되는 사물 인터넷 논의의 한계를 넘어서고자 한다. 그리하여, 프라이버시의 문제에서만이 아니라 사회경제적 가치 극대화의 문제에서도 사물 인터넷 일반 사용자가 차지하는 주체적 위치의 중요성을 강조하고자 한다.

3. 개인 데이터의 소유권과 화폐화

1) 개인 데이터의 소유권

앞서 지적했듯이, 사물 인터넷의 거의 모든 것이 결국에는 개인 데이터와 정보의 수집과 저장과 분석과 활용에 관한 것이라고 해도 과언이 아니다. 그래서 개인 데이터는 흔히 '인터넷의 새로운 원유, 디지털 세계의 새로운 통화'로 불리기도 한다. 사물 인터넷과 함께, 우리는 이제 온라인뿐만 아니라 오프라인 활동에서도 엄청난 양의 데이터를 만들어낸다. 2020년까지 500억 개의 물리적 장치들이 인터넷에 연결될 것이라는 전망에서 알 수 있듯이, 사물 인터넷은 데이터의 홍수를 가져올 것이다. 사물은 환경을 감지하는 센서를 갖고 있고, 네트워크 속에서 연결되어 있으며, 필요한 일을 수행할 수 있는 작동기를 갖추고 있다. 그리하여 센서가 추적하고 측정하는 세상에 대한 데이터는 다시금 네트워크 속에서 서로 연결되고 그것을 분류하고 처리하는 과정 속에서 더 많고 새로운 데이터가 창출된다.

그러면 이러한 데이터는 과연 누구의 데이터인가? 그것을 생산한 사람은 누구이고 소유한 사람은 누구인가? 그것으로부터 이익을 얻는 사람은 누구인가? 대답은 자명한 듯 모호하다. 한편으로, 온라인 사이트를 이용하거나 휴대전화나 센서 등과 같은 기기를 소유하고 사용함으로써 자신에 관한 데이터와 기록과 파일을 생성하고 창출한 개인들이 그것에 대한 소유권을 가진다고 볼 수 있다. 다른 한편으로, 온라인 플랫폼을 제공하거나 소비자들과의 피드백이나 금융 기관과의 거래를 통해 개인 데이터를 수집한 기업들도 그것에 대한 소유권을 주장할 수 있다. 그래서 데이터 창출에 연관된 모든 주체가 데이터 소유권을 갖는다는 것은 자명한 이치처럼 보인다.

그런데 과연 개인들이 스스로 생산한 자신에 관한 데이터를 실질적으로 소유하고 통제하고 있다고 말하기에는 여전히 해소되지 않은 의문점들이 많다. 대개의 경우, 개인 데이터는 그것을 수집하고 저장하고 분류하고 분석한 기업의 소유물로 간주되고, 기업들이 개인 데이터의 사용을 통해 경제적 수익을 얻는 것은 당연한 일로 받아들여진다. 그리하여 개인들의 자기 데이터 소유권은 명목적인 것인 반면, 기업들의 개인 데이터 소유권은 실질적인 것이 되었다. 개인들이 자신에 관한 데이터가 어떻게 수집되고 활용되는지를 자세히 알기란 어려우며, 그것의 사용을 통해 구체적인 경제적 수익을 얻는 경우는 극히 드물다. 오히려 기업들이 그것을 더 잘 알고 그로부터 막대한 화폐적 수익을 얻는다. 최근 개인 데이터와 관련한 개인들과 기업들 사이의 비대칭성에 주목하면서, 기업들이 개인 데이터를 수집하고 소유하는 것에서 개인들이 자신의 데이터를 소유하고 관리할 뿐만 아니라, 그것으로부터 실질적인 경제적 이익을 얻을 수 있는 것으로 이행해야 한다는 주장이 제기되는 맥락도 바로 데이터 소유권과 관련한 이러한 모호성에 기인한다.

이 두 가지 입장을 좀 더 구체적으로 살펴보자. 우선, 데이터는 상호적으로 소유되는 것이기 때문에 누가 개인 데이터를 소유하는지 엄밀하게 규정하기는 어렵다고 볼 수 있다. 이러한 입장에 따르면, 개인 데이터를 포함한 모든 데이터는 거래 당사자들의 공동 생산물이다. 개인이 자신의 필요에 의해 다른 사람에게 자신에 관한 정보를 제공할 때, 그 데이터는 자동적으로 다른 사람에게 공개되고 공유된다. 그리하여 개인 데이터는 우리 자신뿐만 아니라, 정부, 경찰, 법원, 기업, 은행, 학교 등 우리가 일상생활에서 접촉하게 되는 다양한 주체와 기관들이 적법한 소유자가 될 수 있다(Al-Khouri, 2012). 예컨대, 특정인의 휴대전화 사용 기록은 해당 개인의 소유물이겠지만, 동시에 해당 통신사의 소유물이기도 한 것이 사실이다. 그리고 많은 경우, 통신사가 사용자에게 보낸 휴대전화 사용 명세서는 해당 개인 소유의 데이터라기보다는 그 회사 소유의 데이터라고 하는 편이 훨씬 더 사실에 가깝다고 볼 수 있다. 더욱 극단적인 입장에서는, 데이터 저장 공간 소유자는 모두 자신의 저장 공간에 보관된 데이터의 정당한 소유자로 간주되기도 한다. 소비자들의 휴대전화 사용 데이터를 수집하고 분석하여 자신의 저장 공간에 보관하고 있는 통신사가 소비자들의 개인 데이터에 대한 소유권을 갖는 것은 당연한 일이라는 것이다. 데이터는 개인이 자발적으로 제공한 것도 있고, 다수의 주체들이 특정한 목적으로 관찰하고 분석하고 추론한 것도 있고, 다양한 기기나 장치를 통해 생성되고 기록된 것도 있고, 다양한 서비스 제공을 통해 수집되고 저장된 것도 있다. 이 모든 과정에서 개인 데이터에 대한 다중적인 소유권이 발생할 수밖에 없다고 볼 수 있는 것이다.

물론, 개인정보자기결정권 관념에서 알 수 있듯이, 개인 데이터는 해당 개인이 동의한 범위 안에서만 다른 주체들의 소유권이 인정될 수 있다는 점에서, 다중적 개인 데이터 소유권은 본질적으로 제한적인 것이라 할 수 있다. 개인 데이터는 프라이버시라는 인권의 핵심 요소와 긴밀히 결부되어 있다는 점에서 여타의 데이터와 근본적으로 구분된다. 그래서 그 누구도 저장 공간이 자신의 것이고 분석 주체가 자기 자신이라고 해서 다른 사람에 관한 개인 데이터를 자기 마음대로 사용할 수는 없다. 모든 개인 데이터는 민감한 사적 정보를 담고 있기 때문에, 그것의 수집과 관리와 활용은 항상 해당 주체의 동의와 통제권 아래에서만 인정될 수 있다.

그런데 이러한 개인정보자기결정권 관념에도 불구하고, 실제로 개인들이 자신에 관한 데이터가 어떻게 수집되고 이용되고 있는지를 아는 경우는 별로 많지 않으며, 그에 따라 자신의 개인 데이터에 대한 명실상부한 통제권과 결정권을 행사할 가능성도 별로 높다고 볼 수 없는 것이 현재의 실정이다. 개인 데이터의 수집과 분석과 활용의 주요 행위자는 기업이나 정부다. 따라서 방대한 양의 개인 데이터가 가진 사회경제적 가치의 극대화 주체도 이들 행위자일 수밖에 없다. 개인들은 사실상 이들 행위자가 제공하는 서비스의 수혜 대상 이상도 이하도 아닌 위치에 머물러 있다고 볼 수 있다. 기업들은 서비스 이용 약관을 통해 자신들이 소비자들로부터 얻은 정보를 소유하고 그것을 자신들이 원하는 대로 사용할 수 있도록 하는 것에 모든 소비자들이 동의할 것을 요구한다. 소비자들 앞에는 그것을 수용할 것인가 아니면 서비스 사용을 포기할 것인가의 선택만이 남게 되며, 그들의 자기 데이터에 대한 통제권, 접근권, 소유권은 사실상 유명무실하다고 볼 수 있다.

이처럼 개인정보자기결정권의 실효성을 비관적으로 보는 일부 관점은 최근 개인 데이터의 실질적인 생산자들이 자신의 생산물에 대한 통제권과 결정권을 실질적으로 담보할 수 있는 유력한 한 가지 방안으로 개인 데이터 화폐화 모델을 주창한다. 기업이 개인 데이터를 수집하고 소유하는 것에서 개인들이 자신의 데이터를 소유하고 관리하고 화폐화하는 것으로 이행하는 것이 필요하다는 것이다. 개인들은 더 이상 자신의 매우 중요한 개인 데이터를 단순히 기업의 할인과 추천 혜택과 교환하는 것에 만족하지 않게 되었으며, 그것에 대한 소유권을 되찾고 그것을 통제할 방법을 찾고 있다는 것이다. 개인들이 자신들의 데이터와 동일한 가치를 갖는 재화와 서비스를 얻을 수 있도록 개인 데이터를 판매하고 교환하고 거래하는 모델이야말로 그것을 가능하게 해줄 것으로 간주된다.

데이터 화폐화는 생성된 데이터 소스나 실시간 데이터를 포착하고, 저장하고, 분석하고, 유포하고, 사용함으로써 수익을 얻는 것을 지칭한다. 다시 말해서, 그것은 데이터를 생산하고, 수집하고, 소비하는 모든 주체가 그것의 교환과 판매와 거래 과정에 결합하는 것을 가리킨다. 데이터 화폐화는 개인 행위자의 일상 활동, 기업의 영업 활동, 그리고 사물 인터넷을 구성하는 전자 기기와 센서에 의해 생성된 데이터를 활용한다. 기업이 자신의 영리 활동에서 축적하게 되는 데이터의 양은 해마다 거의 두 배로 증가하고 있다. 그리고 자신이 획득한 소비자 데이터의 시장 가치에 점점 더 주목하는 기업들은 그러한 데이터 자산을 거래하고 판매함으로써 더 많은 금융 수익을 얻으려 하고 있다. 이처럼 점점 더 많은 데이터가 창출되고 데이터 소유권이 더욱 중요해지는 상황에서, 기업들만이 아니라 개인들도 자신들의 데이터가 가진 경제적 가치의 중요성을 인식하여 자신들의 민감한 데이터를 기업들에게 무료로 제공하는 것을 꺼리기 시작했다. 그리하여 기업들이 데이터에 대한 소유권을 주장하는 모델에서 기업들이 소비자들에 대한 데이터 사용을 허락받는 모델로의 이행을 주장하는 다양한 흐름들이 생겨나고 있다. 개인들이 자신의 데이터를 통제하고 그것으로부터 수익을 얻을 권리를 보장해야 한다는 것이다. 사람들이 인터넷에서 표현하는 자신의 생각과 말과 행동과 심지어는 자신의 정체성 자체로부터 화폐적 보상을 받을 수 있도록 해야 한다는 것이다. 이러한 관념은 개인이 자신의 개인 데이터에 대한 상업적 이용의 통제 권리를 뜻하는 '퍼블리시티권'으로 표현되기도 한다(Havens, 2013). 퍼블리시티권은 현재의 인터넷 경제가 서비스 이용 약관을 매개로 기업이 거의 모든 협상력을 갖는 법적 제약에 주목하고, 개인 데이터 문제를 단순히 프라이버시권의 차원에서 접근하는 것이 아니라 화폐화의 차원에서 다루기 위해 고안된 관념이라 할 수 있다. 프라이버시는 양도 불가능한 인권의 핵심 요소임이 분명하지만, 개인 데이터가 점점 더 상품이 되고 있는 오늘날의 디지털 경제에서는 그것을 차라리 개인들의 주도적 관리와 화폐화의 대상인 사적 재산으로 삼는 것이 더 나을 수도 있다는 것이다.

2) 개인 데이터 화폐화 모델

(1) 플랫폼 기업의 독점적 소유권 모델

개인 데이터는 사용자-제작 콘텐츠와 더불어 오늘날 웹 2.0 플랫폼 경제의 핵심적 이윤 창출 수단이다. 웹 2.0 플랫폼은 웹 이용자들이 정보를 공유하고 생산을 위해 서로 협력하며 다양한 창작물을 교환하는 네트워크 플랫폼이다. 그것은 기본적으로 웹 사이트의 이용자들이 콘텐츠를 만들고 그것의 갱신 주기도 거의 실시간으로 단축되게 함으로써 이윤을 창출하는 기업의 경영 전략이라 할 수 있다. 위키의 기술에 힘입어 다양한 웹 활동이 직접적이고도 즉각적으로 웹 콘텐츠로 표현될 수 있게 됨에 따라, 기업들은 웹 플랫폼에서 사용자들이 생산하는 텍스트, 사진, 동영상 등을 활용하여 수익을 얻는다. 한편으로는 웹 콘텐츠의 생산과 평가를 거의 전적으로 이용자들에게 맡기고, 다른 한편으로는 그들의 관심과 정동을 광고주에게 판매하는 자본의 새로운 기술이 웹 2.0인 것이다. 개인이나 집단이 자발적으로 생산하여 온라인 플랫폼에 올린 콘텐츠로 규정할 수 있는 사용자-제작 콘텐츠는 일정한 독창성과 공개성과 비고용성을 갖는다. 또한, 플랫폼 이용자들은 이러한 콘텐츠의 공급자임과 동시에 데이터 제공자이기도 하다. 그들이 플랫폼 이용 과정에서 파생시키는 개인 데이터는 종종 그들이 생산한 콘텐츠보다 더 큰 상업적 가치를 갖는 것으로 간주되기도 한다.

구글이나 페이스북과 같은 플랫폼 기업이 사용자-제작 콘텐츠와 사용자 데이터의 활용을 통해 커다란 수익을 얻을 수 있는 출발점은 플랫폼 이용과 관련한 사용자들의 약관에 대한 동의에 있다. 예컨대, 사용자-제작 콘텐츠의 경우, 이용자가 유튜브에 자신이 손수 제작한 콘텐츠를 업로드하기 위해서는 그것이 유튜브의 다양한 사업 및 서비스 제공을 위해 로열티 지불 없이 사용될 수 있다는 약관에 동의해야 한다. 사용자-제작 콘텐츠에 대한 유튜브의 사실상의 통제권이 확보되는 것이다. 사용자 데이터와 관련해서는, 구글의 지메일은 이용자들에게 그들의 지메일 계정 내용은 구글 서버에 저장되고 유지되며, 설사 이용자들이 자신들의 이메일 내용이나 계정을 삭제하더라도 여전히 그것은 구글 시스템에 남아 있게 된다는 약관에 동의할 것을 요구한다.

구글 플랫폼에서 사용자들은 두 가지 종류의 개인 데이터를 구글에게 제공한다. 하나는 사용자 제공 데이터이고 다른 하나는 사용자 이용 데이터이다. 구글 계정을 만들 때 생성되는 사용자 제공 데이터는 사용자의 이름, 주소, 전화번호, 성별 등으로 구성된다. 사용자 이용 데이터는 사용자 컴퓨터의 하드웨어 모델, 운영 시스템 버전, 고유 식별자 등과 같은 기기에 관한 데이터, 검색어, 검색 일시, 방문 사이트, 휴대전화 수신 및 발신 번호와 사용 일시 등과 같은 로그 데이터, 위치 추적 서비스 관련 데이터 등과 같은 위치 데이터, 어플리케이션 서비스 설치 정보 등과 같은 어플리케이션 데이터, 그리고 국부 저장 데이터, 쿠키와 익명 식별자 등으로 구성되어 있다.

이 중 사용자 이용 데이터는 흔히 구글 플랫폼의 이윤 창출에 사용자 제공 데이터보다 더 중요한 것으로 간주된다. 그것을 통해 사용자들의 행동 패턴을 파악할 수 있으며, 이를 토대로 예측된 행동에 적합한 상품을 제공하여 더 많은 수익을 창출할 가능성을 높일 수 있기 때문이다. 사용자들의 취향, 관심, 선호, 습관, 염려, 기대 등을 파악할 수 있게 해주는 사용자 이용 데이터는 궁극적으로 구글의 맞춤형 광고 수익의 원천이 된다고 볼 수 있다. 2014년 3월의 구글 검색 이용자 수는 11억 7000만 명에 달한다(DMR, 2013). 그리고 2006년 구글 수익의 99%에 달하는 약 104억 달러가 광고 수익이었으며, 2014년도에 그것은 총 수익 660억 달러의 91%에 해당하는 600억 달러였다(Statista, 2014). 그리고 2007년 이후 구글의 전 세계 검색 시장 점유율은 80%를 상회하고 있다. 페이스북의 경우, 2015년 1/4분기 월간 이용자는 14억 4000만 명에 달하며, 2011년 페이스북 총 매출액의 85%를 광고 수익이 담당했다(The Verge, 2012). 그것의 사회관계망 시장 점유율은 2009년도의 30% 중반에서 2010년부터는 50%를 상회하고 있다(Kallas, 2012). 구글의 애드워즈, 애드센스, 페이스북의 측면 광고, 후원 게시물, 추천 게시물 등은 이용자들의 개인 데이터 이용을 통한 수익 창출의 주요 수단이라 할 수 있다. 이러한 수익은 모두 기본적으로 플랫폼 사용자들에 의해 창출된 것이다. 그러나 플랫폼에 대한 소유권을 토대로, 이들 플랫폼 기업들은 사용자들 스스로가 생산하고 배포한 동영상, 검색 결과, 친구 관계 등으로부터 나오는 수익을 독점하고 있다. 데이터 제공자이자 콘텐츠 공급자인 웹 2.0 플랫폼 이용자들은 일종의 매우 강력한 마이크로프로세서다. 그럼에도 불구하고, 구글은 영화, 음악, 출판 자본이 소유한 콘텐츠의 활용에 대해서는 라이선스 협약이나 광고 협약을 통해 수익의 일부를 나눠 갖지만, 일반 이용자가 생산하는 콘텐츠에서 생성되는 수익은 거의 대부분 독점한다. 사용자-제작 콘텐츠의 일반 생산자들은 사실상 수익을 전혀 나눠 갖지 못한다는 것이다.

한편, 구글, 페이스북, 애플, 트위터, 아마존 등의 세계 시장 지배력을 고려할 때, 디지털 시대의 가장 중요한 자원이라고 할 수 있는 데이터의 소유권과 통제권을 둘러싼 국가들 사이의 세력 관계는 새로운 주요 국제 정치적 문제로 부상할 수밖에 없을 것이다. 산업 자본주의 시대에 많은 국가들이 천연자원을 확보하기 위해 전쟁을 불사했듯이, 디지털 시대에도 데이터라는 새로운 자원을 둘러싼 세계 각국의 경쟁과 대결은 점점 더 격화되고 있다. 특히, 구글이나 페이스북과 같은 미국의 인터넷 거인들에 의한 '디지털 식민지화'의 위험성에 대한 경각심이 높아지고 있다. 예컨대, 구글은 구글과 유튜브라는 세계 최대 검색 엔진을 소유하고 있으며, 웹 브라우저 시장에서 구글의 크롬(Chrome)은 파이어폭스나 마이크로소프트의 익스플로러(Explorer)의 점유율을 이미 넘어섰다. 구글의 지메일은 세계 최대의 이메일 서비스를 제공하고 있으며, 안드로이드(Android) 소프트웨어는 전 세계 휴대전화의 지배적인 운영 시스템이 되었다. 웹 2.0 거대 기업의 이러한 독점적 지배력을 약화시키기 위한 다양한 노력이 진행되고 있는바, 최근 경제개발협력기구가 '기반 침식 이윤 이전'을 퇴치하기로 결의한 것은 대표 사례라 할 수 있다. 이 결의는 구글, 애플, 유튜브 등과 같은 초국적 인터넷 플랫폼 기업이 이른바 '더블 아이리시'와 '더치 샌드위치'라는 납세 기법을 활용하여 해외에서 벌어들인 수익에 대한 법인세 납부를 회피하는 관행을 바로잡기 위하여 채택되었다. 실제로, 미국에 본사를 둔 구글은 2012년도에 총 81억 달러의 해외 매출을 올렸지만 평균 2.6%에 불과한 법인세를 해외 각국에 납부했다(Reuters, 2013). 대부분의 국가들에서 법인세율이 평균 20% 이상이라는 점을 고려하면, 구글의 해외 법인세는 매우 미미한 것이라 할 수 있다.

(2) 사용자 데이터의 개인 소유권 모델

플래터(Flattr)는 2010년 스웨덴의 피터 선데(Peter Sunde)와 리누스 올선(Linus Olsson)이 창립한 소액기부(microdonation) 혹은 사회적 소액결제(social micropayment) 비영리 사이트다. 공동 창립자 선데는 비트토렌트라는 파일 공유 사이트인 파이럿베이(Pirate Bay)를 만들기도 했는데, 플래터는 콘텐츠 생산자들을 지원함으로써 인터넷을 더욱 자유롭고 개방적인 곳으로 만들려는 취지에서 생성된 것이라는 점에서, 정보 공유라는 가치와 이념을 실현하기 위한 또 다른 형태의 프로젝트라 할 수 있다. 실제로 그것의 기본 성격은 '우리가 인터넷에서 콘텐츠를 공유하는 것처럼 돈도 공유할 수 있도록 하자'는 구호로 표상된다. 콘텐츠 생산자들을 지원하는 것은 삶의 당연한 이치이자 세상을 더 나은 곳으로 만들 것이라는 믿음을 토대로, 플래터는 '좋아요'를 실질적인 '좋아요'로 만들어 생산자들에게 돈과 에너지를 제공하면, 더 좋고 더 많은 콘텐츠가 생산될 수 있고 자유롭고 개방적인 콘텐츠가 지속적으로 공유될 수 있을 것이라고 본다. 콘텐츠 생산자들에 대한 이러한 보상 방식은 콘텐츠를 단순히 구매하는 것에서는 느낄 수 없는 자부심과 연대감을 촉진시켜줄 것으로 이해된다. 또한 모든 인터넷 사용자는 동시에 콘텐츠 생산자이기도 하다는 점에서, 플래터는 누구든지 자신이 만든 콘텐츠로부터 화폐적 보상을 받을 수 있는 일반화된 호혜성의 관계를 확장하려는 시도로 평가될 수 있다.

플래터는 회원들에게 한 달에 최소 2유로에서 최대 100유로를 자발적으로 기부하게 하고, 자신들이 좋아하고 유익하다고 생각하는 웹 콘텐츠에 대하여 '플래터(flattr this)' 단추를 누를 수 있게 함으로써, 콘텐츠 제공자들에게 직접적으로 일정한 수익을 보전해준다. 그래서 블로그 게시물, 뉴스 기사, 사진, 영상, 음악, 팟캐스트, 만화 등과 같은 다양한 종류의 콘텐츠를 웹에 올린 모든 사람들에게는 자신의 노동 생산물에 대한 직접적인 화폐적 보상을 받을 수 있는 가능성과, 그러한 콘텐츠를 감상한 모든 사람들에게도 손쉽게 그것에 대한 일정한 보상을 할 수 있는 길이 열리게 되었다. 개별 콘텐츠에 대한 기부액은 회원이 매월 입금한 금액을 자신이 플래터 버튼을 누른 콘텐츠의 수로 나누어 매월 말에 산정된다. 그리고 개별 기부액의 10%는 플래터가 수수료로 가져가고 나머지 90%는 콘텐츠 생산자에게 돌아간다. 만일 회원이 한 달 동안 한 건의 플래터 버튼도 누르지 않았다면, 계정에 있는 돈은 전액 비영리 기관에 기부된다.

페이펄(PayPal), 머니부커스(Moneybookers), 비트코인(Bitcoin), 그리고 비자카드와 마스터카드(MasterCard)와 같은 신용카드 등이 플래터 계정 입금과 출금 수단으로 사용되며, 유튜브, 인스타그램(Instagram), 비메오(Vimeo), 사운드클라우드(SoundCloud), 플리커(Flickr) 등이 플래터 시스템이 구동되는 대표적인 유명 네트워크들이다. 플래터는 2010년 12월에 위키리크스(Wikileaks)에 기부하자는 트위터 메시지로 세계적으로 커다란 주목을 받았으며, 2011년 중반에는 거의 대부분 기부자로 구성된 7만 명의 이용자를 확보했다. 그리고 2012년에는 '패션 캐피털(passion capital)'로부터 210만 달러의 펀드를 제공받았다.

물론 플래터의 성공을 위해서는 많은 사람들의 참여가 필수적이다. 플래터는 2011년 말까지 100만 명의 회원을 구축하겠다고 밝혔지만, 15억 명의 인터넷 이용자 수에 비하면 그것도 매우 적은 수라 할 수 있다. 실제로 페이펄의 경우 2억 3000만 명의 등록 회원을 가진 것으로 알려져 있다. 원래 플래터 프로젝트는 개별 블로그나 웹 사이트를 염두에 두고 시작되었지만, 점점 더 많은 사람들이 페이스북이나 유튜브 등과 같은 소수 거대 플랫폼을 이용하게 됨에 따라, 자신의 통제권 아래에 있지 않은 플랫폼에 사용자들이 자의적으로 플래터 버튼을 이식할 수 없다는 사실은 그것의 확장성을 제한하는 결정적 요소라 할 수 있다. 이런 문제를 해결하기 위하여, 플래터는 2013년 3월에 콘텐츠 생산자나 서비스 제공자에게 자신의 사이트에 플래터 버튼을 이식하도록 하는 모델에서 사용자가 이미 사용하고 있는 수많은 소셜 네트워크를 활용하여 콘텐츠 생산자에게 화폐 보상을 하는 모델로 전환했다. 예컨대, 트위터의 '선호(favorite)' 버튼을 누르는 것만으로도 플래트 보상이 이루어질 수 있도록 하는 방식으로 바꾼 것이다. 하지만 트위터는 자사의 '선호' 버튼 데이터를 제3자가 사용하는 것은 서비스 이용 약관 위반이라며 플래터의 새로운 모델이 트위터에 적용되는 것을 금지했다. 이처럼 플래터는 웹 이용자가 어떤 사이트에서든 자신이 일상적으로 접하는 콘텐츠에 '선호', '좋아요', '별(star)' 버튼을 누름으로써 창작자들을 손쉽게 보상할 수 있는 시스템을 구축하려 하지만, 페이스북이나 트위터와 같이 수십억의 이용자를 거느린 일부 거대 플랫폼은 그러한 노력에 별로 동조하지 않는다.

다음으로, 피드(Pheed)는 2012년 11월 페이스북, 트위터, 유튜브 등을 대체할 사회관계망 사이트를 천명하며 등장했다. 한편으로, 그것은 이들 사회관계망 사이트의 이용자들보다 연령적으로 더 어린 사용자들을 주요 대상으로 삼고, 그들에게 커다란 영향력을 행사하는 10대 연예인을 포함한 유명 인사들을 적극적으로 끌어들이는 사업 전략을 채택했다. 다른 한편으로, 피드는 사용자가 자신이 만든 텍스트, 사진, 동영상, 음악, 방송 등의 콘텐츠에 대하여 건당 혹은 월간 1달러 99센트에서 34달러 99센트의 가격으로 다른 사람들이 감상할 수 있게 함으로써 직접적인 경제적 수익을 얻도록 하는 사업 전략을 채택했다. 사용자들이 자신들의 콘텐츠를 반드시 유료화해야 하는 것은 아니지만, 만일 유료화를 원한다면 양질의 콘텐츠를 생산해야 할 것이고, 이는 결과적으로 사회관계망 사이트에서 유통되는 콘텐츠의 질이 개선되고 널리 공유될 수 있도록 하는 데 커다란 기여를 할 것이라는 믿음이 이 사업 발상의 토대가 되었다.

페이스북을 포함한 대부분의 사회관계망 사이트와 관련하여 지속적으로 제기되었던 프라이버시 침해와 콘텐츠 소유권 문제에 대하여, 피드는 자신의 사이트에 게시된 모든 콘텐츠의 소유자는 바로 콘텐츠 생산자들이며, 피드는 그것들에 대한 어떠한 소유권이나 저작권을 주장하지 않는다는 방침을 도입했다. 자신이 만든 모든 콘텐츠에 대하여 사용자가 저작권이나 워터마크(watermark)를 걸 수 있도록 함으로써, 사용자의 저작권이 온전하게 보장될 수 있게 한 것은 여타의 사회관계망 사이트에서는 찾아보기 힘든 피드의 장점이라 할 수 있다. 피드는 모든 콘텐츠에 대하여 화폐 보상을 하고 지적 재산권을 보장하는 것이 콘텐츠를 생산하고 공유하려는 우리의 열망을 강화시킬 뿐만 아니라, 종국적으로도 인터넷이 양질의 고급 콘텐츠가 생산되고 제공되는 장이 되도록 하는 데 커다란 기여를 할 것이라고 본다.

피드는 2013년 현재 사회관계망 사이트 부문에서 가장 많이 다운로드되는 애플리케이션이 되었는데, 포브스(Forbes)는 그것을 '새로운 트위터'로, 허핑턴 포스트(Huffington Post)는 '신세대 소셜 미디어'로 명명했다. 또한 포춘은 피드를 '2013년에 최우선적으로 주목해야 하는 사회관계망'으로, 비즈니스 인사이더(Business Insider)는 '올해의 소셜 미디어 회사'로 지명한 바 있다. 사이트가 출범한 지 며칠 만에 200명이 넘는 연예인과 유명인을 포함한 35만 명의 사람들이 피드를 방문했으며, 4개월 만에 10대 이용자들 사이에서 페이스북과 트위터보다 더 많이 다운로드되는 애플리케이션이 되었다. 마침내 500만 명의 회원을 확보한 피드는 2014년에 모블리 미디어 그룹(Mobli Media Group)에 4000만 달러에 매각되었으며, 많은 사람들에게 콘텐츠 화폐화의 성공 모델로 간주되고 있다.

세 번째로, 테클러(Teckler)는 플랫폼 이용자들과 수익을 공유하는 지식 중심의 소셜 미디어 사이트다. 2013년 5월 브라질에서 이 사이트를 처음 만든 클라우디오 갠덜맨(Claudio Gandelman)은 대다수 웹 플랫폼 제공자들이 사용자들의 정보를 활용하여 막대한 맞춤형 광고 수익을 얻는 반면, 정작 대부분의 콘텐츠를 생산한 사용자들은 단 한 푼도 받지 못하는 웹 2.0 경제를 불공정한 것으로 보았다. 사용자들이 생산한 콘텐츠가 설사 그다지 대단한 것이 아닐지라도, 그것으로부터 얼마간의 화폐적 보상을 받을 수 있도록 하는 것이 필요하다고 본 그는 양질의 정보를 만든 사용자들에게 화폐적 보상을 하는 일종의 디지털 콘텐츠 시장을 구상했다. 말하자면, 웹 1.0 시대가 무료 서비스의 시대였고, 웹 2.0 시대가 사용자들이 생산한 콘텐츠를 통해 기업들이 많은 돈을 벌기 시작한 시대였다면, 이제는 콘텐츠를 창출한 사용자 자신들이 돈을 벌기 시작하는 웹 3.0의 시대를 열어야 한다는 것이다.

이용자들이 자신의 전문 영역에서 '텍스(tecks)'라고 불리는 학술 논문, 의견, 사진, 미술, 음악, 동영상 등의 흥미로운 콘텐츠를 플랫폼에 게시하고, 그로부터 광고 수익의 70%를 가져갈 수 있도록 하는 것이 테클러 사업의 핵심 내용이다. 그것은 학자, 기술 개발자, 문학인, 예술가, 사진가, 주말 카페 애호가, 오락·여행·건강·아름다움 등 어떤 종류의 주제에 대해서든 나름의 식견을 갖춘 사람들이 한데 모여 지식, 문화, 열정, 창의성을 교환하고 공유할 뿐만 아니라, 그 속에서 콘텐츠 생산자들이 효과적으로 자신의 존재를 화폐화할 수 있도록 하는 플랫폼 사업체인 것이다.

테클러의 본사는 브라질에 있지만 사이트 이용이 가장 많은 지역은 미국이며, 2013년 기준으로 전 세계 164개국에서 13개의 언어로 서비스 제공 사업이 진행되고 있다. 2013년 8월에 11만 5000개의 사용자-제작 콘텐츠가 게시되고, 60만 명의 방문자들이 360만 건의 페이지 조회 수를 기록한 것으로 알려져 있다(PR Newswire, 2013). 그리고 그것이 애초에 약속한 콘텐츠 생산자에 대한 화폐 보상은 2013년 12월 기준으로 약 2만 달러에 달하는 것으로 알려져 있다(TechCrunch, 2013).

네 번째로, 시티알리오(CTRLio)는 이용자들이 휴대전화 사용이나 전기 사용 등과 같은 자신의 일상생활과 관련된 정보를 활용하여 돈과 시간을 절약할 수 있도록 해주는 온라인 사업체다. 예컨대, 하루 약 20분의 통화와 약 50메가바이트의 데이터 사용과 20여 건의 문자 사용으로 한 달에 약 5만 원의 휴대전화 사용료를 내는 어떤 이용자가 자신의 이러한 정보를 시티알리오에 제공하면, 이 회사는 이용자의 휴대전화 약정 기간이 끝날 즈음에 현재보다 저렴한 가격의 서비스를 제공하는 통신사들을 알려준다. 이를 통해 이용자는 통신료를 절약할 수 있으며, 수수료는 통신사가 지불한다. 디지털 프로파일 관리 서비스라고 할 수 있는 이 사업은 이용자들이 자신들의 개인 데이터를 관리하고 그로부터 이익을 얻을 수 있도록 한다. 시티알리오는 어떤 데이터가 누구와 무슨 목적으로 공유될지에 대한 통제권을 고객에게 부여하는 것이 더욱 신뢰할 만한 상거래를 구축하는 데 도움이 된다고 믿는다.

시티알리오는 오늘날의 인터넷 경제가 일반 사용자들에게 유리한 방향으로 전개되고 있지 않다는 점을 강조한다. 온라인에서 사람들은 자기 자신에 관한 데이터가 담긴 디지털 족적을 남기는데, 대부분의 경우 거대 기업이 그것을 수확하고 소유한다. 최근 데이터 세상은 공개된 데이터, 소셜 미디어 데이터, 사물 인터넷 데이터 등 이른바 빅 데이터의 시대로 이행하고 있다. 그리고 빅 데이터의 대부분은 사람들에 관한 것(생각, 태도, 행동, 거래 등), 즉 개인 데이터에 관한 것이라고 할 수 있다. 그런데 기업들이 더 정확한 맞춤형 광고와 판촉을 위해 개인들의 일상 활동을 더욱 세밀하고 체계적으로 추적하는 만큼이나, 개인들이 자신들에 관한 데이터가 수집되고 활용되는 방식에 대하여 갖는 불안감과 불만도 점점 더 커지는 것이 사실이다. 시티알리오는 이러한 악순환을 두 가지 방식으로 해결할 수 있다고 믿는다. 하나는 개인들로 하여금 기업들에게 자신들이 누구이며 언제 무엇을 원하는지 스스로 알릴 수 있도록 자기정보 통제권을 되돌려주는 것이며, 다른 하나는 개인들이 자신들의 요구에 가장 효율적으로 부합하는 서비스와 제품을 얻을 수 있도록 경제적 이익을 되돌려주는 것이다. 기업의 입장에서도 소비자의 프로파일 중 기업의 서비스나 제품과 유관한 부분을 소비자로부터 직접 제공받는 것이, 판촉 비용의 대부분이 사실상 불필요한 홍보와 광고로 귀결되는 현재의 비효율성을 해결하는 방법이 될 수 있다.

다섯 번째로, 2012년 뉴욕에서 설립된 데이터쿱(datacoup)은 개인 데이터를 둘러싼 기업과 개인들 사이의 비대칭성에 주목하여, 개인들이 자신의 데이터에 대한 통제권을 갖고 그것이 지닌 화폐적 가치의 실질적인 수혜자가 될 수 있도록 하는 사업 모델을 실행하고 있다. 기업들은 소비자들의 일상적인 인터넷 검색, 온/오프라인 쇼핑, 사회관계망 사이트 이용으로부터 창출되는 데이터를 통해 막대한 경제적 이익을 얻고 있다. 또한 이러한 데이터를 수집하고 판매하는 일을 전문적으로 수행하는 데이터 중개 사업의 시장 규모는 미국에서만 연간 약 150억 달러에 달한다. 소비자들에게 특정한 재화나 서비스를 직접 제공하는 사업체와는 달리, 데이터 중개업은 소비자들과 그 어떤 직접적 관계도 맺지 않고 그 어떤 혜택도 돌려주지 않지만, 소비자 데이터로부터 수십억 달러를 벌어들이고 있다. 그래서 데이터쿱은 기업들이 소비자들의 개인 데이터를 수집하고 거래함으로써 많은 돈을 버는 마당에, 소비자들이 자신들의 데이터로부터 돈을 벌지 못할 이유가 없으며 또 돈을 벌어야 마땅하다고 주장한다. 좀 더 투명한 데이터 중개업자로 자처하는 데이터쿱은 이용자들이 스스로 동의한 정보를 제공받고 그 대가로 일정한 금액의 돈을 이용자들에게 지불한다면, 개인 데이터에 대한 이용자들의 통제권과 소유권이 실질적으로 담보될 수 있다고 본다.

이용자들이 자신에 관한 데이터를 거래하고 돈을 버는 개인 데이터 시장이라 할 수 있는 데이터쿱은 이용자들로부터 자신의 페이스북, 트위터, 구글, 그 밖의 소셜 미디어 계정과 신용/직불카드 사용 정보에 대한 접근권을 얻는 것을 대가로 그들에게 매달 최대 8달러를 지불한다. 이용자들에게 넘겨받은 데이터로부터 개인을 식별할 수 있는 요소를 삭제한 후, 데이터쿱은 그것에 대한 분석을 수행하여 특정한 인구 집단들의 일정한 행동 패턴을 추출한다. 그리고 그 결과물은 소비자들에게 맞춤화된 광고를 전달하려고 하는 광고주들에게 판매된다.

한 달에 최대 8달러는 이용자들에게 자신의 소셜 미디어 계정과 신용/직불카드 거래 기록 등과 같은 민감한 개인 데이터를 제공하게 할 만큼 그다지 큰 유인책이 아닐 수 있다. 그러나 데이터쿱은 우리가 이미 자신의 데이터를 사실상 매일 거래하고 있다는 점을 강조한다. 무료 서비스나 쿠폰이나 할인 혜택을 대가로, 우리는 구글 검색이나 마트 고객 카드 사용과 관련한 우리의 행동 흔적을 이들 기업이 자유롭게 추적하는 관행에 이미 많이 익숙해져 있다. 데이터쿱은 그 보상을 직접적인 화폐 형태로 바꾸고, 개인들을 데이터 시장에 더욱 직접적으로 끌어들이고자 하는 것이다. 한 달에 많아야 고작 8달러를 벌기 위해 사람들이 자신의 일상생활을 데이터쿱이 훤히 들여다보는 것에 동의하는 것이 터무니없는 일로 보일 수도 있지만, 데이터쿱은 지금 현재 우리가 페이스북에 대부분의 똑같은 정보를 무료로 주고 있다는 사실을 환기시킨다. 그리고 얼마를 받든 안 받는 것보다는 많이 받는다는 말이 그다지 틀린 것은 아닐지도 모른다.

4. 결론

최근 사물 인터넷은 네트워크화된 인공 지능 시스템으로 우리의 일상생활에 커다란 혁신을 불러올 기술로 평가받고 있다. 그것은 민간 기업의 영리 사업 기회 확장과 공공 부문의 공적 서비스 제공 가능성 확대는 물론, 일반 사용자들의 일상 활동에서도 매우 많은 새로운 편익을 가져다줄 것이라는 사회적 기대를 한 몸에 받고 있다. 그러나 사물 인터넷이 약속하는 미래가 긍정적으로 현실화되기 위해서는 아직 많은 과학기술적 문제가 해결되어야 하고, 그것의 혜택이 사회구성원 모두에게 동등하게 돌아갈 수 있도록 하는 사회과학적 적용 디자인의 문제도 정교하게 다루어져야 할 것이다. 특히, 후자의 문제는 주로 사물 인터넷 시스템의 보안과 프라이버시라는 두 가지 축에서 논의되고 있는바, 이 장은 그런 접근법에서 상대적으로 간과되어온 사물 인터넷에서 생성되고 활용되는 개인 데이터의 소유권 문제를 중요한 사회과학적 문제로 설정하고자 했다.

사물 인터넷이 창출하는 데이터의 양이 폭증하는 만큼, 사회 전반의 데이터 화폐화와 사업화 역량도 비약적으로 증대될 것이다. 디지털 네트워크 시대에 개인 데이터의 활용은 개인 데이터가 사실상 다중적 주체에 의해 소유되는 것이라는 관념과 개인정보자기결정권이라는 관념을 토대로 진행되어왔다. 개인 데이터는 더 이상 해당 개인에 의해 배타적으로 소유되는 것이 아니라 개인들과 상호작용하는 수많은 민간 부문과 공공 부문의 거래 당사자에 의해 적법하게 소유되는 것으로 간주된다. 단지 개인 데이터가 개인의 민감한 사생활 정보를 담고 있기 때문에, 그것의 개인 식별 가능성을 차단한 후에야 일반 데이터처럼 사용할 수 있다든가 개인 데이터의 수집과 활용에 대한 통제권은 궁극적으로 해당 개인이 갖는다는 식의 법적 제한이 해당 개인을 제외한 다중적 주체들의 개인 데이터 소유권에 부과된 것이라고 볼 수 있다.

그러나 개인들이 실제로 자신에 관한 데이터의 통제권과 결정권을 행사하고 있는가에 대해서는 커다란 사회적 의문과 회의가 존재한다. 다른 한편으로, 방대한 양의 개인 데이터로부터 창출되는 사회경제적 부와 가치를 소수의 기업이 거의 전적으로 전유하는 것이 과연 정당한가에 대한 비판적 문제의식도 커지고 있다. 그리고 이는 개인 데이터에서 생성되는 부와 가치의 적절한 사회적 배분을 위한 최근의 다양한 실험과 시도로 이어진다. 플래터는 네트워크 이용자들로 하여금 다른 이용자들이 생산한 콘텐츠에 대한 자발적이고도 직접적인 화폐적 보상을 할 수 있도록 하는 프로젝트다. 반대로, 피드는 네트워크 속 콘텐츠 생산자들이 다른 이용자들로부터 자신의 생산물에 대한 직접적인 화폐적 보상을 받을 수 있도록 하는 시도이다. 플래터와 피드가 네트워크 이용자들 사이의 직접적인 교환을 촉진하는 플랫폼을 제공한다면, 테클러는 자신이 거둔 광고 수익의 일부를 플랫폼 이용자들에게 돌려주는 사이트다. 본격적인 데이터 중개 사업이라 할 수 있는 시티알리오와 데이터쿱의 실험은 네트워크 이용자들로부터 직접적으로 자신들의 데이터를 제공받아 이를 유관 기업의 재화와 서비스와 연결함으로써 그들에게 경제적 이익을 제공하는 모델을 추구하고 있다. 이러한 시도들은 모두 개인 데이터의 소유권이 해당 개인들에게 귀속되어야 하며, 개인 데이터 활용을 통해 창출되는 경제적 부와 가치가 개인들에게 돌아가야 한다는 관념에 공통적으로 토대를 둔 것이라 할 수 있다. 그리고 이는 네트워크 이용자들이 생산한 부와 가치의 공정한 사회적 배분을 위한 일종의 시장주의적 접근법이라 할 수 있다.

이러한 접근법이 네트워크 속에서 데이터를 창출한 개인들이 그에 대한 소유권을 행사할 수 있어야 한다는 점을 강조하긴 하지만, 그렇다고 해서 개인 데이터에 대한 현재의 다중적 소유권 체제를 근본적으로 바꾸려 하는 것은 아니다. 현재의 소유권 체제 아래에서 개인 소유권을 강화하고 실질화할 필요성에 대한 사회적 요구가 일정하게 존재한다고 볼 수 있으며, 이를 개인 데이터 시장 속에서 데이터 사업화 방식으로 실천하려는 흐름으로 볼 수 있다는 점에서 이러한 접근법에 나름의 중요한 사회적 의의와 가치를 부여할 수 있다. 최소한 디지털 네트워크 속에서 막대한 양의 데이터와 콘텐츠를 생산함으로써 경제적 부가가치 창출에 지대한 기여를 하는 일반 이용자들에 대한 물질적·화폐적 보상의 필요성을 환기시킨다는 점에서, 사회적·공통적으로 생산된 부의 공정한 배분에 관한 우리의 관심을 제고시키는 의의가 있다고 말할 수 있다.

스페인의 알타미라 동굴 벽화는 인간의 가장 오랜 예술 작품으로 평가받는다. 구석기 시대 인간이 당대의 일상생활을 동굴 벽에 표현한 그 작품이 예술적으로 아무리 투박하고 정교하지 못한 것이라 할지라도, 인류의 위대한 문화유산들 중의 하나임에는 분명하다. 이런 관점에서 보면, 우리가 인터넷에서 남기는 모든 일상생활의 족적은, 그것이 아무리 범상하고 투박한 것이라 할지라도, 후대의 인간들에게는 더없이 소중한 문화적 유산이 될 수 있다. 그래서 우리는 인터넷에서 우리의 삶을 기록하고, 의견을 교환하고, 가치를 표현하고, 창작물을 생산하는 모든 활동이 갖는 의의와 가치를 더욱 적극적으로 평가할 필요가 있다. 그리고 사물 인터넷에서 창출되는 부가가치의 직접적 생산자라 할 수 있는 수많은 일반 이용자들이 자신들의 디지털 활동에 대한 물질적·화폐적 보상을 받을 수 있도록 하려는 시도는 바로 그러한 맥락에서 제기되는 문제로 볼 수 있다. 개인 데이터 화폐화 모델은 그러한 보상의 시장주의적 방안으로 평가할 수 있으며, 그것을 포함하여 무엇이 과연 사물 인터넷 시대의 인류 공통의 문화생산물에 대한 적절한 보상 방안이 될 수 있는지에 관해서는 앞으로 더 많은 논의와 연구가 필요할 것이다.

제8장

피투피(P2P) 네트워킹과 '중간자(Middleman)' 없는 사회관계

1. 머리말

인터넷은 원래 '피어-투-피어(이하 '피투피')' 시스템으로 출현했다. 컴퓨터 네트워크 속 통신과 조율은 대개 개별 컴퓨터들이 각각의 작업을 수행하는 분산 컴퓨팅 방식으로 이루어진다. 분산 컴퓨팅에는 '클라이언트-서버(Client-Server)'와 '피투피' 모델이 있다. 클라이언트-서버 모델이 하나의 서버가 다수의 클라이언트들에게 서비스를 제공하는 서버 중심의 컴퓨팅 시스템이라면, 피투피 모델은 개별 컴퓨터(피어)들이 탈중심적 방식으로 자원을 공유하고 소통하는 시스템이라 할 수 있다. 전자는 컴퓨팅의 신뢰성과 효율성은 높지만, 연산 능력과 메모리와 저장 등에 많은 자원이 소요되며, 무엇보다도 중앙집중적 통제와 관리를 받는다는 특징을 지닌다. 반면, 후자는 서로 동등한 피어들이 비위계적 네트워크 속에서 서로 직접적으로 통신하며, 네트워킹에 필요한 자원 부담은 피어들 사이에 분배된다. 그리고 피어들이 활성화되어 있는 한, 일시적으로 가용하지 않은 특정 피어의 자원은 여전히 네트워크 속에서 공유될 수 있다. 그래서 피투피 모델은 막대한 자본이나 중앙의 통제 없이도 콘텐츠를 전달할 수 있는 매우 효율적이고 신뢰할 만한 통신 시스템으로 간주된다.

인터넷이 처음 등장한 1960년대 이래 많은 사람들은 피투피 방식의 컴퓨터 통신 구조를 사용해왔다. 그리고 이러한 개방적이고 탈중심적인 네트워크는 모든 시민들에게 정보에 대한 자유롭고도 완벽한 접근을 가능하게 해줄 것이라고 여겨졌다. 누구도 인터넷을 지배할 수 없으며 누구라도 그것을 사용할 수 있도록 한 인터넷의 탈중심성은 그것의 가장 큰 장점으로 이해되었다. 그러나 인터넷이 본격적으로 상용화되기 시작한 1990년대 이래, 피투피는 더 이상 인터넷의 지배적인 네트워크 구조가 아니게 되었다. 어떠한 중앙 소유권과 통제권도 없는 탈중심 네트워크라는 일반적인 믿음과는 반대로, 네트워크 속 컴퓨터들 사이의 통신과 조율은 대부분 클라이언트-서버라는 중앙집중형 시스템에 의거하여 이루어지게 되었기 때문이다(Filippi and McCarthy, 2012). 일차적으로, 1990년대 중후반의 이른바 '닷컴' 거품의 시기에 많은 기업들은 자신만의 통신 인프라를 놓는 일에 경쟁적으로 뛰어들었다. 값비싼 서버를 설치하고, 다양한 소프트웨어를 구매했으며, 사이트의 기술 문제 처리를 위한 전문 인력을 배치하고, 사이트의 콘텐츠 생산을 위한 상징 노동자를 고용하는 등 클라이언트-서버 시스템의 구축에 많은 자원이 투입되었다. 그리고 마침내 2000년대 초반 클라우드 컴퓨팅의 등장과 함께, 컴퓨터 네트워킹의 모든 장비가 아웃소싱되고 콘텐츠도 크라우드소싱되기 시작하면서, 소수의 클라우드 플랫폼에 의한 인터넷의 중앙집중화는 더욱 심화되었다.

사실, 이러한 중앙집중화는 인터넷이 처음 출현하던 시기에 이미 예견되었던 일이기도 하다. 1967년에 폴 바란(Paul Baran)은 전기 회사가 소비자들에게 전기를 공급해주는 것과 동일한 방식으로 컴퓨팅을 제공하는 중앙집중적 컴퓨터 유틸리티가 등장할 것이라고 말한 바 있다(New Yorker, 2013). 실제로, 바란의 예측은 오늘날 데이터 저장과 처리 능력을 거대한 데이터 센터에 집중시켜 다양한 서비스를 제공하는 아마존, 마이크로소프트, 구글, 애플, 아이비엠 등과 같은 일부 클라우드 컴퓨팅의 정보 제국에 의해 구현되고 있는 중이다. 마치 전기가 한때는 그것이 사용되는 곳에서 생산되던 것에서 이제는 배전망을 통해 언제 어디로든 공급되는 것처럼, 오늘날의 컴퓨팅 파워(computing power)도 예전의 메인 프레임과 개인용 컴퓨터의 차원에서 이제는 이메일, 사회관계망, 데이터 저장과 분석에 이르기까지 거의 모든 종류의 서비스가 데이터 센터들의 연결망이라 할 수 있는 클라우드에서 제공되는 상황으로 이행하고 있는 것이다(Economist, 2015).

당연히 이러한 컴퓨팅 시스템의 변화는 그 위에 구축되는 사회관계들 사이의 차이와 긴밀하게 결부된다. 클라이언트-서버 시스템과 클라우드 컴퓨팅은 사회의 주요 자원과 권력을 통제하고 있는 기득권의 강화를 촉진할 수 있는 반면, 피투피 시스템은 자원을 공유하는 서로 동등한 사람들 사이의 비위계적이고 공동체적인 사회관계의 출현과 확산에 기여할 수 있다. 한편으로, 클라우드 컴퓨팅이 대세가 된 상황에서 우리는 언제 어디서든 우리 자신의 콘텐츠와 데이터에 손쉽게 접근할 수 있게 되었지만, 동시에 우리의 거의 모든 일상적 상호작용에 대한 우리 자신의 통제와 관리 능력은 점점 더 약화되고 있다. 탈중심화를 매개로 중심화가 가속되고 있는 셈이다. 예컨대, 페이스북의 거의 모든 콘텐츠와 데이터는 분산된 자발적 사용자들에 의해 생산되지만, 플랫폼 제공자는 서버에 기록된 모든 콘텐츠와 데이터를 통제하고 소유하며, 그것의 활용을 통해 막대한 경제적 수익을 전유한다. 다른 한편으로, 최근의 비트코인과 블록체인 기술은 인터넷의 탈중심성, 자율성, 개방성 원리를 회복하여 디지털 시대의 사회적 권력이 소수의 기업과 정부가 아니라 개별 사용자들의 손에 돌아갈 수 있게 하는 수단으로 등장하고 있다. 블록체인 기술을 포함한 탈중심 인터넷 구축 운동은 기존의 관료제적 위계, 은행, 증권 거래소, 등기 기관, 게이트 키퍼, 포털, 검색 엔진, 이메일, 사회관계망 플랫폼 등 거의 모든 제3자와 중간 매개자의 권력으로부터 자유로운 수평적 사회관계 형성의 새로운 가능성을 제공하고 있다.

이 장은 이러한 이중의 과정, 즉 디지털 시대 사회관계의 중심화/탈중심화 동학을 냅스터, 비트토렌트, 그리고 블록체인의 피투피 네트워킹 사례를 통해 살펴보고자 한다. 우선, 제2절에서 인터넷의 탈중심화론을 기술적[패킷 스위칭 시스템(packet switching)], 사회문화적(해커 윤리), 사회운동적(자유 소프트웨어 운동), 정보 경제적 측면에서 살펴본다. 또한, 인터넷의 중심화론을 콘텐츠 벡터 계급의 지적 재산권과 플랫폼 벡터 계급의 클라우드 컴퓨팅 문제를 중심으로 검토한다. 제3절에서는 냅스터와 비트토렌트를 둘러싼 사회관계의 중심화/탈중심화 동학을 해커주의와 지적 재산권 사이의 충돌이라는 측면에서 고찰한다. 아울러, 최근의 블록체인을 둘러싼 사회관계의 중심화/탈중심화 동학이 어떻게 클라우드 플랫폼 자본을 포함한 모든 벡터 집단의 권력 문제와 연관되는지를 살펴본다.

2. 인터넷의 탈중심화와 중심화

1) 인터넷의 탈중심화 동학

기술적으로, 인터넷은 원래 탈중심 혹은 분산 네트워크로 디자인되었다. 인터넷의 모태라 할 수 있는 알파넷(ARPANET)의 '패킷 스위칭' 시스템은 미사일 공격으로 인한 네트워크의 핵심 부분 파괴에도 여전히 통신을 지속할 수 있는 전혀 새로운 분산 네트워크의 등장을 가능하게 했다. 패킷 스위칭은 데이터를 여러 개의 조각으로 나누어 네트워크에 전달하는 기술인데, 각각의 조각들은 무작위의 경로와 순서로 최종 목적지에 도달하며 다시 온전한 형태로 합쳐지게 된다. 중앙의 교환 장치를 통해 모든 신호가 교환되는 중앙집중형 통신 모델인 전통적인 전화 통신망의 '서킷 스위칭(circuit switching)' 시스템에서는 중앙 장치의 한 부분이 손상되면 네트워크 전체가 작동하지 않는 치명적인 약점을 지니지만, 각각의 노드에 연결되는 다수의 노드들을 설정한 패킷 스위칭 시스템에서는 설사 하나의 경로가 파괴되더라도 얼마든지 다른 경로를 통해 데이터가 전송될 수 있다. 그리고 실제로 1990년대까지 대부분의 컴퓨터 통신은 이러한 탈중심적이고 분산적인 네트워크 구조 속에서 이루어졌다. 알파넷과 함께 탈중심 네트워크의 원형으로 간주되는 유즈넷(Usenet)은 그 누구라도 자신의 서버를 통해 다른 컴퓨터들과 직접 연결하여 데이터와 파일을 서로 교환할 수 있도록 해주었다. 애초의 인터넷 대화방(Internet Relay Chat)의 경우도, 사용자들이 자신의 서버를 구동하여 실시간 대화방에 참여할 수 있는 탈중심 네트워크에 토대를 둔 서비스였다. 또한 1990년대 중반에 등장한 월드 와이드 웹(World Wide Web)도 누구든지 자신의 서버에 도메인을 등록하고 웹 사이트를 만들어서 다른 사람들과 탈중심화된 네트워크를 구축할 수가 있었다. 그래서 인터넷이 막 대중화하기 시작한 1990년대까지 많은 사람들은 이처럼 탈중심적이고 분산적인 컴퓨터 네트워크가 가져다줄 미래의 사회관계를 매우 낙관적으로 전망했다. 대표적으로, 미국 전자 프론티어 재단(Electronic Frontier Foundation)의 바로우(Barlow, 1996)는 '사이버 스페이스 독립 선언문(A Declaration of the Independence of Cyberspace)'에서 "미래의 편에서, 나는 과거의 당신이 우리를 간섭하지 말 것을 요구한다. 당신은 우리에게 환영받지 못한다. 당신은 우리가 모이는 곳에서 어떠한 주권도 갖지 못한다"고 말함으로써, 인터넷이 특정 국가나 기업의 소유나 통제로부터 완전히 자유로운 전혀 새로운 의사소통 환경을 만들어줄 것이라고 역설했다.

인터넷의 탈중심성은 이처럼 기술의 측면에서만이 아니라, 사회문화적 차원에서도 상당히 튼실한 뿌리를 지니고 있다. 1960년대 초 미국의 엠아이티 대학을 중심으로 태동한 이른바 '해커 윤리'는 오늘날까지도 컴퓨터와 인터넷 문화에 커다란 영향을 미치고 있다. 해커 윤리는 "컴퓨터에 대한 접근은 무제한적이고 완전해야 한다", "모든 정보는 자유로워야 한다", "권위를 불신하라-탈중심화를 촉진하라", "해커들은 학위, 나이, 인종, 지위와 같은 거짓 기준이 아니라 자신들의 해킹에 의해 평가되어야 한다", "컴퓨터로 예술과 아름다움을 창출할 수 있다", "컴퓨터는 당신의 삶을 더 나은 것으로 바꿀 수 있다" 등과 같은 명제들로 흔히 표상된다(Levy, 2010: 28~34). 레비에 따르면, 기술 장비들에 대한 무제한적 접근과 정보의 자유로운 교환은 해커들의 기술적 완벽성 추구에 필수 요소다. 그리고 기업이나 정부 그리고 대학의 관료 시스템은 해커들에게 대체로 자신들의 지적 탐구 충동과 지식과 정보의 탈중심화를 억누르는 장애물로 간주된다. 아울러, 해커들의 실력주의(meritocracy)는 개인들의 표면적 지위보다는 실제로 새로운 프로그램을 만들고 지식을 발전시켜낼 수 있는 능력에 더 많은 관심을 갖는다. 나아가, 독창적 방식으로 매우 효율적인 알고리즘을 만드는 것은 해커들에게 미학적 관심사로 설정되기도 한다. 마지막으로, 일반 사람들이 해커들의 탐구 열정, 관료제에 대한 의심, 창의성에 대한 열린 자세, 성과를 공유하는 비이기적 태도, 개선과 건설에 대한 욕구와 열망을 공유할 수 있다면 세상은 훨씬 더 좋아질 것이라는 믿음도 해커 윤리의 중요한 요소다. 이처럼 무엇보다도 기술적 완벽성을 우선시하는 해커들에게 지식과 정보의 탈중심화는 사회적으로나 미학적으로도 더 나은 삶의 조건을 만드는 데 핵심적 요소로 간주되었다.

그런데 혁신과 미학과 기술적 완벽성에 대한 열정을 강조하는 해커 윤리는 비단 컴퓨터 프로그래밍의 부문에서만이 아니라, 과학, 예술, 철학, 문화 등의 영역에서 새로운 감각, 인식, 관념, 추상을 창출하는 주체들, 즉 해커 계급 출현의 밑바탕이 되기도 한다. 워크에 따르면, 현대 자본주의는 오랫동안 국가의 손에 맡겨져 있었던 과학, 문화, 소통, 교육 등을 새로운 사적 이윤 획득의 공간으로 만들어가고 있다. 그리하여 정보, 지식, 문화의 생산, 저장, 분배 수단을 소유한 벡터 계급이 오늘날의 새로운 지배 계급으로 등장하고 있다. 그리고 이들은 새로운 저항의 핵심 세력인 해커 계급과 점점 더 직접적으로 대면하게 된다. 해커 계급은 벡터 계급이 소유한 생산 수단 그 자체의 디자이너이면서도 동시에 교육과 소통의 상품화에 반대하는 계급이다. 이들은 "하드웨어, 소프트웨어, 웨트웨어를 프로그램하고, 독점이나 경쟁보다는 자율성과 협력을 더 수용하는 도구를 얻기 위하여 싸울 수"(Wark, 2004) 있는 계급이며, 새로운 지식과 기술 창출에 필수적인 정보의 자유로운 흐름은 이들 존재의 핵심 관심사일 수밖에 없다. 해커 계급에게, 지식과 정보는 토지나 자본과는 달리 희소성을 제외하고는 그 무엇도 감소시키지 않기에 얼마든지 공유할 수 있는 자원이다. 다른 한편으로, 지적 재산권이 해커 계급에게 새로운 지식과 정보의 끊임없는 해킹에 필요한 소득을 보장하는 수단이 되기도 하지만, 정보와 지식은 해킹의 산출물이자 투입물이기도 하다는 점에서, 궁극적으로 지적 재산권은 그들의 기본 관심사인 해킹에 족쇄가 될 가능성이 훨씬 더 크다. 그러므로 해커 윤리와 해커의 계급적 이익은 정보와 지식의 자유로운 흐름을 통한 인터넷의 탈중심화를 추동하는 주요 원천으로 이해될 수 있다.

사회운동의 측면에서도, 인터넷 탈중심화 동학은 오랜 역사적 근거를 갖고 있다. 그것은 1980년대 이래 스톨먼이 주도한 자유 소프트웨어 재단의 카피레프트 운동으로 대표될 수 있다. 오늘날의 지적 재산권 체제를 내부로부터 균열시키기 위하여, 카피레프트 운동은 소프트웨어의 사용, 연구, 복제, 공유, 변경, 재배포의 자유를 보장하는 일반공중라이선스를 실행하고 있는바, 그것은 "프로그램을 어떠한 목적으로든 구동할 자유", "소스 코드에 접근하여 필요에 따라 프로그램을 개조할 자유", "프로그램의 복사본을 유료로든 무료로든 재배포할 자유", "개조된 프로그램을 배포할 자유"를 보장한다. 그리고 무엇보다도, 자유롭게 제공받은 소스 코드를 수정하여 새로 만든 소프트웨어는 반드시 제공받은 자유 소프트웨어와 동일한 라이선스로 재배포해야만 한다는 재산권 규정은 공유 프로그램의 확산을 가능케 하는 주요한 장치다. 실제로 카피레프트 운동은 '그누/리눅스', '아파치', '파이어폭스', '펄', '마이스퀄', '센드메일' 등과 같은 다양한 동료생산 프로젝트들의 원동력이 되었고, 소프트웨어 부문을 넘어서서 수많은 개인들과 집단들이 자신의 지적·문화적 창작물을 자발적으로 공공 도메인에 귀속시키는 '창의 공유지' 프로젝트에도 많은 영향을 미치기도 했다.

마지막으로, 인터넷의 탈중심화는 경제 논리의 측면에서도 상당히 견고한 토대를 가지고 있다. 오랫동안 지적 재산권 제도는 인터넷의 탈중심화 동학을 억제하는 결정적 장치로 작용해왔지만, 오늘날의 디지털 환경은 그것의 정당성을 뒷받침해온 물질적 조건 자체를 변화시키고 있다. 흔히 지적 재산권은 창작자의 지적 노동에 대한 보상을 담보하기 위한 것이라고 알려져 있지만, 정작 자신의 비물질 노동 결과물(지식, 음악 등)을 물질적 형태(책, 음반)로 바꿀 수 있는 기술적 수단을 보유하고 있지 않은 창작자들은 자신의 노동 결과물에 대한 권리를 그것을 소유한 사람에게 판매할 수밖에 없다. 그리하여 지적 재산권은 사실상 창작자가 아니라 창작물을 출판하고, 배포하고, 판촉할 수 있는 막대한 자본을 가진 기업의 이익을 보장하기 위한 법률적 장치가 되는 것이다. 벤클러(2006)가 말했듯이, 대규모 인구를 포괄하기 위해서는 대규모 물질 자본의 투자가 필수적이었던 이른바 산업적 정보 경제에서는 신문, 도서, 음악, 영화 등에 대한 자본 집약적인 제작과 배포와 판촉 활동이 지적 재산권을 정당화하는 중요한 근거가 되었다. 그런데 오늘날의 디지털 환경에서는 사용자들 스스로가 이미 이러한 지적 재화의 제작, 유통, 배포에 필요한 모든 비용을 부담하고 있다. 컴퓨터, 인터넷 연결, 콘텐츠 저장 공간, 전기 등 콘텐츠의 제작과 배포에 소요되는 거의 모든 요소들을 사용자들 스스로가 구비하고 있는 것이다. 이런 상황에서, 막대한 제작, 유통, 배포 비용의 보전이라는 지적 재산권의 정당화 근거는 매우 취약해진다(Ku, 2001). 물론, 배포 자본은 이처럼 재화의 제작과 배포에 필요한 거의 모든 비용을 사용자들에게 전가하면서도 지적 재산권을 무기로 여전히 커다란 시장 수익을 독점하고 있지만, 지적 재산권이 인터넷의 탈중심화 동학을 통제하고 억제할 수 있는 물질적 조건은 점점 더 약화되고 있는 것도 사실이다.

다른 한편으로, 오늘날의 디지털 환경은 지적 재화의 창작자와 배포자 사이의 이해관계의 간극을 더욱 넓히고 있기도 하다. 현실적으로, 책이나 음악의 복사본 판매로부터 나오는 수익은 대부분 출판사와 음악사와 같은 제작과 배포 자본이 가져간다. 창작자는 작품의 저작권 수익보다는 특별 강연이나 라이브 공연 등과 같은 유명세와 대중성에서 나오는 수단을 통해 실질적인 수익을 얻는다. 그런 점에서, 작품의 복사와 배포를 제한하는 저작권은 창작자의 대중성과 수익 확대에 오히려 장애물로 작용할 가능성이 더 크다고 말할 수 있다. 또한, 디지털 기술의 발전 덕분에, 음악가는 전문 스튜디오가 아닌 자신의 집에서 얼마든지 동일한 양질의 디지털 음악을 제작할 수 있고, 작가는 전문 출판사가 아닌 자신의 컴퓨터 프로그램으로 똑같은 양질의 전자 출판물을 제작할 수가 있다. 물론, 음악과 출판 자본은 여전히 창작자 로열티의 많은 부분을 제작, 유통, 관측 비용 등의 항목으로 잠식하고 있긴 하지만, 지적 재산권이 창작자와 배포자의 이해관계를 동일하게 보호할 수 있는 토대는 점점 더 약화되고 있다. 그런 점에서 오늘날의 지적 재산권은, 쿠(Ku, 2001)가 말했듯이, "창작자의 창작 인센티브 제공과 별반 무관하며, 더 이상 복제 및 배포를 위한 막대한 투자가 필요하지 않은 기존의 배포자들에게 소비자들의 부를 이전시켜주는 수단에 다름 아닌 것"이라고 말할 수 있다.

2) 인터넷의 중심화 동학

오늘날의 디지털 네트워크 시대에 '가능한 것'은 '허용된 것'과 첨예하게 대립한다(Kleiner, 2010). 출판사, 영화사, 음악사 등과 같은 전통적인 콘텐츠 자본은 자유로운 네트워크의 구축을 가로막고 정보와 지식과 문화가 자신들의 통제권을 벗어나서 유통되는 것을 금지한다. 이는 지적 재산권이라는 강력한 제도적 수단을 통해 실현된다. 무엇보다도, 디지털 연쇄로 전환된 정보, 지식, 문화가 컴퓨터에 저장되고, 그것이 다시 컴퓨터 네트워킹을 통해 기술적으로 얼마든지 복제되고 유통될 수 있는 상황은 지적 재산권에 의존해왔던 콘텐츠 벡터 계급의 오랜 수익 구조에 커다란 위협 요소가 된다. 이에 콘텐츠 벡터 계급은 한편으로는 재화의 복제를 어렵게 만드는 다양한 기술적 잠금 장치의 도입을 통해서, 다른 한편으로는 지적 재산권 제도의 강화를 통해서 인터넷의 중심화 동학을 추동시켜왔다. 전자와 관련하여, '디지털 저작권 관리'는 콘텐츠의 복사와 개조를 원천적으로 봉쇄하기 위해 도입된 가장 최근의 기술 시스템이라 할 수 있다. 그것은 책, 소프트웨어, 음악, 비디오 등의 디지털 콘텐츠를 특정한 방식으로 암호화하여 그것이 오로지 특정한 소프트웨어와 하드웨어에서만 재생될 수 있도록 하는 기술이다. 오늘날의 모든 엠피쓰리(MP3) 플레이어, 디브이디(DVD) 플레이어, 전자책 리더, 텔레비전, 컴퓨터 등의 제조는 이러한 디지털 저작권 관리 시스템을 준용하여 이루어지고 있다. 모든 사용자들로부터 콘텐츠의 복제와 배포 수단을 근원적으로 박탈하는 디지털 저작권 관리 시스템은 인류가 오랫동안 스스로 기술의 작동 원리를 탐구하고, 기술 문제를 해결하고, 새로운 기술을 발전시켜온 당연한 권리를 심각하게 침해하는 방식으로 네트워크의 중심화 동학을 강화하고 있다.

다른 한편으로, 지적 재산권 제도에 대한 많은 비판과 반대에도 불구하고 콘텐츠 벡터 계급은 오히려 그것을 법률적으로 더욱 강화하는 일에 커다란 성공을 거두어왔다. 세계 최초의 저작권법이라 할 수 있는 1710년 영국의 앤 여왕법은 출판된 도서에 대한 저작자의 권리를 14년간 보장하고, 종료 시점에 저작자가 생존해 있다면 14년 더 연장해주었다. 이후 저작권은 일국의 경계를 벗어나 국제적 규범으로 자리 잡게 되는바, 1886년의 베른협약은 저작권을 창작자의 생애 기간과 사후 50년으로 연장했다. 그리고 1994년 세계무역기구의 '무역 관련 지적 재산권 협정(Trade Related Aspects of Intellectual Property Agreements: TRIPs)'은 저작권을 다시 창작자의 생애 기간과 사후 70년으로 보장했다. 미국에서도, 흔히 '미키 마우스 법(Mickey Mouse Bill)'이라고도 불리는 1998년 '소니 보노 저작권 연장법(Sonny Bono Copyright Term Extension Act 1998: CTEA)'으로 콘텐츠 벡터 계급은 저작권 보호 기간을 창작자의 생애 기간과 사후 70년으로 연장했으며, 이 법에 대한 위헌심판청구소송인 '엘드리드 대 애시크로프트(Eldred v. Ashcroft)'에서도 미국 연방 대법원은 7 대 2의 합헌 판결로 사실상 자연권적 지적 재산권 관념에 입각한 저작권 기한의 무제한 연장의 길을 열었다.

이처럼 콘텐츠 벡터 계급이 기술적·법률적 장치를 통한 지적 재산권 체제의 강화를 이루어내는 사이에, 플랫폼 벡터 계급은 클라우드 컴퓨팅의 확산을 통해 인터넷에 대한 고도의 중앙집중화를 추동하고 있다. 인터넷은 원래 탈중심 네트워크로 등장했지만, 오늘날 그것은 매우 중심화된 네트워크가 되었다. 이는 거의 모든 인터넷 자원이 소수의 인터넷 서비스 제공자에게 집중된 클라우드 컴퓨팅의 일반화에서 확인할 수 있다. 클라우드 플랫폼은 사용자들에게 응용 기술, 서버, 데이터 접근, 네트워크 인프라, 사업 솔루션 등과 같은 클라우드 컴퓨팅 서비스를 제공한다. 사용자들은 더 이상 이러한 서비스에 필요한 기기나 장비 시스템을 스스로 구성하거나 관리할 필요가 없게 되었으며, 클라우드 플랫폼으로부터 자신에게 필요한 서비스를 언제든 어디서든 어떤 기기로든 사용료를 내고 제공받으면 된다. 컴퓨팅과 네트워킹에 필요한 자원을 하나의 제품으로 구매하고 설치하는 것이 아니라, 인터넷 속에서 자신의 요구에 맞는 서비스를 제공받는 것이다.

구체적으로, 클라우드 컴퓨팅은 가상 기계, 서버, 저장, 부하 조절, 네트워크 등의 서비스를 제공하는 '서비스로서의 인프라(Infrastructure as a Service: IaaS)', 실행 시간, 데이터베이스, 웹 서버, 개발 장치 등의 서비스를 제공하는 '서비스로서의 플랫폼(Platform as a Service: PaaS)', 그리고 고객 관리, 이메일, 가상 컴퓨터, 통신, 게임 등의 서비스를 제공하는 '서비스로서의 소프트웨어(Software as a Service: SaaS)' 등의 층위로 구성된다. 그것은 2006년도에 아마존이 아마존 웹 서비스(Amazon Web Service) 사업을 시작하면서 본격화되었는데, 그것이 포괄하는 서비스는 클라우드용 서버를 제공하는 '아마존 이씨투(Amazon Elastic Compute Cloud: EC2)', 데이터 파일 저장 서비스를 제공하는 '아마존 에스쓰리(Amazon Simple Storage Service: S3)', 데이터베이스 서비스를 제공하는 '아마존 알디에스(Amazon Relational Database Service: RDS)', 클라우드 트래픽을 관리하는 '아마존 이엘비(Amazon Elastic Load Balancing: ELB)' 등이 있다. 아마존과 함께, 마이크로소프트, 구글, 애플, 아이비엠 등도 오늘날 클라우드 컴퓨팅 서비스의 대표 기업에 속한다.

그런데 이러한 클라우드 컴퓨팅의 본질은 "집중화되고 초점화된"(Shen et al., 2014) 컴퓨팅의 구축에 있다. 실제로 그것은 사용자들에게 많은 편의성과 효율성을 가져다주는 것으로 정당화된다. 인터넷에 연결되어 있는 한, 개별 이용자들은 컴퓨터를 사용하든 이동 기기를 사용하든 언제든지 데이터에 접근할 수 있다. 기업 사용자들도 더 이상 회사 안에 데이터 센터를 구축하거나 그것을 관리할 정보통신 인력을 고용할 필요가 없다. 아울러, 물리적 장소에 구애받지 않는 직원들 사이의 협력을 조직할 수 있으며, 파일과 응용 기술과 얼마든지 확장 가능한 데이터 저장 공간을 확보할 수 있다. 나아가, 클라우드 컴퓨팅은 다양한 영역에서 수집한 엄청난 양의 데이터 분석을 통해 사회 조직의 거시적이고 장기적인 의사결정과 문제해결 능력을 높여줄 수단으로 간주되기도 한다.

그러나 클라우드 컴퓨팅이 네트워크의 효율성을 높여줄지는 몰라도, 오늘날의 인터넷을, 단 한 곳의 시스템 마비로 인해 전체 네트워크가 붕괴되는 것을 막고자 한 애초의 인터넷 구상과는 거의 정반대의 모습으로 만들어버렸다. 인터넷의 강력한 허브가 된 몇몇 클라우드 플랫폼의 오작동은 전체 네트워크의 작동 불능으로 곧바로 귀결될 수 있으며, 그만큼 수십억 인터넷 이용자의 네트워크 활동 자체가 클라우드 플랫폼에 좌우되는 상황이 되어버린 것이다. 더욱 중요한 문제는 권력이 소수의 클라우드 컴퓨팅 제공자들의 손에 집중되고, 사용자들은 사실상 자신들의 데이터에 대한 관리와 통제 능력을 점점 더 상실하게 된다는 사실이다. 클라우드 플랫폼 자본은 개인과 기관 고객에 관한 막대한 양의 데이터를 저장하고 처리하여 수익을 극대화할 뿐만 아니라, 각국 정보 기관의 강력한 협력자가 되어 시민의 일상적 삶에 대한 광범위하고도 세밀한 감시 체제의 고도화에 중대한 기여를 할 수 있게 되었다.

인터넷의 중심화/탈중심화에 관한 이상의 이론적 논의를 토대로, 이 장은 냅스터, 비트토렌트, 블록체인 등 대표적인 인터넷 탈중심화 동학이 어떻게 기존의 중심화 동학과 충돌해왔는지를 살펴본다. 구체적으로, 피투피 네트워킹 기술, 해커 윤리, 반저작권 운동, 그리고 인지재 제작, 유통, 배포의 변화된 경제 조건 등과 같은 인터넷의 탈중심화 동학이 어떻게 기존 콘텐츠 벡터 계급의 저작권 제도 강화, 새로운 플랫폼 벡터 계급의 서버 중심적 컴퓨팅 기술 확대, 그리고 금융을 포함한 전통적 벡터 계급의 네트워크 재중심화 동학이 냅스터, 비트토렌트, 블록체인의 사례들 속에서 서로 어떻게 대립하고 충돌하는지를 살펴본다.

3. 피투피 네트워킹의 '중심/탈중심' 사회관계

1) 냅스터의 '탈중심/중심' 사회관계

1999년에 처음 만들어진 냅스터는 시스템에 접속한 사용자들이 다른 사용자들의 컴퓨터에 저장된 음악(엠피쓰리) 파일을 검색하여 그들의 컴퓨터 하드 드라이버에서 자신들이 원하는 파일을 직접 복사할 수 있도록 해주는 콘텐츠 배포 프로그램이다. 이러한 정의가 말해주듯이, 그것은 피어들 간의 탈중심성과 클라이언트-서버의 중앙집중성을 동시에 지닌 네트워크였다. 한편으로, 냅스터 프로그램을 자신의 컴퓨터에 설치한 사용자는 누구라도 자기 컴퓨터에 저장되어 있는 음악 파일을 업로드하여 시스템 속의 다른 사용자들이 그것을 자유롭게 다운로드할 수 있도록 하는 서버가 될 수 있었다. 또한 냅스터 프로그램은 사용자들로 하여금 직접 파일을 저장하거나 배포할 수 있도록 하는 자체의 컴퓨터 시스템을 구동하지는 않는다는 점에서, 기본적으로 피어들 간의 탈중심 네트워크 구축을 보조하는 장치라 할 수 있다. 다른 한편으로, 냅스터 이용자들은 자신이 원하는 파일과 소유자 리스트를 냅스터 사이트 내에서의 검색을 통해 얻게 된다. 검색에 관한 한, 이용자들과 냅스터 사이트 사이의 관계는 클라이언트-서버 관계를 따르는 것이라 할 수 있는 것이다. 그런 점에서 냅스터는 상당 부분 중앙집중형 네트워크라 할 수 있다.

그런데 냅스터 네트워크의 이러한 이중적 성격은 그것의 급속한 성장 그리고 갑작스러운 폐쇄와 밀접하게 연관되어 있다. 사용자들이 피투피 네트워크를 통해 서로의 파일을 손쉽게 공유하고 많은 양의 음악을 무료로 구할 수 있게 한 냅스터는 기존의 음악 시장과 인터넷에 지진파와도 같은 충격을 불러왔다. 출범 5개월째인 1999년 10월에 이미 400만 곡의 음악이 냅스터를 통해 배포되었고, 2000년 여름에는 매분 1400곡의 음악이 다운로드되었으며, 최고 전성기에 그것의 이용자는 약 7000만 명에 달했다. 또한, 2000년 10월 타임매거진(Time Magazin)은 공동 창립자 숀 패닝(Shawn Fanning)을 표지 사진에 싣고, 냅스터를 이메일과 인스턴트 메신저(instant messenger)와 함께 인터넷의 가장 대표적인 프로그램의 하나로 소개하기도 했다. 그런데 전통적인 중앙집중적 콘텐츠 배급 모델과 정면으로 충돌한 냅스터의 탈중심적인 피투피 파일 공유는 당시의 광범위한 해커 문화의 산물로 이해될 수 있는 요소가 있다. 냅스터는 오래되고, 희귀하고, 알려지지 않은 것을 포함한 다양한 종류의 음악이 사용자들 사이에 자유롭게 공유될 수 있도록 했지만, 거기에서 유통된 음악의 거의 90%가 저작권자의 승인을 받지 않은 것들이었다. 당시의 해커 네트워크에서 만난 냅스터 창립자들은 콘텐츠와 데이터를 오랫동안 공유해온 해커 윤리에 매우 익숙했으며, 모든 사람들에게 소중하고 유용한 서비스를 제공할 수만 있다면 다른 문제들은 손쉽게 해결될 것이라고 전망했다. 그들은 피투피 파일 공유의 윤리적·법적 문제에 크게 개의치 않았다.

사실, 1990년대 말의 저작권법은 냅스터가 스스로의 적법성을 낙관할 수 있도록 한 측면이 없지 않았다. 무엇보다도, 창립자들은 냅스터를 통한 음악 복제 자체가 저작권 위반이 될 수는 없을 것이라고 믿었는데, 이는 1992년의 '오디오 가정 녹음법(Audio Home Recording Act)'이 비디오카세트 복사기를 통한 소비자들의 가정용 음향 복사를 적법한 것으로 규정하고 있었기 때문이다. 그들은 냅스터를 통한 복제를 비디오카세트를 통한 가정용 음악 복사와 같은 것으로 보았던 것이다. 또한, 창립자들은 냅스터를 통한 음악 복제와 배포의 목적이 비상업적인 것인 한, 저작권법의 '공정 이용' 조항을 적용받을 수 있을 것이라고 믿었다. 그 당시에는 음악을 구매한 사람들이 비상업적 목적으로 그것을 복제하고 배포하는 것을 별반 저작권 침해로 간주하지 않았었다. 아울러, 창립자들은 냅스터가 사용자들에게 복제 가능한 음악을 직접 제공한 것이 아니라 가용한 음악의 리스트만을 제공한 것이기 때문에, 1998년 '디지털 새천년 저작권법'상의 '안전 피난처' 조항을 적용받을 수 있을 것이라고 믿었다. 스스로를 일종의 인터넷 서비스 제공자와 같은 위상으로 자리매김하고자 했던 것이다.

이러한 낙관론에도 불구하고, 실제로 냅스터는 2001년 7월 법원의 최종 폐쇄 결정을 받게 된다. 법원은 미국음반산업협회의 주장을 수용하여 냅스터가 사용자들의 저작권 침해 행위에 기여했을 뿐만 아니라 사실상 그것을 대리했다고 판결했다. 여기에는 냅스터가 음악 파일 검색을 위한 중앙 서브를 운영했다는 사실이 결정적인 요인으로 작용했다. 냅스터 시스템에서 개별 피어는 자신이 가진 파일의 리스트를 냅스터 중앙 서버에 보내고, 냅스터 서버는 다시 피어들이 요청한 파일 검색을 수행하여 그 결과를 그들에게 제공했다는 점에서, 냅스터 중앙 서버는 피어들이 서로 만나고 파일의 디렉토리를 교환하여 궁극적으로 파일을 직접 주고받을 수 있는 장소, 즉 저작권 침해에 기여하고 그것을 대리하는 사이트로 간주되었던 것이다. 이는 냅스터가 네트워크에서 저작권 침해가 발생한다는 것을 알면서도 그것을 막기 위해 어떠한 노력도 하지 않았다는 말과 동일하다. 냅스터의 기대와는 달리, 저작권법의 '공정 이용', '가정용 녹음', '안전 피난처' 중 그 어느 것도 피투피 파일 공유의 법적 방어막이 되지 못했다. 음반 산업을 포함한 콘텐츠 벡터 계급의 저작권법을 통한 인터넷 중심화는 피어들 사이의 탈중심적이고 분산적인 파일 공유 네트워크를 구축하고자 했던 냅스터의 도전을 성공적으로 제어했다.

그런데 냅스터의 유산은 기존의 저작권법이 새로운 네트워크 시대를 규율할 수 있도록 더욱 강화된 역설적 결과에서만 찾을 수 있는 것은 아니다. 냅스터는 거의 최초로 웹 2.0 플랫폼 사업의 성공 가능성을 대중적으로 보여주었을 뿐만 아니라, 이후의 구글이나 아마존과 같은 클라우드 컴퓨팅 모델의 원형적 기업으로 간주될 수 있기 때문이다. 그것이 확보한 수천 만 명의 사용자들로부터 누가 어떤 음악을 좋아하고 즐겨 듣는지에 대한 막대한 양의 데이터를 획득할 수 있었으며, 사용자들 자체가 하나의 거대한 음악 배포망이 될 잠재성을 갖고 있었던 것이다. 이러한 사실에 기대어, 냅스터는 스스로의 시장 가치를 수백 억 달러에 달하는 것으로 평가하기도 했다. 실제로, 저작권 문제를 둘러싼 콘텐츠 벡터 계급과의 충돌에도 불구하고, 냅스터는 그들에게 자신들이 디지털 음악 산업의 새로운 황금 시장을 제공할 수 있다는 사실을 지속적으로 환기했다. 냅스터는 탈중심 음악 네트워크의 상업화와 사업화를 통해 기존 음악 산업에 새로운 실력자로 편입되고자 했던 것이다.

비록 이러한 시도는 저작권법을 동원한 음악 콘텐츠 벡터의 중앙집중형 네트워크 강화와 함께 좌초되었지만, 냅스터가 음악 산업에 던진 패러다임 전환의 신호가 완전히 무시된 것은 아니다. 우선, 법원의 냅스터 폐쇄 결정은 음악 시장의 기득권 보호를 위해 신기술의 발전과 혁신을 질식시켜 버렸다는 근본적 비판을 피할 수 없었다. 나아가, 냅스터가 보여준 수천만 명의 잠재적 소비자들에 대한 접근 기회를 스스로 걷어차 버리는 것이 아니라, 디지털 네트워크 시대에 맞는 새로운 콘텐츠 사업 모델을 바로 거기서 찾아야 한다는 인식이 음악 산업 내부에서 확산되었다. 냅스터 이후 세상은 인터넷을 통한 콘텐츠 배포를 새롭게 보기 시작했던바, 이전처럼 저작권법과 복제 및 배포 방지 기술을 동원하여 콘텐츠를 보호하고 인터넷을 통제하는 데 집중하기보다는, 콘텐츠의 유연한 사용을 통해 광고와 판매망을 확대하는 것이 벡터 계급에게 훨씬 더 큰 수익을 가져다줄 것이라는 믿음이 커졌다(Driscoll, 2007). 말하자면, 냅스터 이후 인터넷의 지배적인 중심화 동학의 틀 안에서 탈중심 네트워킹의 시장 잠재성을 관리하고 활용하는 시도가 본격화되기 시작한 것이다.

이는 주로 플랫폼 벡터 계급에 의해 추동되었는바, 유튜브는 그 대표 사례라 할 수 있다. 유튜브는 중앙집중적인 클라이언트-서버 네트워킹 시스템으로 구동한다. 물론 그것은 예전의 클라이언트-서버 시스템과는 다르다. 유튜브는 자기 스스로가 제작한 콘텐츠를 클라이언트들에게 제공하는 사이트가 아니다. 거의 모든 유튜브 콘텐츠는 사용자들이 직접 만든 것들로 이루어져 있다. 그렇지만 유튜브는 사용자들이 업로드한 모든 파일을 자신의 서버에 저장한다. 유튜브의 클라이언트들은 서버가 제공하는 파일을 감상할 수는 있지만 다운로드할 수는 없다. 따라서 비록 업로드되는 파일의 저작권 침해 가능성은 존재하지만, 파일의 다운로드에 따른 저작권 침해는 원칙적으로 불가능한 것이 된다. 이러한 시스템은 파일 업로드의 측면에서 유튜브 플랫폼 벡터 계급으로 하여금 막대한 양의 사용자 저작권물을 중앙집중적 방식으로 통제하고 소유할 수 있게 해준다. 또한 전통적인 콘텐츠 벡터 계급에게도 업로드 파일의 라이선싱 계약이나 감시 기술 등의 도입으로 자신들이 보유한 저작권의 중앙집중적 관리와 감독을 더욱 용이하게 해준다. 파일 다운로드의 측면에서도 유튜브의 클라이언트-서버 시스템은 콘텐츠 벡터 계급의 저작물이 유튜브 이용자들의 컴퓨터에 저장될 가능성을 현격하게 줄여준다.

이처럼 사용자 컴퓨터들 사이의 직접적인 파일 이동을 통제한 상황에서, 벡터 계급은 본격적으로 인터넷 광고를 통한 수익 창출에 나서게 된다. 사용자들은 파일을 시청하기 위하여 매번 유튜브 사이트를 방문해야 하며, 유튜브의 배너 광고 앞에서 콘텐츠를 감상해야만 한다. 전통적인 광고와 판촉 방식으로는 접근 불가능했던 인구에 대한 다양한 접근 경로가 열리게 되고, 사용자들은 벡터 계급에게 커다란 잠재적 수익의 원천으로 부상하게 된다. 요컨대, 유튜브는 오늘날의 중앙집중적 네트워킹 동학이 한편으로는 막대한 새로운 지적 재산권을 확보할 수 있게 된 플랫폼 벡터 계급과, 다른 한편으로는 자신들의 저작권을 순조롭게 보호할 수 있게 된 콘텐츠 벡터 계급에 의해 관철되고 있음을 잘 보여주고 있는 셈이다.

2) 비트토렌트(Bittorrent)와 '중심/탈중심' 사회관계

냅스터 폐쇄 이후, 비트토렌트는 오늘날의 대표적인 피투피 파일 공유 네트워크로 자리 잡았다. 피투피 파일 공유를 위한 통신 프로토콜인 비트토렌트는 대용량 파일의 배포에 따른 서버와 네트워크의 부담을 획기적으로 경감시켜주는 분산 다운로딩 기술이다. 비트토렌트 프로토콜은 다수의 피어들을 파일의 호스트 그룹에 결합시킴으로써 하나의 중앙 소스 서버로부터가 아니라 서로 연결된 개별 피어 컴퓨터들로부터 파일을 주고받을 수 있도록 해준다. 그런데 파일 전체를 주고받는 냅스터에서와는 달리, 비트토렌트 네트워크에서 배포되는 애초의 파일은 여러 개의 암호화된 조각으로 나뉘며, 그 조각이나 전체 파일을 다운로드한 사람은 그 파일에 대한 다른 사람들의 다운로드 소스가 된다. 그리고 파일 조각들이 다중의 피어들로부터 동시적이고 비순차적으로 다운로드될 수 있기 때문에 애초의 '씨앗(seed)' 배포자가 다수의 피어들에게 파일을 보내는 데 소요되는 물리적·시간적 부담은 크게 줄어든다. 또한 냅스터와 달리, 비트토렌트는 원배포자에 대한 의존도를 낮추어주기 때문에 파일 공유를 봉쇄하려는 사람들의 추적을 어렵게 만드는 장점도 지닌다.

한편, 비트토렌트 네트워크에서 파일을 전송하기 위해서는 비트토렌트 프로토콜을 실행하는 비트토렌트 클라이언트와 전송 가능한 파일의 리스트를 제공하는 비트토렌트 트래커(tracker)가 필요하다. 자신의 파일을 다른 사람들과 공유하고자 하는 피어는 해당 파일과 트래커 이름에 대한 메타 데이터를 담은 '토렌트(.torret)'라는 조그마한 파일을 생성해야 하며, 이 파일에는 그것의 변조 여부를 확인하고 막을 수 있는 암호 해시가 따라붙게 된다. 그리고 토렌트의 업로드와 다운로드 그리고 토렌트 검색은 비트토렌트 클라이언트에 의해 이루어진다. 이처럼 토렌트 파일이 비트토렌트 프로토콜이 아니라 비트토렌트 클라이언트를 통해 검색될 수 있다는 점에서, 비트토렌트 프로토콜 자체가 저작권 침해에 기여한다는 공격을 받을 일은 별로 없다. 비트토렌토 클라이언트는 토렌트 파일 속에 있는 트래커에 연결하여 파일 조각을 배포하는 피어들의 리스트를 얻게 된다. 트래커는 '시더(seeder)'와 '피어'들을 모니터링하여 클라이언트에게 그 정보를 제공하고 토렌트의 배포를 조율하는 기능을 한다. 그래서 트래커는 토렌트 파일 검색에 관한 한 일종의 중앙 서버 역할을 한다고 말할 수 있다. 물론 트래커가 애초의 파일과 그 조각들을 저장하고 있는 것은 아니다. 단지 그 파일들의 해시를 담고 있을 뿐, 어떠한 실제 파일 내용도 담고 있지 않은 토렌트 파일을 호스트할 뿐이다. 아울러 트래커는 피어들 사이의 교환에 관한 어떠한 데이터도 저장하지 않기 때문에, 트래커 서버가 어떤 피어들이 어떤 교환을 하고 있는지를 알기란 어렵다. 비트토렌트의 모든 콘텐츠는 트래커 자체로부터가 아니라 피어들로부터 나오는 것이다. 그리고 대부분의 경우 트래커 서버는 광고를 게재하거나 영리를 추구하지도 않는다. 이러한 이유 때문에, 비트토렌트 네트워크에서 일어날 수 있는 저작권 침해의 책임을 트래커 서버 자체에 묻기도 어렵다.

그럼에도 불구하고, 비트토렌트의 파일 공유가 궁극적으로는 트래커 서버에 의존한다는 사실로 인해 비트토렌트 네트워크에 대한 많은 저작권 소송이 제기되었으며, 실제로 다수의 비트토렌트 사이트들이 법원의 저작권 침해 판결로 폐쇄되기도 했다. 비트토렌트는 피투피 네트워크이지만 트래커가 다운되거나 폐쇄되면 피어들 사이의 탈중심적 파일 공유도 어려워진다는 점에서, 그것은 토렌트 파일을 호스트하는 중앙 트래커 서버에 크게 의존하는 시스템이라 할 수 있다. 앞서 지적했듯이, 트래커 서버 자체는 저작권을 침해할 위협이 별로 크지 않지만, 트래커 서버를 운영하는 비트토렌트 사이트는 저작권 소송의 대상이 될 수 있다. 토렌트 파일의 검색 엔진과도 같은 작용을 하는 많은 비트토렌트 사이트들이 피어들에게 토렌트 파일에 접근할 수 있도록 하는 링크를 제공하기 때문이다. 그리고 미국의 저작권법은 다른 사람의 서버에 있는 저작권 파일과의 링크를 제공하는 단순한 행위도 불법적인 것으로 간주한다. 그래서 비트토렌트 사이트가 저작권 침해를 방조하거나, 대리하거나, 유도한다고 판단되면, 간접적 저작권 침해에 해당될 수 있다. 구체적으로, 비트토렌트 사이트가 저작권 침해를 인지했을 뿐만 아니라 침해의 소지를 제공한 경우, 침해를 통제할 능력이 있으면서 침해로부터 경제적 이득을 취하는 경우, 그리고 침해를 촉진시킬 명백한 의도로 서비스를 제공하는 경우는 모두 간접적 저작권 침해로 간주될 수 있다(Collins, 2009: 10~11). 실제로, 2006년 2월, 비트토렌트 사이트 '토렌트스파이(TorrentSpy.com)'와 '아이소헌트(iSohunt.com)'는 미국영화산업협회(Motion Picture Association of America)로부터 저작권 침해 소송을 당했는데, 미국 법원은 이들 사이트가 직접적인 저작권 침해 사실을 알고 있었고, 침해를 촉진했으며, 그것으로부터 경제적 이익을 얻었다는 미국영화산업협회의 주장을 받아들여 사이트 폐쇄 판결을 내렸다.

물론, 법원의 저작권 위반 판결을 받은 모든 비트토렌트 사이트가 순순히 폐쇄되는 것은 아니다. 대표적으로, 2003년 스웨덴에서 만들어진 '파이럿베이'는 현존 저작권법을 정면으로 거부하고 반(反)저작권 운동의 중심적 역할을 하는 비트토렌트 사이트다. 그것은 2006년에 미국영화산업협회로부터 저작권 침해 소송을 당했으며, 스웨덴 경찰에 의해 서버가 압수당하기도 했다. 그리고 2009

년에는 파이럿베이의 공동 창립자들인 선데, 프레드릭 네이즈(Fredrik Neij), 고트프리드 스바솔름(Gottfrid Svartholm), 칼 룬트스트룀(Carl Lundström)이 저작권 위반 혐의로 1년의 징역형을 선고받기도 했다. 하지만 이처럼 반복되는 저작권 소송과 경찰의 압수 수색에도 불구하고, 파이럿베이는 지금까지 정부와 법원의 감시망을 피하는 다양한 방법으로 끊임없는 파일 공유 서비스를 이어갔다. 인터넷 서비스 제공자가 저작권 침해를 이유로 파이럿베이 사이트를 봉쇄하면, 그것은 곧바로 새로운 다수의 프록시(Proxy) 서비스를 제공하여 인터넷 감시를 우회했다. 또한 '파이럿 브라우저(Pirate Browser)'를 만들어 파이럿베이를 봉쇄하는 국가들(이란, 북한, 영국, 네덜란드, 벨기에, 이탈리아, 아일랜드 등)에서 이용자들이 여전히 그것에 접근할 수 있도록 했다. 아울러, 파이럿베이의 'se' 도메인('piratebay.se'와 'thepiratebay.se')이 스웨덴 정부에 의해 박탈되었을 때는 즉각적으로 새로운 6개의 도메인 명칭('piratebay.gs', 'piratebay.la', 'piratebay.vg', 'piratebay.am', 'piratebay.mn', 'piratebay.gd')를 생성하여 사법 기관의 폐쇄 노력이 쓸데없는 시간 낭비임을 보여주려 했다.

나아가, 파이럿베이는 기존의 중앙 트래커 서버를 폐기하고 사용자들이 탈중심적 방법으로 파일을 찾을 수 있도록 하는 분산 해시 테이블(Distributed Hash Table: DHT)을 도입하기도 했다. 2005년도에 처음 등장한 분산 해시 테이블은 피어들이 외부의 트래커에 연결되지 않고서도 자신들이 찾고자 하는 파일을 스스로 검색할 수 있게 해주는 기술이다. 파일을 가진 피어들의 리스트와 파일의 해시가 담긴 분산 해시 테이블이 모든 피어들의 컴퓨터에 저장되기 때문이다. 이처럼 파일 정보가 피투피 네트워크 속의 수많은 피어들에 의해 저장되고, 완전히 탈중심적적이고 분산적인 파일 검색이 가능해진다는 점에서, 분산 해시 테이블은 개별 피어들이 중앙 서브에 의한 어떠한 조율 없이도 집합적으로 네트워크 시스템을 형성할 수 있도록 한 장치라고 볼 수 있다. 파이럿베이가 토렌트 파일이 더 이상 중앙 서버에 저장될 필요가 없는 분산 해시 테이블을 도입한 것은 저작권 침해 논란과 사이트 폐쇄와 관련하여 그것이 오랫동안 지녔던 취약성을 극복하는 데 적지 않은 도움이 되었다고 말할 수 있다. 어쨌든, 저작권자들의 오랜 공격에도 불구하고 파이럿베이는 2003년 이래 가장 강력한 비트토렌트 사이트의 지위를 잃은 적이 없으며, 2016년에는 '킥애스토렌트(Kickass Torrent)'가 미국 법원에 의해 강제 폐쇄됨에 따라 다시금 세계에서 가장 많은 사람들이 방문하는 토렌트 사이트가 되었다.

비트토렌트 네트워크에 대한 많은 저작권 분쟁에도 불구하고, 비트토렌트는 현재 음악, 영화, 텔레비전 프로그램, 소프트웨어, 전자 도서, 컴퓨터 게임 등의 산업에서 대용량 파일의 합법적이고도 효과적인 배포 수단으로 널리 사용되고 있다. 예컨대, '디아블로 3(Diablo III)', '스타크래프트 2(StarCraft II)', '월드 오브 워크래프트(World of Warcraft)' 등과 같은 온라인 게임을 운영하는 '블리자드 엔터테인먼트(Blizzard Entertainment)'는 자체 비트토렌트 클라이언트를 개발하여 회원들에게 게임 서비스를 제공하고 있다. 그리고 캐나다 방송국(Canadian Broadcasting Corporation)은 〈캐나다의 위대한 차기 수상(Canada's Next Great Prime Minister)〉이라는 공중파 텔레비전 프로그램을 비트트렌트 기술로 대중에게 공급하기도 했다. 또한, 아마존 클라우드 컴퓨팅의 '아마존 에스쓰리'는 이용자들의 데이터 파일 저장과 접근을 위해 비트토렌트 프로토콜 사용을 지원하고 있다. 나아가, 페이스북과 트위터와 같은 사회관계망 사이트는 각각의 서버에 업데이트 데이터를 전송하기 위하여 비트토렌트를 사용하고 있다. 이처럼 오늘날 콘텐츠 벡터와 플랫폼 벡터가 비트토렌트 기술을 광범위하게 수용하고 있는 것은 무엇보다도 대용량 데이터의 저장과 전송에 소요되는 막대한 서버와 대역폭 부담을 획기적으로 경감시켜주는 피투피 네트워크의 장점에 기인한 것이라 할 수 있다. 비록 저작권물이 종종 불법적으로 다운로드되는 데 사용되기도 하지만, 비트토렌트 네트워크가 다른 수많은 적법한 용도로 사용되고 있기 때문에 그것을 단순히 봉쇄할 수만은 없는 일인 것이다. 비트토렌트가 지닌 이러한 혁신 잠재성이 시장의 기득권자들로 하여금 냅스터의 경우와는 달리 일방적으로 피투피 네트워크를 봉쇄하기보다는 새로운 사업 기회 확장의 효율적 수단으로 활용하도록 이끌고 있는 것이다.

3) 비트코인 블록체인(Blockchain)과 '중심/탈중심' 사회관계

비트토렌트 피투피 파일 공유와 공개 열쇠(pubkic-key) 암호화 기술의 산물이라 할 수 있는 블록체인은 최근 메인 프레임, 개인용 컴퓨터, 인터넷, 이동 기기/에스엔에스(SNS)에 이은 다섯 번째의 컴퓨팅 혁신 패러다임으로 종종 일컬어진다. 그것이 중간자 혹은 제3자 중개인이 필요 없는 완전히 새로운 인간관계의 조직화를 가능하게 해줄 것이라는 전망 때문이다(Swan Melanie, 2015). 블록체인은 2008년 비트코인의 등장을 뒷받침한 기술인데, 비트코인은 피투피 네트워크 속의 모든 사용자들에게 믿을 수 있고 조작 불가능한 거래 장부를 배포하여 역사상 처음으로 완전히 분산적이고 탈중심화된 디지털 거래 시스템 구축의 길을 열었다. 기존의 온라인 거래는 통화의 중복 결제 가능성이라는 치명적인 문제 때문에 거래 장부를 기록하고 관리하는 제3의 중개자에 여전히 의존할 수밖에 없었다. 그러나 중복 결제 문제는 모든 거래를 기록한 공개 장부인 블록체인 덕분에 해결될 수 있었다. 화폐의 소유권이 공개 장부에 기록되고 모든 피어들에 의해 확인될 수 있기 때문이다. 어떤 개인도 블록체인을 독점하거나 통제할 수가 없으며, 어떤 거래도 피어들 사이에 직접적이고 즉각적으로 이루어질 수 있게 되었다. 피투피 네트워크 자체가 기존의 제3자 중개인의 역할을 대체하게 된 것이다.

블록체인은 최신 암호화 기술의 역설적 결과물이라 할 수 있다. 개인들의 다양한 거래 정보를 보호하기 위한 암호화 노력은 오히려 개인들 사이의 거래를 안전하게 공개할 수 있는 결정적 수단을 제공했다. 블록체인의 공개 열쇠 암호 방식(public-key cryptography)은 개별 사용자에게 개인 열쇠(private key)와 공개 열쇠라는 두 개의 열쇠를 부여한다. 전자는 은행 계좌의 비밀번호처럼 사용자 본인만이 알고 있는 비밀 열쇠이며, 후자는 은행 계좌 번호처럼 다른 사람들에게 알려진 열쇠이다. 그래서 만일 A라는 사람이 B라는 사람에게 비트코인을 전송할 때, A는 B의 공개 열쇠를 내포한 거래 메시지를 만들어 그것을 자신의 개인 열쇠로 서명한다. 그리고 이것이 A의 공개 열쇠로 기록되고, 시간 직인이 찍

혀 블록체인에 게시된다. 그리하여 블록체인 참가자는 누구라도 A의 이러한 공개 열쇠를 열람하고 A와 B 사이의 거래 메시지가 A의 개인 열쇠로 서명되었음을 확인할 수 있다. 이처럼 개인 열쇠가 공개 열쇠를 통제하기 때문에 거래의 익명성이 보장될 뿐만 아니라, 블록체인의 어떠한 부분이라도 손상시키고자 하는 모든 시도는 즉각적으로 공개된다. 동일한 거래 내용을 변경하고자 해도, 새로운 해시가 이전의 해시와 일치하지 않게 되어 그러한 시도는 성공하기 어렵다. 모든 이용자들이 맨 처음 블록에서부터 가장 최근의 블록에 이르기까지 모든 거래의 역사와 계좌의 정확한 상태를 알려주는 훼손 불가의 거래 장부를 보유할 수가 있게 된 것이다.

그런데 블록체인 기술은 단순히 비트코인과 같은 화폐 거래에서만이 아니라, 금융, 주택, 자동차, 투표, 관념, 평판, 의도, 건강 데이터, 정보 등을 포함하는 모든 형태의 자산 등록과 교환과 관리에도 적용될 수 있다(Swan Melanie, 2015). 확실히, 모든 자산의 분산 공개 장부라 할 수 있는 블록체인은 이용자들이 더 이상 제3의 중개자를 거칠 필요 없이 값싸고 신속한 개인 간 직접 거래를 가능하게 해준다는 점에서, 이전의 냅스터가 음악 산업에 제기한 도전과 유사한 도전을 금융을 포함한 거의 모든 산업 부문에 제기한다고 볼 수 있다.

이메일 통신 분야의 '비트메시지(Bitmessage)'는 이러한 도전의 한 가지 대표 사례라 할 수 있다. 그것의 이용자들은 민간 기업이 소유한 중앙 서버를 통하지 않고 서로 이메일을 주고받을 수 있다. 비트메시지 소프트웨어를 사용하는 피어들의 네트워크에서 모든 이메일 메시지는 공개 열쇠 암호화 방식을 통해 암호화되며 다른 메시지들과 뒤섞인다. 그리고 누가 메시지의 발신자이고 수신자인지를 알 수가 없게 처리된 암호화된 메시지는 비트메시지 네트워크 참여자 모두에게 전달된다. 오직 자신의 개인 열쇠로 특정 메시지를 해독할 수 있는 사람만이 해당 메시지의 수신자가 된다. 한편, 비트메시지 네트워크는 암호화된 메시지를 영원히 보관하지 않으며 이틀 동안만 저장한 후 각 노드에서 삭제한다. 이처럼 비트코인 아이디어를 적용하여 탄생된 분산적이고 암호화된 피투피 커뮤니케이션 프로토콜 비트메시지는 국가 기관의 직접적 감시나 국가의 데이터 제공 요구에 취약할 수밖에 없는 이메일 서비스 제공 기업의 통제를 받지 않고 이용자들이 자유로운 커뮤니케이션 환경을 스스로 구축할 수 있는 가능성을 열어주고 있다.

블록체인 기술에 토대를 둔 인터넷 탈중심화의 또 다른 주요한 사례는 '네임코인(Namecoin)'에서 찾을 수 있다. 네임코인은 분산적이고 탈중심화된 인터넷 도메인 명칭 시스템(Domain Name System: DNS)을 위해 만들어졌다. 오늘날 인터넷 도메인 명칭 시스템은 초국적 기구인 인터넷주소자원관리기구(Internet Corporation of Assigned Names and Numbers: ICANN)가 관리하고, 그것의 근본 서버는 미국 정부의 통제 아래 있으며, '닷컴'과 같은 핵심 최상위 도메인 명칭 등록은 미국 정부가 인증한 민간 기업 베리사인(VeriSign)이 담당하고 있다. 다시 말해서, 현재의 인터넷 도메인 명칭 시스템은 매우 중앙집중화되어 있으며, 인터넷 도메인은 궁극적으로 인터넷주소자원관리기구나 베리사인과 같은 중앙 관리 주체에 의해 얼마든지 등록이 취소될 수 있는 취약성을 지니고 있다. 반면, 네임코인은 인터넷의 도메인 명칭과 인터넷 프로토콜 주소를 서로 연결하는 데이터베이스를 미국 정부의 통제를 받는 인터넷주소자원관리기구가 아니라, 네임코인 네트워크 속에 있는 모든 사용자들의 컴퓨터가 보유할 수 있게 함으로써, 탈중심적이고 분산적인 인터넷 도메인 명칭 등록 시스템을 구축했다. 그리하여 누구라도 네임코인 지갑을 이용하여 네임코인 블록체인에서 매우 저렴하고도 신속하게 '닷빗(.bit)' 도메인을 구매할 수가 있다. 이용자들이 인터넷주소자원관리기구의 '닷컴'이나 '닷넷(.net)'에 비유될 수 있는 분산적이고 탈중심화된 네임코인 블록체인에 최상위 인터넷 도메인 '닷빗'을 등록한다면, 언제라도 웹 사이트를 삭제할 수 있는 정부나 기업의 통제와 감시로부터 자유로운 인터넷 도메인을 가질 수가 있을 것이다.

블록체인 기술은 페이스북이나 트위터를 대체하는 새로운 분산 사회관계망 플랫폼의 구축에도 활용될 수 있다. 기존 사회관계망 플랫폼은 사용자가 직접 제작하고 창출한 콘텐츠와 데이터에 거의 전적으로 의존하고 있다는 점에서, 그것의 경제적 가치는 대부분 사용자들로부터 만들어진 것이라 할 수 있다. 하지만 플랫폼 기업들은 자신들의 중앙 서버에 저장된 사용자들의 콘텐츠와 데이터를 분류하고, 분석하고, 거래하고, 판매하여 막대한 수익을 독점하고 있다. 최근 이러한 불균형에 착목하여 사회관계망 플랫폼 사용자들이 자신의 생산물로부터 직접적인 경제적 보상을 받을 수 있는 분산된 피투피 사회관계망 플랫폼이 등장하고 있다. 대표적으로, 2014년도에 출범한 '시네리오(Synereo)'는 운영자의 경제적 이익에 따라 추동되지 않고, 폐쇄 불가능하며, 콘텐츠 생산자들에게 보상을 하며, 중앙 통제권이 없는 전혀 새로운 유형의 사회관계망 사이트라고 할 수 있다. 그것은 사용자들이 중앙 서버에 연결될 필요 없이 서로 직접 상호작용하도록 해주는 완벽하게 탈중심적이고 분산적인 네트워크다. 모든 사용자들의 콘텐츠는 안전하게 암호화되어 그 누구도 통제할 수 없는 공적 블록체인에 기록된다. 그래서 이용자들의 사회관계망은 정부나 인터넷 서비스 제공자와 같은 중앙 권력에 의해 봉쇄되거나 폐쇄될 수가 없다.

그뿐만 아니라, 시네리오의 '관심 경제' 모델을 통해 사용자들의 콘텐츠 생산 노동은 화폐 형태로 보상받을 수 있다. 인터넷 콘텐츠가 많아질수록 그것의 소비에 필요한 관심은 점점 더 희소재가 된다고 볼 수 있으며, 이러한 관심의 가치는 '에이엠피(AMP)'라는 네트워크 통화로 현실화할 수 있다. 에이엠피로 추동된 콘텐츠는 다른 사용자들에게 전달되고 노출될 가능성이 커진다. 그래서 사용자는 에이엠피로 자신과 다른 사람들의 포스팅을 추동할 수 있는데, 대부분의 에이엠피는 콘텐츠에 노출된 사람들에게 그들의 관심과 시간에 대한 보상으로 지급된다. 사용자가 생산한 콘텐츠가 네트워크 공동체로부터 보상받을 수 있는 길이 열리는 것이다. 물론 일반 사용자들이 자신들의 친구들이나 관심 그룹들에 보내는 일상적 콘텐츠에 에이엠피를 쓸 일은 별로 없겠지만, 광고주는 자신의 상품 판촉에 적지 않은 양의 에이엠피를 할 수밖에 없을 것이다. 그리하여 광고 비용은 더 이상 중앙 플랫폼 기업이 아니라 그것을 보는 사용자들에게 직접 지불될 수 있다.

한편, 이러한 블록체인 기술과는 다른 방식으로 오늘날의 클라우드 컴퓨팅 서버나 데이터 센터에 의존하지 않고서 모든 웹 서비스를 제공할 수 있는 완전히 새로운 분산 인터넷을 구축하려는 프로젝트들도 출현하고 있다. 대표적으로, '메이드세이프(Massive Array of Internet Disks with Secure Access For Everyone: MaidSafe)'는 어떤 중간 매개자나 제3자도 네트워크 속 데이터에 접근하거나 그것을 가로채고, 복사하고, 도용하고, 판매할 수가 없는 완벽하게 분산적이고, 안전하며, 견고한 개인들 간의 네트워크를 만들려고 한다. 그것은 자신들의 컴퓨터 자원 일부(사용하지 않는 저장 공간, 중앙처리장치, 대역폭 등)를 전체 네트워크의 구동과 파일 저장에 사용하기로 한, 이른바 '파머(farmer)'들 사이의 분산적이고 탈중심화된 인터넷이라 할 수 있는 '세이프(Secure Access for Everyone: SAFE)' 네트워크를 통해 이루어진다. 서버나 데이터 센터를 개별 인터넷 사용자들의 컴퓨터로 대체한다는 것이다. 네트워크 속에서 모든 데이터 파일은 암호화되고 이에 대한 암호 열쇠가 생성된다. 데이터 묶음은 탈중심화된 네트워크로 배포되며 다수의 복사본이 상이한 시간대의 파머들 컴퓨터에 안전하게 저장된다. 당연히 그것은 오직 암호 열쇠를 가진 사용자만 열어볼 수 있다. 또한, 최소한 4개 이상의 동일한 데이터 묶음이 항상 네트워크 속에 존재하기 때문에, 설사 하나의 노드가 손상되어도 전체 네트워크 속에서 해당 데이터가 사라지게 될 가능성은 없다. 아울러, 메이드세이프는 도메인 명칭 시스템을 사용하지 않으며, 모든 데이터는 암호화된 패킷으로 라우터를 통해 전달된다. 그래서 데이터가 메이드세이프 네트워크 속의 데이터인지도 알 수가 없기 때문에 어떤 국가도 전체 인터넷을 폐쇄하지 않는 한 세이프 네트워크를 폐쇄할 수가 없다.

나아가, 네트워크 참가자들은 이에 대한 보상으로 '세이프코인(Safecoin)'을 받게 되는데, 그것은 사용자의 지갑에 저장되어 네트워크 서비스나 응용 기술 사용을 위해 쓰이거나 다른 화폐와 교환될 수도 있다. 파머들뿐만 아니라 애플리케이션 개발자들도 세이프코인 지갑을 통해 네트워크에서 자신들이 사용자들에게 제공한 웹 서비스에 대한 보상으로 세이프코인을 얻을 수 있다. 세이프코인은 메이드세이프가 더 많이 확산되고 사용되게 하는 연료인 셈이다. 그리고 서버 중심 구조와는 달리, 더 많은 사용자가 네트워크에 결합할수록 데이터 처리 속도도 더 빨라진다는 점에서 그것보다 더 나은 실행 능력을 가지고 있다고 말할 수 있다. 요컨대, 메이드세이프는 지속 가능한 웹 콘텐츠 사업 모델을 발굴하고, 사용자들의 데이터와 프라이버시를 보호하고, 해킹과 악성 코드와 감시를 봉쇄할 수 있는 완전히 새로운 인터넷을 구축하고자 하는 노력으로 이해할 수 있다.

이처럼 블록체인과 피투피 기술이 열어주고 있는 분산 인터넷 구축의 새로운 전망에도 불구하고, 그것의 탈중심화 동학이 금융을 포함한 기존의 많은 산업 부문에 단순히 위협이 되기만 한 것은 아니다. 기존 산업이 그것을 자산의 안전하고도 투명한 관리와 거래와 계약의 효율적 수행을 촉진시켜줄 수단으로 활용하는 것도 얼마든지 가능하기 때문이다. 실제로, 이는 누구라도 참여할 수 있는 공적 블록체인보다는 제한된 참가자들만으로 구성된 컨소시엄 블록체인이나 사적 블록체인의 구축으로 나타나고 있다. 글로벌 금융의 경우, 최근 시티그룹(Citigroup), 뱅크오브아메리카(BOA), 골드만삭스(Goldman Sachs) 등을 포함한 40개 이상의 금융 기관들은 'R3CEV'라는 컨소시엄을 만들어 부분적으로 탈중심적인 컨소시엄 블록체인을 실험하고 있다. 금융 거래의 중간자를 대체하는 블록체인 플랫폼을 통해 거래의 보안성을 높이고 시간을 단축하며 지불의 공간 장벽을 제거함으로써 수천억 달러의 글로벌 뱅킹 비용을 절감할 수 있을 것으로 보기 때문이다. 금융 이외의 부문에서도, 블록체인은 다이아몬드, 예술품, 의약품, 고가 물품 등의 채굴, 생산, 제조로부터 최종 판매에 이르기까지 전 과정을 기록함으로써, 그것들의 불법적 유통을 원천적으로 봉쇄하고 안전한 거래를 담보하는 기술로 평가받는다.

대부분의 경우, 블록체인의 이러한 활용은 계약을 촉진하고 실행하고 강제할 수 있도록 하는 컴퓨터 프로그램 코드 '스마트 계약(smart contract)'을 통해 이루어진다. 거래 당사자 간 계약서는 암호화된 프로그램 코드로 전환되어 안전하고 검증 가능하며 훼손 불가능한 제한된 참가자들 사이의 분산 장부에서 실행되는 스마트 계약이 된다. 그리고 그것은 자산의 보관자이자 모든 계약과 거래의 공증을 담당하는 은행, 보험 회사, 자본 회사 등과 같은 금융 기관과 연결되며, 블록체인을 들여다볼 권한을 가진 정부 기관은 스마트 계약 시스템을 지속적으로 모니터링할 수 있다. 최종적으로, 당사자 간 계약 조건이 모두 충족되었다는 데이터가 제공되면 스마트 계약은 자동적으로 실행된다. 나아가 그것은 음악, 영화, 뉴스 등의 콘텐츠 복제를 예방할 뿐만 아니라 마이크로페이먼트의 전면적 실행을 가능하게 해줄 것으로 기대되기도 한다. 마이크로페이먼트는 개인들이 블록체인을 통해서 자신들의 데이터를 안전하게 저장하고 스스로 화폐화할 수 있을 정도로 데이터 주체의 소유와 통제 강화의 주요 수단으로 간주되기도 한다.

4. 결론

오늘날의 디지털 네트워크 시대에 모든 중간자의 권력은 콘텐츠와 데이터의 유통과 배급 수단의 소유권과 통제권으로부터 나온다. 언론, 출판, 음악, 영화 산업의 중간자들은 지식, 정보, 문화 상품의 복제, 유통, 배급에 소요되는 막대한 비용을 근거로 자신들의 지적 재산권 보호를 정당화한다. 온라인 검색과 사회관계망 산업의 중간자들은 온라인 콘텐츠의 보급과 배포를 위한 플랫폼의 제공을 이유로 그것에서 창출되는 사실상의 모든 수익을 전유한다. 금융을 포함한 다양한 산업 부문의 중간자들은 거래 데이터에 대한 공신력 있는 보증을 토대로 막대한 시장 권력을 획득한다. 그런데 이들 신문, 도서, 음악, 영화, 라디오, 텔레비전, 전신, 케이블, 위성, 인터넷 플랫폼, 은행, 증권 거래소, 등기소 등의 중간자들이 현재 자신들의 기득권을 계속 이어가는 방식은 여전히 대규모 인구를 포괄하기 위해서는 물질 자본의 대규모 투자가 필수적이라는 전통적 산업 논리에 의존하고 있다.

그러나 이들 부문의 활동이 점점 더 컴퓨팅과 디지털 네트워킹에 의해 매개되고 있는 최근의 상황에서는 기존의 벡터 계급이 누리던 독점적 지위의 정당성이 점점 더 취약해질 수밖에 없다. 세계 대다수 사람들이 컴퓨터와 이동 기기로 거의 항상 인터넷에 연결되어 있다는 사실은 그들 스스로가 이미 대규모 정보 생산과 배포의 물질적 수단과 경제적 비용을 대부분 책임지고 있다는 정보 경제의 중요한 변화를 시사한다. 따라서 도서, 신문, 음반, 필름 등의 물질적 형태로 더 이상 전환될 필요가 없는 지식, 정보, 문화의 비물질재 배포와 저장 비용을 자신의 컴퓨터와 통신망 연결로 부담하고 있는 소비자들에게 콘텐츠 벡터 계급의 막대한 복제와 유통 비용의 보전을 위해 지적 재산권이 강화되어야 한다는 주장은 커다란 설득력을 얻기 어렵다. 그리고 인터넷 검색과 사회관계망 사이트의 경우에서도, 이들 서비스의 플랫폼 벡터 계급은 클라우드 컴퓨팅이라는 서버-클라이언트 모델의 심화와 확장을 통해 막대한 수익을 얻어 가지만, 그것의 대부분은 콘텐츠 생산과 유통의 비용을 스스로 감당한 이용자들의 노동을 착취하거나 수탈한 지대, 즉 불로소득에 다름 아니라는 비판의 목소리가 높아지고 있다. 또한 전통적인 금융과 등기 산업 부문에서도, 자신들의 컴퓨터 중앙처리 장치, 저장 공간, 대역폭 등을 제공하여 다른 사람들과의 컴퓨터 네트워크를 구축할 수 있는 조건에서, 개별 네트워크 참가자들에게 신뢰할 만하고 훼손 불가능한 모든 거래의 공개 장부가 제공될 수 있다면, 거래의 신뢰성을 보증한다는 이유로 기존의 모든 금융 벡터 계급이 누렸던 특권적 지위는 작지 않은 위기에 직면하게 될 것이다.

이러한 컴퓨팅과 네트워킹의 기존 벡터 계급에 대한 도전은, 한편으로는 탈중심적이고 분산적인 피투피 네트워크를 구축하려는 다양한 실천들에 의해 추동되어온 반면, 다른 한편으로는 컴퓨터 네트워크를 거대한 서버 중심의 중앙 집중적 구조로 만들려는 지배적 노력에 의해 통제되고 관리되어온 것도 사실이다. 지난 수십 년간의 컴퓨터 네트워킹의 역사는 인터넷의 탈중심화와 중심화 동학, 생산자/소비자와 중간자, 해커 계급과 벡터 계급 사이의 끊임없는 충돌과 결부된 과정이었던 것이다. 냅스터는 이용자들이 자신들의 컴퓨터에 저장되어 있는 파일을 다른 모든 이용자들도 직접적이고도 자유롭게 다운로드할 수 있도록 해주는 피투피 네트워크였다. 냅스터 네트워크 참가자들은 기본적으로 그것을 개인들이 카세트 녹음기를 사용하여 다른 사람의 음악을 비상업적 용도로 복제했던 당시의 일반적 관행과 별반 다를 것이 없다고 보았다. 그러나 자신들을 경유하지 않을 뿐만 아니라 자신들이 통제할 수도 없는 분산적 음악 유통망을 용납할 수 없었던 음악 산업의 중간자들은 지적 재산권을 무기로 냅스터 네트워크를 봉쇄했다. 이것이 가능했던 이유는 무엇보다도 냅스터의 불완전한 피투피 네트워킹 구조 때문이었다. 파일 검색과 다운로드 링크 제공에 관한 한, 냅스터는 저작권 소송에 취약할 수밖에 없는 서버-클라이언트 시스템으로 볼 수 있었던 것이다. 그래서 문제는 결국 클라우드 컴퓨팅 시스템이 피투피 네트워킹의 시장 잠재성을 흡수하거나 아니면 기술적으로 더욱 온전한 분산 피투피 네트워킹의 실현 방안을 찾는 데서 해결되어야 하는 것이 되었다. 그리고 전자는 냅스터에 이미 배태되어 있었던 웹 2.0의 사업 모델이 아마존, 구글, 페이스북 등의 클라우드 컴퓨팅의 확산으로 현실화되었고, 후자는 분산 해시 테이블의 도입으로 트래커 없는 비트토렌트 네트워크를 만들고자 한 파이럿베이와 같은 토렌트 사이트에 의해 지속적으로 추구되었다. 물론, 그 자체로는 대용량 파일의 효율적 전송 기술에 다름 아닌 비트토렌트가 일부 콘텐츠 벡터와 플랫폼 벡터에 의해 합법적인 방식으로 널리 사용되고 있긴 하지만, 파이럿베이는 공유되는 파일의 적법성 여부를 떠나 원하는 모든 파일이 이용자들 사이에 제약 없이 배포될 수 있는 비트토렌트 네트워크를 유지시켜왔다.

확실히, 중앙 서버를 경유하지 않는 피어들 간의 직접적 통신은 기존의 콘텐츠 벡터 계급이나 최근의 플랫폼 벡터 계급 모두에게 간단하지 않은 도전이 된다. 개별 피어들 사이의 직접적 파일 공유를 추적하고 금지하는 것이 물리적으로 쉽지 않기 때문에, 콘텐츠 벡터 계급은 냅스터나 비트토렌트 사이트들의 파일 검색과 관련한 중앙 서버 기능을 문제 삼아 그것들의 저작권 침해 책임을 물었다. 따라서 이들 사이트가 최소한의 서버 의존성조차도 탈피한 완전한 피투피 네트워크를 만들게 된다면, 콘텐츠 벡터가 네트워크 참가자들에게 저작권을 실질적으로 강제할 힘도 상당히 약화될 수밖에 없을 것이다. 사업의 거의 대부분을 사용자 제작 콘텐츠와 데이터에 기대는 플랫폼 벡터 계급에게도, 그러한 콘텐츠와 데이터가 자신의 중앙 서버에 기록되지도 저장되지도 않는 피투피 네트워크는 플랫폼 사업의 근간을 흔드는 위협이 될 수 있다. 실제로, 피투피 네트워킹 기술이 최근의 암호화 기술과 결합하면, 강력한 중앙집중적인 클라우드 컴퓨팅에 귀속되지 않는 이전과는 완전히 새로운 탈중심적이고 분산적인 인터넷을 만들 수도 있다. 네트워크 속의 모든 콘텐츠와 데이터를 암호화하여 특정 중앙 서버나 데이터 센터가 아닌 네트워크 참가자들의 개별 컴퓨터에 저장함으로써, 오직 암호 열쇠를 가진 사람들만이 네트워크에 분산되어 있는 자신의 자료를 열어볼 수 있는 시스템을 생성할 수가 있는 것이다.

그런데 이러한 피투피 파일 공유 네트워크는 최신의 공개 열쇠 암호화 기술과 결합하여 은행을 포함한 다양한 분야의 금융 벡터 계급에게도 중대한 도전이 되고 있다. 모든 거래와 자산의 공개적이고 분산되어 있는 장부인 블록체인이 더 이상 제3자의 중개를 거칠 필요가 없는 피어들 간의 신속한 직접 거래의 신뢰성과 안전성을 담보해줄 수 있기 때문이다. 실제로 블록체인은 원천적으로 국가 기관과 거대 기업의 감시와 통제로부터 자유로울 수 있는 새로운 인터넷 도메인 명칭 시스템과 사회 연결망 구축 등과 같은 다양한 인터넷의 탈중심화 작업에 활용되고 있을 뿐만 아니라, 은행이나 등기소 등과 같은 중간자를 경유하지 않는 화폐와 자산 거래의 분산된 피투피 네트워크를 창출하려는 수많은 노력의 기술적 토대가 되고 있다. 물론, 이러한 도전이 반드시 기존 금융 벡터 계급의 권력 약화를 불러오는 것은 아닌바, 금융 벡터 계급은 사업의 효율성 확대와 비용 절감 등과 같은 블록체인이 제공해주는 가능성을 활용함으로써 기존의 중앙집중적 권력을 강화할 수도 있기 때문이다.

제9장

자유/무료 노동의 화폐적 보상

1. 머리말

인터넷이 구글, 페이스북, 트위터, 유튜브 등 웹 2.0의 거인들을 알지 못하고 대화방, 유즈넷, 전자 게시판, 머드, 메일링 리스트, 홈페이지 등을 통칭하던 시절에 이미 테라노바는 대화방에 참여하고, 전자 게시판을 읽으며, 가상 게임을 즐기고, 웹 사이트를 만드는 온라인 활동이 현대 자본주의의 새로운 축적 원천이 되고 있다고 주장했다. 테라노바는 '자유/무료 노동'이라는 개념을 통해 이런 변화의 성격을 설명했는데, 이는 오늘날까지도 디지털 경제의 핵심 모순에 관한 논의의 일차적 준거가 되고 있다(Andrejevic, 2011a; Arvidsson, 2005; Bohm and Land, 2012; Hesmondhalgh, 2010; Zwick, Bonsu, and Darmody, 2008; 이항우, 2014b). 한편, 테라노바는 일반적으로는 노동으로 간주되지 않는 일상적 인터넷 활동을 분명한 가치 생산 활동, 즉 노동으로 정의함으로써 정동 자본주의의 노동에 관한 우리의 개념 지평을 확장시켰다. 다른 한편으로, 테라노바는 자유/무료 노동을 "자발적으로 제공됨과 동시에 급여를 받지 않은, 즐겼음과 동시에 착취당한"(Terranova, 2004: 74) 노동으로 정의함으로써 정동 자본주의 착취 문제에 관한 비판적 관점을 환기시켰다. 테라노바는 인터넷 이용자들의 활동이 디지털 자본주의에 의해 초과 생산 노동으로 전환되어 "즐겁게 수용되면서도 동시에 종종 파렴치하게 착취"(Terranova, 2004: 78)된다고 지적했다. 하지만 동시에 그것이 "반드시 착취당한 노동"(Terranova, 2004: 91)으로 간주될 수는 없다고 말했는데, 이는 그것이 "커다란 금전적 보상을 받지 않았다"는 의미에서의 무료 혹은 부불 노동이지만, "소통과 교환의 즐거움을 얻기 위해 기꺼이 수긍했다"(Terranova, 2004: 91)는 의미에서의 자유 혹은 강제되지 않은 노동이었기 때문이다. 이러한 개념적 중첩성이 흔히 착취 문제에 관한 애매하고 유보적인 태도를 초래하지만, 자유/무료 노동의 착취 문제는 오늘날 정동 자본주의의 중요한 딜레마임이 분명하다.

실제로 이 문제는 최근 학술적으로나 사회적으로도 상당한 주목을 받고 있다. 예컨대, 2005년 2월에 설립된 유튜브는 2006년 11월에 16억 5000만 달러의 가격으로 구글에 매각되었다. 그런데 종업원 수가 65명에 불과하고 창립된 지도 채 2년이 되지 않은 소규모 기업이 이처럼 높은 시장 가치를 가질 수 있었던 것은 당시 매월 평균 3400만 명에 달하는 방문자들에 의해 만들어진 세계 최고 인기 동영상 사이트라는 브랜드 가치에 힘입은 바가 컸다. 물론, 그렇다고 해서 사이트 이용자들이 두 회사의 거래에서 경제적 이익을 얻은 것은 거의 없다. 그래서 한편에서는 이용자들의 가치 생산 활동이 경제적으로 보상받지 못한 부불 노동으로 착취당했다는 비판이 제기되기도 했고, 다른 한편에서는 그들이 수행한 공동 생산(co-production)이 다른 많은 기업들에게도 '공짜 점심'을 얻기 위한 유력한 방안이 될 수 있다는 유혹적 평가가 공유되기도 했다. 부불 노동으로 비판받든 혹은 공동 생산으로 칭송되든, 디지털 네트워크 이용자들의 플랫폼 활동이 유튜브, 구글, 페이스북 등을 포함한 많은 기업들에게 커다란 수익을 가져다주는 원천이 되고 있다는 사실에는 이견이 없다.

그리하여 '좋아서 하는 일이 돈 받고 하는 일보다 더 나은 성과를 거두기도 한다'는 상식적 관념을 넘어서서, '좋아서 한 일을 과연 돈으로 보상받으려 해서는 안 되는 것인가'라는 반문의 목소리가 커지고 있다. 이는 미국의 인터넷 서비스 제공사 중의 하나인 아메리카 온라인(America Online: AOL)과 온라인 뉴스 사이트 허핑턴포스트가 연루된 최근의 두 가지 법률 분쟁에서 확인할 수 있다. 첫째, 아메리카 온라인은 수만 명의 부불 자원봉사자들에 대한 사이버 노동 착취를 했다는 이유로 1996년 집단 소송을 당했는데, 7000명가량이 참가한 10여 년의 분쟁 끝에 미국 연방 법원은 회사가 1500만 달러를 내놓기로 한 양자 합의를 최종 승인했다. 흔히 커뮤니티 리더(community leader) 혹은 원거리 직원(remote staffer)으로 불리며 아메리카 온라인을 대신하여 대화방을 관장하고, 부적절한 게시글을 삭제하고, 문제 이용자들을 단속하는 작업을 수행한 온라인 자원봉사자들의 노동을 회사가 부당하게 착취했다는 사실이 인정된 것이다. 둘째, 2012년 3월 30일 뉴욕 지방 법원은 허핑턴포스트의 블로거들이 2011년 4월 회사를 상대로 제기한 1억 500만 달러의 집단 소송을 기각했다. 허핑턴포스트가 2011년 2월 아메리카 온라인에 3억 1500만 달러에 매각되었다는 결정이 알려지자, 블로거들은 기업 가치의 적어도 3분의 1은 사이트에 기사를 무료로 게재한 수천 명의 블로거들이 만든 것이라고 주장하며 자신들의 부불 노동에 대한 보상을 요구했다. 하지만, 법원은 누구도 블로거들로 하여금 허핑턴포스트에 기사를 싣도록 강제하지 않았으며, 블로거들 스스로가 보상을 기대하지 않았다는 점을 인정했다는 이유로 허핑턴포스트의 손을 들어주었다. 콘텐츠를 생산한 사람들이 보상받아야 한다는 블로거들의 주장은 받아들여지지 않은 것이다.

그런데 커뮤니티 리더와 블로거들에 대한 이러한 상이한 법적 판단은 그들이 기업과 맺은 관계의 계약적 성격의 강도에 따른 것이지 기업의 가치 창출에 대한 그들의 기여 여부에 따른 것이라고 볼 수는 없다. 따라서 사이트 이용자들에 의해 창출된 가치의 정당한 분배 문제는 이상의 법적 결정과는 별도로 여전히 사회적으로 유효한 이슈다. 허핑턴포스트의 소유주인 아리아나 허핑턴(Arianna Huffington)은 "(연결하고, 자신의 열정을 공유하고, 자신의 견해가 널리 퍼지기를 원하는 사람들에 의한) 무료 콘텐츠는 페이스북, 트위터, 텀블러(Tumblr), 옐프(Yelp), 포스퀘어(Foursquare), 트립어드바이저(TripAdvisor), 플리커, 유튜브에서 나타나는 많은 부분의 원동력"(LA Times, 2011)이 되고 있으며, "블로거들은 자신의 생각과 관점을 가능한 한 많은 사람에게 알리기 위해 우리 플랫폼을 이용한다"(Guardian, 2011)는 논리로 자신을 정당화한다. 반면, 허핑턴 블로거들이 "아리아나 허핑턴 농장의 현대판 노예로 전락"(Guradian, 2011)하고 말았다고 주장한 소송 주도자 조너선 타시니(Jonathan Tasini)는 "모든 개별 창작자들이 무료로 작업해야 한다는, 지구 상의 모든 미디어 자산을 통해 퍼져 나가는 암과도, 같은 사고"(Guardian, 2012)에 맞서 계속 싸울 것임을 천명했다.

이 장은 정동 자본주의 자유/무료 노동의 착취와 보상을 둘러싼 최근의 쟁점을 다룬다. 구체적으로, 자유/무료 노동이 어떻게 지식, 정보, 문화, 소통, 관계, 브랜드 등의 비물질재 생산뿐만 아니라 다양한 범주의 물질재 생산에도 긴밀하게 연루되고 있으며, 그것이 어떻게 자본의 경영 기능을 점점 더 생산의 외부 요소로 만들어 '자본의 지대되기' 경향을 강화시키고 있는지 살펴본다. 또한, 이 연구는 자유/무료 노동의 부불적 성격에서 제기되는 착취 문제를 정동 자본주의 축적 체제를 뒷받침하는 주요 담론 자원이라 할 수 있는 노동의 강제성 혹은 자발성 요소와 평판이나 동료 인정 등과 같은 비물질적 보상의 측면과 결부시켜 검토한다. 아울러, 이 장은 디지털 저작권 관리 시스템이 지대 추구 경제를 기술적으로 더욱 심화시키고 네트워크 속 인구들의 오랜 자발적·문화적 실천을 제한하고 있음을 밝힌다. 나아가, 소액결제 시스템이 어떻게 디지털 노동 생산물의 무료화에 대한 시장주의적 해결책으로 간주될 수 있는지를 검토한다. 마지막으로, 정동 자본주의 부와 가치의 사회적·공통적 생산 논리를 분배의 영역으로 확장하는 보편적 기본소득 관념이 어떻게 자유/무료 노동의 화폐적 보상에 관한 유효한 대안이 될 수 있는지를 살펴본다.

2. 자유/무료 노동과 착취

1) 비물질 노동: 물질재와 비물질재의 생산

정동 자본주의 가치 창출과 자본 축적의 핵심 자원은 흔히 사회구성원의 일반 능력, 실용 지식과 경험, 암묵적 지식, 사회문화적 소양, 인구들의 상호 관계와 상호작용의 질, 조직의 역량 등으로 표현되는 무형 자산 혹은 비물질재다. 1980년대 중반 이래, 주요 경제협력개발기구 국가들에서 연구 개발, 소프트웨어, 교육, 판촉(광고), 기술 사용료(로열티, 라이선스) 등과 같은 비물질 자산에 대한 투자 증가율은 트럭, 컴퓨터, 기계, 사무실, 상점, 주택 등과 같은 물질 자산 혹은 총고정자본구성체에 대한 그것을 넘어서기 시작했으며 그 간극은 시간이 흐를수록 커지고 있다(OECD and the Dutch Ministry of Economic Affairs, 2000: 20~21). 비물질 자산에 대한 투자는 특허, 저작권, 영업 비밀, 상표권(브랜드) 등과 같은 지적 재산의 창출로 이어지며, 영화, 음악, 과학, 소프트웨어, 금융, 상징 등의 문화, 정보, 지식 생산 부문은 점점 더 중요한 고부가가치 창출 영역이 되고 있다. 이처럼 축적 체계가 원료나 단순 노동보다는 지식, 정보, 소통, 정동, 관계 등과 같은 비물질 무형 요소에 더 많이 의존하게 되면서, 정동 자본주의의 주요 생산양식도 점점 더 네트워크 속 인구들의 대규모 협업의 조직화에 의존한다. 비물질재 생산 노동은 공통적 성격이 강하며, 기존의 자료에서 새로운 아이디어와 의미를 창출할 수 있는 통찰력과 창의성을 요구한다. 이러한 능력은 특히 예술, 학술, 교육 등의 영역에서 잘 길러지는데, 실제로 공유주의와 보편주의 규범을 토대로 작업하는 과학자들은 아이디어, 기술, 정보, 지식의 자유로운 교환과 공유 그리고 개방적 협력을 통해 새로운 지식을 생산한다. 나아가, 오늘날 이러한 소통과 협력을 통한 생산은 점점 더 네트워크 조직 형태 속에서 이루어진다. 디지털 네트워크는 인구 전체에 분산되어 있는 창의성과 지성의 동원과 활용을 가능하게 하는 주요 플랫폼이 되고 있다.

네트워크 속 인구들의 비물질 노동은 비물질재뿐만 아니라 물질재 생산까지 아우른다. 그누/리눅스는 전 세계 수만 명의 프로그램 개발자들이 자발적으로 인터넷을 통하여 대규모 컴퓨터 코드를 함께 작성한 비영리 전문 협력 생산의 효시로 널리 알려져 있다(Benkler and Nissenbaum, 2006: DiBona, Cooper, and Stone, 20006: Moglen, 1999; Weber, 2005). 컴퓨터-제어 악기 제조사 프로펠러헤드(Propellerhead) 소프트웨어는 자신의 시초 상품 리싸이클(ReCycle)의 시제품을 웹에 공개하여, 그것의 소스 코드에 관심을 가진 수많은 사용자들을 자사의 인터넷 대화방에 끌어들였다(Jeppesen and Frederiksen, 2006). 사용자들은 프로그램 개발과 관련한 질문과 대답을 공유하고, 서로의 작업에 대한 기술적 논평을 교환하고, 종종 직접적으로 회사에 버그나 오류를 알려주고, 공개된 소스 코드로부터 파생된 개조 프로그램을 만들기도 했다. 실제로 사용자들이 제시한 일부 혁신적인 아이디어는 프로펠러헤드에 의해 채택되어 새로운 버전의 제품에 통합되기도 했다. 프로펠러헤드가 이처럼 하나의 기업이 수행한 일종의 오픈소스 개발 프로젝트라고 한다면, 소스포지(SourceForge)는 막대한 양의 소스 코드를 저장하여 프로그램 개발자들이 자유/오픈소스 소프트웨어 프로젝트를 활발하게 실행할 수 있도록 해주는 웹 플랫폼이다. 위키 프로젝트와 마이스퀄 데이터베이스에 대한 접근 등이 대표 특징이라 할 수 있는 소스포지는 2014년 기준으로 43만 건의 프로젝트를 운영하고 있으며, 300만 명이 넘는 등록 회원들이 이들 프로젝트에 대한 긍정적인 피드백 구조를 형성하고 있다.

제과회사 프리토레이(Frito-Lay)는 미국 슈퍼볼 중계방송에 삽입할 자사의 도리토스(Doritos) 제품 광고를 소비자들로부터 크라우드소싱하기 위하여 2007년부터 해마다 '슈퍼볼을 박살내라(Crash the Super Bowl)'라는 세계에서 가장 큰 온라인 동영상 콘테스트를 개최하고 있다. 참가자들은 손수 제작한 30초 분량의 광고 영상을 출품하고, 회사는 그중 5개를 최종 선발하여 콘테스트 사이트에 한 달 동안 게시한다. 사이트 방문자들로부터 가장 많은 표를 얻은 영상을 포함한 1개 이상의 영상이 슈퍼볼 중계방송 중 광고로 방영된다. 2007년 콘테스트에서 총 1065건의 광고 동영상이 출품되었고, 약 100만 명이 콘테스트 사이트에 방문했으며, 도리토스 매출액은 12% 증가했다. 이 밖에도, 수많은 온라인 동호회, 허핑턴 리포트(Huffington Report)와 같은 파워 블로거와 구독자 집단, 나이키 토크(Niketalk)나 타깃 애호가(Target lovers)와 같은 브랜드 블로그 등은 혁신적 아이디어가 창출되는 유력한 원천으로 간주된다.

또한, 유튜브, 페이스북, 트위터, 구글 등 수많은 개인들의 사소한 기여가 전체적으로는 커다란 부가가치를 낳는 대부분의 소셜 미디어 사업도 네트워크 속 두뇌들의 비물질재 협력 생산에 토대를 둔 것이라 할 수 있다. 유튜브의 경우, 그것은 미디어 소비자가 곧 생산자가 되는 민주적 미디어 플랫폼으로 출발했다. 창립자들은 초창기에 회사의 재정적 어려움에도 불구하고 상업 광고를 싣지 않는 방침을 유지했다. 하지만 투자 회사 세쿼이아 캐피털(Sequoia Capital)이 1000만 달러를 투자하고, 구글이 마침내 막대한 자금으로 유튜브를 인수한 것은 매일 수억 건의 동영상 시청이 이루어지고 매일 6만 5000여 건의 새 영상이 업로드될 정도로 많은 사람들이 방문하는 사이트가 가진 경제적 잠재성 때문이었다. 2008년 기준으로 유튜브 홈페이지에 게시되는 광고는 하루 약 17만 5000달러의 비용을 지불해야 하는데(Wasko and Erickson, 2009: 382), 이것은 기본적으로 사이트 방문자들의 관심이 지닌 가치의 화폐적 표현이라 할 수 있다.

물질재 생산과 관련하여, 이탈리아에 본사를 둔 모터사이클 제조사 두카티 모터는 제품 구상, 디자인, 시운전 등 신제품 개발의 거의 모든 과정에 소비자 및 애호가들의 자유/무료 노동을 적극 활용한다(Sawhney, Verona, and Prandelli, 2005). 애호가들은 두카티 온라인 카페를 통해 제품에 관한 의견과 탑승 경험을 자유롭게 교환한다. 모터 사이클 정비에 관한 서로의 지식을 자발적으로 공유하고, 자신의 취향과 요구에 맞게 개조한 제품 사진을 사이트에 게시하기도 한다. 차세대 제품 개발과 관련한 아이디어를 제안하거나, 스스로 만든 기계 기술 디자인을 공개하기도 한다. 기술적 문제뿐만 아니라 미학적 측면에서의 혁신적 아이디어를 제안하기도 한다. 두카티는 애호가들의 이러한 자유/무료 노동에서 제조와 판촉과 고객 관계에 필요한 다양한 자료를 얻을 뿐만 아니라, 애호가들 중 일부를 파트너로 삼아 그들을 가상 팀에 배치하여 연구 개발, 제품 관리, 디자인 등에 관한 회사 내부 기술자들과 협력하는 기회를 제공하기도 한다. 자신들이 제안한 아이디어가 제품 개발에 적용되면 소비자들이 그 결과물을 구매할 동기는 더 커진다는 점에서, 두카티 온라인 포럼은 고객 충성도를 높이는 데도 적지 않은 기여를 한다. 자유롭게 제공한 노동이 대부분 무료로 활용될 뿐만 아니라 생산물 판촉의 또 다른 계기가 되는 셈인 것이다.

이와 유사하게, 제약 회사 일라이 릴리(Eli Lilly)는 인터넷 플랫폼을 통해 환자, 의사, 치료사, 연구자, 의료 공급자 등 거의 모든 거래 당사자들을 신약과 치료법 개발 과정에 통합시킨다(Sawhney, Verona, and Prandelli, 2005). 그리고 환자를 포함한 고객들이 인터넷 플랫폼에서 자유롭게 주고받는 질병과 증상에 관한 대화에서 약품 생산에 필요한 창의적 아이디어를 얻는 실험을 발전시켜, 일라이 릴리는 이노센티브(InnoCentive)라는 벤처를 창설했다. 그리고 과학자들이 자기 분야의 연구 개발 과제를 공유하고 독자적으로 혹은 협력적으로 최상의 해결책을 찾도록 하는 플랫폼인 이 사이트는 오늘날 크라우스소싱의 대표 모델로 자리 잡았다(Tapscott and Williams, 2006). 많은 기업들은 연구 개발과 관련한 난제들을 이노센티브에 게시하여 전 세계 수백만 명의 과학자와 기술자들로부터 아이디어와 해결책을 얻으려 하고 있다.

요컨대, 디지털 네트워크 속 자유/무료 노동의 대부분을 차지하는 비물질 노동이 주로 지식, 정보, 문화, 관심, 정동 등을 창출하는 노동이라면, 그것은 비단 비물질재뿐만 아니라 물질재의 가치 생산까지도 아우르는 노동이라 할 수 있다.

2) 자유/무료 노동: 자발적 제공, 자율적 조직

이상에서 살펴본 네트워크 속 인구들의 다양한 협력 형태는 대부분 자유/무료 노동으로 구성되어 있다. 그것이 '노동'인 이유는, 비록 자본-임금노동의 고용 관계 외부에서 이루어짐에도 불구하고, 여전히 가치를 생산하는 인간 활동이기 때문이다(Hardt and Negri, 1994). 가치 생산이 공장 담벼락을 넘어선 이른바 '사회-공장'에서 일어나는 현대 경제에서 노동은 더 이상 고용 관계의 차원에서만 정의될 수 없다(Böhm and Land, 2012; 이항우, 2014b). 그리고 그것이 '자유' 노동인 이유는, 무엇보다도, 생산자들이 스스로 원해서 자발적으로 제공한 노동이기 때문이다. 자발성은 다양한 층위에서 확인할 수 있다. 우선, 그것은 유튜브, 구글, 페이스북 이용처럼 네트워크 속 인구들의 일상적이고 반복적인 활동과 상호작용 그 자체와 긴밀하게 결부되어 있다는 점에서 매우 자연 발생적이다. 그리고 두카티 모터 애호가들이나 프로펠러헤드 이용자들의 경우와 같이, 특정 대상에 대한 관심이나 홍미 그리고 특정 취미와 가치와 이념 등을 지향하는 개인들 사이의 공동체적 놀이나 생활 양식의 공유를 지향한다는 점에서도 노동의 자연 발생적 성격을 확인할 수 있다. 나아가, 특정한 목표의 달성과 프로젝트 수행을 위해 불특정 다수가 혁신적 아이디어를 교환하는 활동에 참여하는 경우에도 그것은 상당 부분 스스로 원해서 일어난 일로 볼 수 있다. 심지어, 소스포지와 오픈소스 소프트웨어 운동에서와 같이 높은 교육 수준과 양질의 기술 능력을 가진 소규모의 인구 집단이 매우 열정적으로 전문 프로젝트를 수행하는 노력도 많은 경우 다른 무엇보다도 기술적 완벽성과 고도의 전문성에 대한 관심에서 조직된다는 점에서 자발성이 매우 높다고 말할 수 있다.

그런데 자유/무료 노동은 이처럼 동기의 자발성 측면에서뿐만 아니라 조직화 방식의 측면에서도 '자유로운' 노동이다. 그것은 기본적으로 국가의 행정이나 기업의 경영 논리나 위계와는 독립적으로 발생하고 조직된다. 자유/무료 노동은 국가와 자본이 미리 계획한 지침에 따라 개인들의 활동을 제한하고 구속하는 것이 아니라, 개인들이 자율적으로 기존의 자원을 자신의 관심과 능력에 따라 자유롭게 사용하고 개조하는 탈중심적이고 분산적인 적응 능력의 실행 속에서 실현된다(이항우, 2013a). 그런데 자유/무료 노동의 이러한 자율적이고 탈중심적인 성격은 정동 자본주의 자본의 성격에 중대한 변화를 초래한다. 그것이 현대 자본의 경영 기능을 마침내 생산의 외부적 요소로 만들고 자본의 지대적 성격을 더욱 강화시키기 때문이다. 정동 자본주의 기업들이 네트워크 속 행위자들의 자유/무료 노동 결과물을 사적으로 전유할 수 있는 토대는 그러한 노동이 일어나는 플랫폼에 대한 소유권에서 찾을 수 있다. 스스로 콘텐츠를 생산하거나 사용자들의 콘텐츠 생산 활동에 개입하지 않으면서도 단지 플랫폼을 소유하거나 지배하고 있다는 이유로 거기에서 창출되는 가치와 부를 전유하는 한, 기업의 수익은 지대 수익과 별반 다를 바가 없다.

지대는 일반적으로 희소 자원(토지, 지식, 생명 등)에 대한 소유권을 토대로, 가치 생산과정에는 관여하지 않으면서 생산된 가치의 일부를 자원 사용 대가로 가져가는 것으로 이해된다. 그리고 통상적으로 이윤은 생산에 투입된 자본에 대한 보상으로 간주된다. 그런데 지대와 이윤은 본래적으로 명확히 구분되는 개념이 아니다. 생산에 필요한 자본을 제공하지만 생산을 직접 조직하지 않으면서 자본 제공에 대한 대가로 받는 수익은 지대와 별반 다르지 않다고 할 수 있기 때문이다. 베르첼로네(2008)에 따르면, 산업 자본주의와 포드주의 시대에 이윤과 지대의 구분이 비교적 분명하게 유지될 수 있었던 것은 자본이 생산과정의 일정한 내적 기능을 수행하는 것으로 비쳐졌기 때문이다. 즉, 자본의 소유와 경영 기능의 미분화 혹은 생산의 구상이나 조직화를 담당하는 자본의 기능이 이윤을 지대와 구분시켜주는 근거로 이해되었던 것이다. 그러나 오늘날의 정동 자본주의 시대에 이윤과 지대의 경계는 약화된다. 네트워크 속 인구들의 자발적이고 수평적이며 자율적인 협력은 기본적으로 자본의 경영 기능과 독립하여 이루어지고 있기 때문이다. 그리하여 자본이 생산과정에서 수행하는 정규적 기능은 점점 더 축소되어 사실상 생산과정의 외부적 요소로 전락한다. 교육의 확대에 따른 지식 노동자의 증대와 디지털 네트워크를 통한 분산된 지성들 사이의 협력은 자본의 소유 기능뿐만 아니라 경영 기능조차도 생산과정의 외부로 만들고 있다. 이윤은 점점 더 지대가 되고 있는 것이다(Zeller, 2008; 신병현, 2014). 전 세계 수십 억 네트워크 이용자들의 관심과 정동과 활동의 결과물이 기업 수익의 중요한 원천이 되는 현대 자본주의에서 지대의 힘은 점점 더 높아지고 이윤과 지대의 경계는 점점 더 약화된다.

3) 자유/무료 노동: 무료 제공, 사적 전유

이와 같은 이른바 '이윤의 지대되기'에서 구글, 페이스북, 유튜브 등의 웹 2.0 기업은 노동과 시장을 매개하는 플랫폼을 구축함으로써 기업의 울타리 바깥에서 창출된 가치를 전유하는 방식으로 지대 추구 경제를 발전시킨다. 이들 기업은 스스로는 사실상 어떠한 콘텐츠도 생산하지 않지만 플랫폼을 소유하고 제공한다는 이유로 네트워크에서 창출된 가치를 거의 독점한다. 이들 기업은 이용자들에게 자유/무료 노동의 장 혹은 사회적·공통적 생산의 무대를 무료로 제공해주는 대신, 그것에 대한 소유권을 토대로 집합적 생산의 결과물인 가치를 전유한다는 점에서 지대 수취 경제에 의존한다고 볼 수 있다. 예컨대, 1998년에 창립된 구글은 2000년대 초반부터 세계에서 가장 많은 사람들이 방문하는 온라인 사이트가 되었다. 2009년 기준으로 매일 10억 건 이상의 검색을 실행하고, 2011년 기준으로 월간 방문자 수가 10억 명이 넘어선 구글은 2012년 한 해 동안 500억 달러가 넘는 수익을 거뒀다. 또한 2004년 2월에 창립된 페이스북은 2013년 기준으로 세계 인구의 약 7분의 1에 해당하는 13억 명가량의 회원을 확보하고 있다. 2012년도 상장 당시 회사의 기업 가치는 약 1000억 달러에 달하는 것으로 평가되었으며, 회원 정보에 토대를 둔 광고 사업을 통하여 페이스북은 2013년도에 79억 달러의 수익을 거뒀다. 이처럼 유튜브, 구글, 페이스북이 거둬들인 최근의 막대한 수익은 모두 본질적으로 이들 플랫폼 수십억 이용자들의 자유/무료 노동에 의해 창출된 것이다. 이들 플랫폼에 제공된 동영상, 검색 결과, 친구 관계 등은 대부분 플랫폼의 종업원과 소유주에 의해서 만들어진 것이 아니라 이용자들 스스로에 의해 만들어지고 게시된 것들이다.

정보재, 정보 흐름, 그리고 정보의 분배 수단을 통제하고 소유함으로써 수익을 얻는 또 다른 벡터 계급인 영화, 방송, 음악 등의 전통적인 콘텐츠 벡터 계급도 자신들의 저작물을 유튜브에 게시하는 라이선스 협약을 통해 많은 수익을 얻는다. 예컨대, 씨비에스는 유튜브에 새롭게 마련한 자신의 채널에 한 달 만에 2900만 건의 조회 수를 얻었으며 방송 네트워크의 가치도 덩달아 증대했다. 이와 같은 매출 신장에 고무되어 씨비에스는 단편 영상뿐만 아니라 맥가이버, 비버리 힐즈 90210, 덱스터, 캘리포니케이션과 같은 텔레비전 시리즈물의 완성본을 유튜브에 게시하는 협약을 새로 체결하기도 했다. 이와 유사하게, 유니버셜 뮤직 그룹(Universal Music Group)도 유튜브와의 협약을 통해 수천만 달러의 새로운 수익을 얻었다. 2008년 말까지 이 회사의 유튜브 채널은 30억 건의 조회 수를 기록했으며, 광고 수익도 거의 1억 달러에 달하는 것으로 알려졌다(McDonald, 2009: 395).

다른 한편으로, 구글이나 페이스북의 연간 수익은 주로 광고로부터 나오지만, 사실 이들 기업의 가장 중요한 소득 원천은 금융에서 찾을 수 있다. 예컨대, 2010년 페이스북 광고 수익은 3억 5000만 달러였지만, 2011년도의 투자 수익은 그것의 다섯 배인 15억 달러에 달했다. 구글의 경우, 금융 시장에서의 기업 가격은 기업 수익의 29배에 달하는 것으로 알려져 있다. 기업 가격과 기업 수익 사이의 이러한 격차는 오늘날 대부분의 기업들에서 공통적으로 확인되는 현상이다. 기업 수익 대 가격 비율은 1950년대에는 약 1 대 2 정도였으나 오늘날에는 1 대 9 정도로 증대되었다(Arvidsson and Colleoni, 2012: 145). 이처럼 기업 이윤에서 점점 더 큰 비중을 차지하는 금융 수익의 원천은 기업의 브랜드 가치 혹은 시장에서 가능한 한 최대의 소비자 정동과 협력 혹은 '사회-공장'에서의 자유/무료 노동을 끌어모을 수 있는 능력이라 할 수 있다. 요컨대, 네트워크 속 인구들의 자유/무료 노동이 오늘날 많은 기업들이 얻는 브랜드 가치의 원천이 되고 있는 것이다.

그런데 이러한 막대한 잉여가치 생산자들의 대부분은 거의 아무런 물질적·금전적 보상을 받지 못한다는 점에서 '자유' 노동은 동시에 '무료' 노동이다. 따라서 착취 문제가 자연스럽게 제기된다. 그러나 흔히 사회적·공통적 생산물의 사적 전유라는 차원에서 이해되는 정동 자본주의 착취 문제는 상당한 혼란과 이견을 불러일으키는 주제다. 무엇보다도, 자유/무료 노동의 자발적 혹은 비강제적 성격은 전통적인 착취 개념과 잘 들어맞지 않는다. 안드레예비치가 말했듯이, 일반적으로 착취는 강제된 노동, 잉여 노동, 비지불 노동을 의미한다

(Andrejevic, 2009: 417). 그런데 대부분의 자유/무료 노동은 이러한 통상적 의미에서의 강제된 노동으로 보기가 어렵다. 그 누구도 허핑턴포스트에 글을 게시하거나, 페이스북을 이용하거나, 나이키 운동화의 브랜드 가치를 높이거나, 기업 공모전에 참가하도록 강제하지 않았기 때문에, 그러한 노동을 착취된 노동으로 규정할 수 없다는 것은 오늘날 매우 익숙하고 일반화된 관념일 것이다. 그리고 생계를 위해 어쩔 수 없이 수행해야만 하는 노동과 여가 활동의 성격이 강한 노동을 동일한 착취 논리로 설명할 수 없다는 주장은 상당한 설득력을 갖고 있는 것처럼 보이기도 한다. 하지만 강제라고 하는 것이 반드시 총과 칼로 위협하여 어떤 일을 하도록 하는 것만을 의미하는 것이 아니라 특정한 선택을 하게 만드는 사회관계 속에 이미 배태되어 있다는 관점에서 보면(Andrejevic, 2011a), 사회관계망 사이트를 이용하거나 브랜드 상품을 구매하는 행위도 사회관계 속에서 일정하게 강제된 것으로 볼 수 있다. 아울러, 전통적인 작업장 노동의 강제적 성격은 고용 계약의 결과 노동자의 노동과정이나 노동 생산물에 대한 통제권과 소유권이 기업주에게 귀속된다는 사실에서 더욱 분명하게 드러난다는 점을 고려하면, 인터넷 사이트 이용 약관에 대한 동의의 결과 이용자가 생산하는 콘텐츠의 통제권과 소유권을 사이트 소유주가 갖는다는 사실에서 인터넷 플랫폼 이용의 강제적 성격도 좀 더 명확하게 나타난다고 말할 수 있다. 약관에 동의하지 않고서는 사실상 대부분의 인터넷 플랫폼을 제대로 이용할 수 없다는 점에서 자유/무료 노동의 강제성은 디지털 사회관계 속에 이미 배태되어 있다고 보아야 할 것이다.

다른 한편으로, 자유/무료 노동은 다양한 형태의 비물질적 보상을 받는다는 관념도 정동 자본주의의 착취 문제에 관한 혼란을 가중시키는 요소라 할 수 있다. 많은 사람들은 자유/무료 노동이 유용한 정보 획득, 자아 표현의 공간 확보, 자기 성취, 사회적 관계의 유지와 확장, 평판과 명성 구축 등과 같은 비물질적 보상을 받는다고 믿는다(Bucher, 2012; Hearn, 2010; Jeppesen and Frederiksen, 2006). 그런데 이러한 형태의 보상에 대한 강조는 두 가지 전혀 상반된 방향에서 나온다. 우선 구글, 유튜브, 페이스북 등 웹 2.0 플랫폼을 제공하는 대부분의 자본은 이용자들의 플랫폼 활동이 자신들을 세상에 알리고 동료로부터의 인정이나 평판 자본을 얻는 것 등과 같이 충분히 비물질적인 방식으로 보상받는다는 점을 부각시킨다. 심지어는 물질적 보상이 오히려 다양한 혁신적 자유/무료 노동의 내적 동기를 약화시키는 역효과를 낳는다고 주장하는데, 사람들의 여가 활동은 화폐 보상이 전제된 상황보다는 무보상의 상황에서 더 많은 작업 시간을 투자하고 더 많은 성과를 낳는다는 것이 그 이유다(Jeppesen and Frederiksen, 2006). 요컨대, 웹 2.0 자본은 외부로부터의 물질적 보상은 좋아서 하는 혁신 활동의 내적 동기를 약화시키거나 훼손시킨다는 이유로 자유/무료 노동의 부불성을 옹호하고 정당화한다. 다음으로, 웹 2.0 자본의 비판가들 중 일부는 자본주의 상품화 논리를 내면화하는 위험이 있다는 이유로 자유/무료 노동의 물질적·화폐적 보상 전략을 반대한다. 대표적으로, 헤스먼달프(2010)는 역사적으로도 오래되었고 더 나은 미래 사회에서 불가피한 것일 수도 있는 부불 노동이 설사 착취당한 노동으로 간주될 수 있다고 하더라도, 그것의 해결책을 자본주의 상품화 논리와 사실상 구분되지 않는 지불 노동의 회복에서 찾을 수는 없다고 주장한다. 대신, 그는 자유/무료 노동이 더 많은 상품이 아니라 더 많은 선물(gift)을 생산하고 교환할 수 있도록 하는 새로운 지적 재산권 체제의 구축을 통해서 이러한 문제를 해결해야 한다고 본다.

4) 사적 전유의 심화: 디지털 저작권 관리

자유/무료 노동 생산물의 사적 전유는 지적 재산권 독점을 통한 지대 수익 창출을 추구하는 콘텐츠 벡터 계급에 의해 이미 오래전부터 진행되어왔다. 영화, 음악, 출판 등의 산업은 기존의 사회적·공통적 생산물 혹은 자유/무료 노동의 문화적 산물을 사유화하고, 지적 재산권을 통해 그것의 인위적 희소성을 창출함으로써 안정적이고 지속적인 지대 수익을 얻어왔다. 새롭게 부상하고 있는 플랫폼 벡터 계급도 사용자들의 자유/무료 노동이 창출한 다양한 지적 재산에 대한 사실상의 통제권과 소유권을 토대로 막대한 지대 수익을 거두고 있다. 지적 재산권 법률은 지난 수백 년간 계속 강화되어왔으며, 최근에는 지적 재산권을 둘러싼 벡터 계급 내부의 갈등과 분쟁도 한층 더 격화되고 있다. 예컨대, 에이피, 에이에프피, 캐나다언론협회, 영국언론협회 등과 같은 언론 벡터 계급은 구글과 같은 플랫폼 벡터 계급이 자신들의 지적 재산인 언론 기사를 무단으로 복사하고 사용하여 부당 이득을 취하고 있다고 비난하며 그들로 하여금 자신들의 저작권 이용에 관한 라이선스를 맺을 것을 요구했다. 또한 출판인협회와 저작자 길드 등과 같은 출판 벡터 계급은 2004년부터 진행된 '구글 도서' 사업이 출판업자와 저작권자들의 허락을 받지 않고 자신들의 저작물을 불법 복제하여 손해를 입혔다며 소송을 제기했다. 영화, 음악, 방송 등의 거대 콘텐츠 벡터 계급도 구글과 유튜브의 저작권 침해를 주장하며 선불 저작권료를 요구하는 법적 소송을 제기했다(이항우, 2014a). 비아컴의 경우, 2007년 3월에 구글을 상대로 약 10억 달러의 저작권 침해 소송을 벌였으며, 엔비씨, 폭스, 씨비에스, 비비씨, 워너브라더스, 소니 등의 콘텐츠 벡터 계급도 구글을 상대로 자신들의 콘텐츠 사용에 대한 선불 저작권료를 요구하는 소송을 제기했다. 일부는 자신들의 콘텐츠가 부분적으로 유튜브에 게시되는 것을 용인하는 대신, 유튜브 수익의 일부를 나눠 갖는 협약을 체결하기도 했다.

한편, 콘텐츠 벡터 계급은 저작권 보호를 위한 기존의 법적 수단이 가진 현실적 한계에 주목하여, 콘텐츠 복사와 변조를 원천적으로 차단할 수 있는 새로운 기술 시스템인 '디지털 저작권 관리'를 널리 도입하고 있다. 저작권 보호를 위한 법률 장치는 우선 그것을 실행하고 뒷받침하는 관료 조직에 의존해야 하고, 만일 단 한 번이라도 침해가 발생하면 오늘날의 디지털 네트워크 환경에서 그 피해를 회복하기란 사실상 불가능하다는 치명적 한계를 지니고 있다. 그래서 모든 사용자들을 자동적으로 규제하여 복제나 배포의 수단을 근원적으로 박탈하는 디지털 저작권 관리 시스템이 기존의 법률적 수단보다 훨씬 더 구체적이고 효과적인 저작권 침해 방지 장치로 등장하게 되었다. 디지털 저작권 관리 시스템은 음악, 비디오, 도서, 소프트웨어 등의 데이터를 디지털 방식으로 암호화하여 특정한 소프트웨어와 기기에 의해서만 재생될 수 있도록 하는 기술 시스템이다. 기본적으로 영화, 음악, 출판, 소프트웨어 산업 등의 저작권자가 자신들이 판매한 디지털 콘텐츠에 대한 소비자들의 사용을 제한하고 통제하기 위해 고안한 디지털 저작권 관리 시스템은 엠피쓰리 플레이어, 디브이디 플레이어, 전자책 리더, 텔레비전, 컴퓨터 등의 디지털 기기와 하드웨어 제조사들에 의해 뒷받침되고 있다(Lee, Klein, Lee, Moss, and Philip, 2012). 예컨대, 2009년 4월까지 애플은 자사의 아이튠즈(iTunes) 스토어에서 소비자들이 구입한 노래가 최대 다섯 개의 상이한 컴퓨터에만 복제될 수 있게 했으며, 구매한 노래의 재생은 오직 애플의 아이튠즈 소프트웨어와 애플의 아이팟(iPod) 휴대 음악 기기를 통해서만 가능하도록 제한했다. 많은 컴퓨터 게임과 소프트웨어 업체도 이 시스템을 도입하여 제품 구매자로 하여금 자사의 온라인 서버에서 인증을 받은 후 자신의 컴퓨터에 일정한 회수(3~5회)만큼만 프로그램을 설치하도록 제한한다. 아마존 킨들(kindle)과 같은 전자책 리더(reader)의 경우도 마찬가지다. 그래서 우리가 아마존에서 전자 도서를 구입하더라도, 우리는 기본적으로 읽기 기능만이 허용되는 전자 도서 파일에 접근할 수 있으며, 그것도 킨들이라는 소프트웨어에 의해서만, 그리고 제한된 수의 기기에서만 가능하도록 디지털 저작권 관리 기술에 결박되어 있다.

그러나 디지털 저작권 관리 시스템을 통한 지대 추구 전략은 많은 문제점을 가지고 있다. 우선, 디지털 저작권 관리가 저작권 침해를 원천적으로 방지해준다는 증거는 부족한 반면, 그것이 오히려 합법적 콘텐츠 구매자들의 권리를 부당하게 제한할 뿐만 아니라 기술 발전과 혁신을 억압한다는 비판은 비등하고 있다. 디지털 저작권 관리 시스템의 대표적인 초기 사례인 디브이디 콘텐츠 스크램블링 시스템(Contents Scrambling System)은 도입된 지 1년 만에 암호화 알고리즘을 푸는 '디씨에스에스(DeCSS)'의 생성과 유포에 의해 그 유용성에 커다란 손상을 입었다. 또한 그것은 프로그램 구매자 자신의 컴퓨터 시스템 변경에 따라 이전에 구매한 동일 프로그램을 더 이상 자신의 컴퓨터에 설치할 수 없게 되는 불합리한 상황을 초래하기도 한다. 아울러, 디지털 저작권 관리는 디지털 콘텐츠의 복사본을 만들 권리, 도서관을 통해 대출할 권리, 연구용으로 사용할 권리 등과 같은 사용자의 정당한 저작권상의 권리를 부당하게 제한하기도 하다. 나아가, 사용자들이 기술에 대하여 "적극적이고 탐구적인 태도를 취하게 하기보다는 '지침대로 사용하는' 유순한 소비자가 되도록"(Gillespie, 2006) 만드는 디지털 저작권 관리는 기술에 관한 인류의 오랜 문화적 전통을 거스른다는 근본적인 문제를 지니고 있다. 인간은 오랫동안 자신이 사용하는 기술의 작동법을 탐구하고, 기술 고장을 스스로 해결하고, 다른 용도로 기술을 개조하여 사용하는 능력을 발휘해왔다. 그것은 인류의 당연한 권리였다. 하지만, 오늘날의 디지털 저작권 관리는 이러한 인간 고유의 오랜 능력과 권리를 침해하고 제한한다.

3. 자유/무료 노동의 화폐 보상

앞서 밝혔듯이, 자유/무료 노동의 자발성과 부불성을 둘러싼 혼란과 이견 때문에, 지금까지 자유/무료 노동의 착취와 보상에 관한 전면적 논의가 상당히 유예된 측면이 있다. 그리고 자유/무료 노동에 대한 화폐적·물질적 보상을 자본주의 상품화 논리와 등치하는 관점이 이 문제에 관한 비판적 접근을 제한한 요인이라고도 볼 수 있다. 그러나 자유/무료 노동에 대한 화폐적이고 물질적인 보상이 반드시 상품화 논리와 결부되는 것은 아니며, 사회적이고 공통적인 물질적·화폐적 보상 방안은 얼마든지 강구될 수 있다. 아래에서는, 소액결제라는 시장주의적 접근법과 기본소득이라는 공통주의적 접근법을 중심으로 자유/무료 노동의 화폐적 보상 방안의 논리를 살펴보겠다.

1) 시장주의적 보상: 소액결제

'소액결제' 시스템은 디지털 네트워크에서 무료로 제공되는 정보, 지식, 문화의 유료화뿐만 아니라, 비물질재 가치 생산에 기여한 모든 사람들에 대한 정당한 화폐 보상까지도 아우르는 관념이다. 러니어에 따르면, "우리는 무료 온라인 경험을 몹시 원했기 때문에, 우리로부터 나오는 정보에 대한 비용을 지불받지 않는 것에 만족했다. 이런 감성은 동시에 정보가 우리 경제에 더욱 지배적으로 될수록, 대부분의 우리는 더욱 가치 없게 될 것이라는 사실을 의미한다”(Lanier, 2013: 16). 그래서 그는 자유/무료 정보 관념을 폐기하고 정보의 유료화와 화폐화를 뒷받침하는 시스템을 도입해야 한다고 주장한다. 정보의 자유와 무료 정보는 매우 대중적이고 이상화된 관념이지만, 실제로 그것은 거대한 네트워킹 능력을 보유하고 있는 플랫폼 벡터 계급이 이용자들의 자유/무료 노동을 무료로 활용하여 커다란 경제적 수익을 독점할 수 있도록 하는 장치에 다름 아니라는 것이다. 러니어에게, “보통 사람들은 ‘공유’하지만 엘리트 네트워크는 막대한 양의 돈을 번다”(Lanier, 2013: 15)는 점에서, 실제로 정보는 자유롭지도 않고 무료도 아닌 것이다. 따라서 보통 사람들이 창출한 데이터와 정보도 정당하게 화폐적으로 보상받을 수 있어야 하며, 이를 위해 소액결제 시스템을 도입하는 것이 필요하다. 그리고 이는 정보 경제의 발전에도 커다란 도움이 될 것인바, 정보 경제는 더 많은 정보가 화폐화되어야 성장할 수 있기 때문이다. 그에 따르면, “점점 더 많은 활동이 소프트웨어에 매개됨에 따라, 네트워크상의 모든 정보에 가치를 부여하는 것(가장 지배적인 네트워크 노드에 있는 정보에 대부분의 가치를 부여하는 것 대신에)이 지속적으로 성장할 수 있는 경제를 창출”(Lanier, 2013: 236)할 수 있다.

예컨대, 어떤 사람이 디지털 네트워크에서 수행한 외국어 번역이 기계적 번역 알고리즘에 조금이라도 기여한다면, 자동 번역 알고리즘 제공 기업은 그 가치에 상당하는 소액결제를 기여자에게 돌려주어야 할 것이다. 혹은 온라인 결혼 정보 회사를 통해 만난 어떤 커플의 장기간의 안정적인 혼인 관계 데이터가 새로운 다른 커플의 만남에 적용되어 결혼에 이르게 되면, 그 데이터를 제공한 커플은 결혼 정보 업체로부터 소액결제를 받을 수 있어야 할 것이다. 나아가, 자신이 제작하여 디지털 네트워크에 게시한 동영상의 일부가 다른 사람의 동영상에서 재사용되는 경우에도 그것에 대한 소액결제가 뒤따라야 할 것이다. 심지어 위키피디아 기사 작성에 참여한 모든 사람들에게 소액결제를 제공하는 상황을 생각해볼 수도 있다. 그래서 정보의 화폐화와 소액결제 시스템 도입은 지속 가능한 정보 경제의 거래 모델을 수립하는 데 커다란 도움이 될 수 있다. 러니어는 이처럼 수많은 개인들이 다양한 규모와 형태의 가치 창출에 기여하는 디지털 네트워크를 다수 대 다수 사이의 화폐화된 디지털 네트워크로 전환시켜 주는 보편적 소액결제 시스템은 많은 사람들에게 금융적 안정 장치가 될 수 있을 것이며 궁극적으로는 새로운 중간 계급의 형성에도 크게 기여할 것이라고 전망한다.

자유/무료 노동에 대한 러니어의 이러한 시장주의적 보상 방안은 최근 콘텐츠 벡터와 플랫폼 벡터 계급이 주도하고 있는 웹 콘텐츠 유료화 전략과 사실상 동일한 논리를 공유하고 있다. 콘텐츠 벡터 계급의 주장대로 언론사나 출판사가 전문적으로 생산한 웹 콘텐츠가 유료화되어야 한다면, 러니어의 주장대로 일반 웹 사용자들이 생산한 콘텐츠도 유료화되지 않아야 할 이유는 없다. 사용자들이 창출한 콘텐츠의 가치가 아무리 사소한 것일지라도 그것에 대해 적절한 보상을 하는 것은 공정한 시장 거래 원칙에 부합할 것이기 때문이다.

신문사나 언론사의 콘텐츠 벡터 계급은 자신들의 온라인 콘텐츠 무료 공급 정책을 종종 커다란 원죄 혹은 돌이키기 어려운 중대한 판단 착오로 간주한다. 물론, 콘텐츠 무료 공급이 광고 수익 모델을 토대로 성립된 것이긴 하지만, 온라인 콘텐츠에 대한 그들의 지적 재산권이 포기된 것은 결코 아니다. 예컨대, 많은 콘텐츠 벡터 계급은 구글 뉴스와 같은 플랫폼들이 자신들의 저작물을 무단 복사하고 무료 배포하여 얻은 수익을 라이선스 계약 체결을 통해 분점하기도 했다. 이러한 과정에서도, 그러한 플랫폼들이 자사 웹 사이트로의 독자 방문 빈도를 높여주어 궁극적으로 광고 수익 확보에 기여할 것이라는 전망은 별로 의심받지 않았다. 하지만 문제는 이러한 부분적 유료화 방침과 전반적 광고 수익 모델의 결합으로는 기사의 실질적 무료화를 피하기 어렵다는 데 있다. 수많은 온라인 뉴스 기사가 무료로 제공되는 상황에서, 독자들이 유료의 오프라인 신문 구독을 고집할 이유는 없을 것이며, 그만큼 신문사의 수익 구조는 악화될 수밖에 없을 것이다.

그래서 일부 콘텐츠 벡터 계급은 온라인 뉴스 독자들로 하여금 자신들이 읽는 모든 기사에 대하여 각각의 가격에 상당하는 소량의 비용을 지불하게 만드는 소액결제 시스템의 도입을 적극적으로 고려하기 시작했다. 언론이 독자들에게 좋은 정보를 제공할 수 있게 하기 위해서는 그러한 노력에 상당하는 수익이 반드시 뒤따라야 한다는 것이 소액결제를 뒷받침하는 논리다. 그러나 그것의 실현 가능성은 별로 낙관적이지 않다. 무엇보다도, 모든 언론인이 콘텐츠 유료화를 실행하지 않는 한, 콘텐츠의 희소성은 담보될 수가 없다. 또한 콘텐츠를 구입한 사람이 그것을 무료로 다른 사람들에게 제공하거나 웹에 게시하는 순간, 그것은 더 이상 희소 상품이 아니게 된다. 아울러, 소비자로 하여금 자신의 컴퓨터에 새로운 소프트웨어를 설치하고 자신의 신용카드 정보를 제공하고 복잡한 지불 절차를 거치게 만드는 번거로운 과정도 소액결제 시스템의 정착을 가로막는다. 이러한 문제들 때문에 일부 언론사들은 소액결제 대신 계량 지불벽(metered paywalls) 모델을 통한 온라인 뉴스의 유료화를 추구하고 있다(Geidner and D'Arcy, 2013). 뉴욕타임스(The New York Times)와 파이낸셜 타임스(Financial Times) 등이 실행하고 있는 이 방안은, 누구라도 매달 10건 정도의 기사를 무료로 읽을 수 있지만, 그 이상의 기사를 보려면 반드시 신문사 온라인 사이트에 회원 가입과 함께 개인정보를 제공해야 하며, 최종적으로 일정 분량(40건 정도) 이상의 기사에 접근하려면 연간 구독료를 지불해야만 하도록 설계되어 있다. 순차적인 유료화 과정을 따른다는 점에서, 계량 지불벽은 소액결제보다 좀 더 정교한 유료화 방책이라 할 수 있지만, 이것도 역시 디지털 온라인 뉴스의 무료화 동학을 버텨내기가 매우 어렵다.

이러한 한계에도 불구하고, 소액결제는 여전히 신문 기사뿐만 아니라 다양한 온라인 콘텐츠의 구매와 판매에 적용할 수 있는 기술로 추구되고 있다. 예컨대, 벡터 계급은 개별 소비자들로 하여금 온라인 뉴스를 읽거나 사진을 보거나 비디오를 감상하거나 팟캐스트를 들을 때마다 자신들의 콘텐츠 구매 계정에 예치한 돈이나 디지털 지갑 같은 것을 이용하여 각각의 소비 항목에 대한 비용 지불을 승인할 수 있도록 만듦으로써 소액결제 시스템을 안착시키려 한다. 비록 지금까지 비트패스(BitPass), 퍼스트버추얼(FirstVirtual), 사이버코인(Cybercoin), 밀리센트(Millicent), 디지캐시(Digicash), 인터넷 달러(Internet Dollar), 페이투시(Pay2See) 등 소액결제 사업에 뛰어든 거의 모든 업체들이 지속적이고 안정적인 수익을 확보하지 못하고 실패했지만, 최근의 구글 지갑(Google Wallet)은 이 시스템의 새로운 대안으로 주목받고 있다. 그것은 이용자들이 신용카드, 데빗카드, 선물카드, 회원카드 등을 그 속에 안전하게 저장하여 가게에서 물건을 사거나 온라인 쇼핑을 하거나 송금을 할 수 있도록 해주는 디지털 지갑이라 할 수 있는데, 콘텐츠 제공자에게는 자신의 서버에 일정한 코드를 이식하게 하고 구매자에게는 단순히 구글 지갑 버튼을 클릭하게 함으로써 콘텐츠의 유료 거래를 용이하게 해주는 측면이 있다. 구글 지갑을 활용하는 기업들은 자신의 웹 콘텐츠 소비에 대한 25센트~1달러 사이의 비용을 청구할 수 있으며, 소비자들은 구글 지갑의 즉각 환불 기능을 이용하여 자신들이 구입한 콘텐츠를 30분 안에 환불할 수도 있다.

그런데 데이터와 서비스의 맞바꾸기에 토대를 둔 프리미엄(freemium) 모델의 종말은 비단 언론사와 출판사 등의 콘텐츠 벡터 계급만이 주장하는 것은 아니다. 일부 플랫폼 기업은 이용자들에게 자신들의 데이터와 동일한 가치를 갖는 재화와 서비스를 선택할 수 있도록 하는 개인 데이터 사업을 전개하고 있다. 예컨대, 전 세계 164개국에서 13개 언어로 서비스를 제공하고 있는 사회 연결망 사이트 텍클러는 이용자들이 게시한 글, 사진, 음악, 동영상에서 창출된 수익의 일부를 이용자들에게 돌려준다. 회원들의 개인정보와 활동 데이터를 판매하여 얻은 광고 수익의 70%를 회원들에게 돌려주고 있는 것이다. 또 다른 사회 연결망 사이트 피드는 이용자들이 게시하고 공유하는 웹 콘텐츠에 대한 저작권 행사를 통해 이용자들로 하여금 1달러 99센트~34달러 99센트 사이의 건당 시청료나 월간 시청료를 받을 수 있도록 하고, 발생하는 수익을 이용자와 회사가 50 대 50으로 나눈다. 그리고 개인들이 자신의 사회 연결망 활동이나 신용카드 사용 내역 등과 같은 개인 데이터를 정보 중개업자에게 최대 8달러의 월간 비용을 받고 판매할 수 있게 해주는 온라인 데이터 시장 데이터쿱에서 개인들은 어떤 데이터를 누구에게 판매할 것인지를 결정하고 데이터쿱은 개인들의 데이터를 모아서 인구 집단의 행동 트렌드를 찾아내기 위한 분석을 수행한다. 회사는 결과물을 정보 중개업자, 광고주 등에게 판매함으로써 수익을 얻는다. 이러한 사례들은 모두 디지털 네트워크 속에서의 자기 표출과 일상적 상호작용으로 구성되는 광범위한 자유/무료 노동에 대하여 직접적으로 화폐 보상을 실행하는 사업 모델에 속한다. 플랫폼 벡터 계급이 무료 서비스나 쿠폰 제공 등을 빌미로 이용자가 생산한 데이터에 관한 사실상의 독점권을 행사하는 것에 대한 비판적 관념과 이용자들 스스로가 자신들이 창출한 데이터의 경제적 활용으로부터 화폐적 수익을 얻을 수 있어야 한다는 논리에 토대를 둔 시도들인 것이다.

그러나 소액결제 시스템은 실현 가능성의 측면에서 여전히 많은 한계를 갖고 있다. 콘텐츠 벡터 계급의 방안은 콘텐츠의 희소성을 담보하기가 거의 불가능하다는 근본적인 문제가 있다. 일부 플랫폼 벡터 계급이 추구하는 방안은 개별 사용자들이 생산한 콘텐츠와 데이터에 대하여 구체적인 물질적 보상을 약속한다는 긍정적 의의가 있으나, 사용자의 기여를 얼마나 객관적이고 정당하게 평가할 수 있는가라는 복잡한 문제를 해결하지 못하는 한, 현재와 같이 개별 플랫폼 벡터 계급의 일방적 결정에 의해 그것이 좌우되는 결과를 피하기 어렵다. 러니어의 주장도 소액결제 시스템이 개별 플랫폼 이용자들의 모든 활동에 대한 고도로 발전한 전면적 감시 시스템을 전제한다는 점에서, 실현 가능성의 측면에서뿐만 아니라 프라이버시 보호라는 사회적 가치의 측면에서도 적지 않은 한계를 갖는다. 이러한 실현 가능성의 문제는, 우리가 거래나 상호작용 대상과 함께 창출한 우리의 정보와 데이터에 대한 보상을 개인 대 개인 사이의 직접적인 교환 관계 안에서 실행하고자 하는 시장주의적 관점 때문에 발생하는 것이라 할 수 있다. 공통적·사회적으로 생산된 콘텐츠와 데이터의 가치에 대한 특수적·개별적 보상이 아닌 공통적·사회적 보상 방안을 모색할 때 이 문제는 해소될 수 있을 것이다.

2) 사회적·공통적 보상: 보편적 기본소득

따라서 사회적·공통적으로 생산된 가치의 정당한 화폐적 보상 방안으로 '보편적 기본소득'을 적극적으로 고려할 필요가 있다(Fuchs, 2010; 백욱인, 2013). 기본소득은 크게 고전적 자유주의, 사회 민주주의, 급진주의의 세 가지 각기 다른 입장에 의해 오래전부터 제기되었다(Lucarelli and Fumagalli, 2008). 루카렐리와 푸마갈리에 따르면, 고전적 자유주의의 '역소득세(negative income tax)'는 상대적 빈곤선 이하의 사람들에게 소득세를 면제해줄 뿐만 아니라 그 차액의 일정 비율을 국가가 보전해주는 사회 정책이다. 사회 민주주의의 '보장 소득(guaranteed income)' 혹은 '보장 임금(wage)'은 실업자나 빈곤선 이하의 인구들에게 소득의 연속성을 보장해주는 제도다. 무조건적이긴 하지만 보편적이지는 않은 사회 민주주의 접근법과는 달리, 급진주의적 입장은 '보편적 기본소득'의 도입을 주장하는바, 이는 한 국가의 모든 시민이 성, 직업, 소득 등에 상관없이 일정한 소득을 정부나 공적 기관으로부터 무조건적이고 무기한적으로 지급받는 제도다(Lucarelli and Fumagalli, 2008: 72~73). T. 페인(T. Paine), C. 더글러스(C. Douglas), P. 반 파리아스(P. Van Parijs), A. 고르로(A. Gorz) 등의 이론가들에 의해 주창된 사회적 가치와 부의 공정한 분배 방안인 보편적 기본소득은 종종 무조건적 기본소득, 기본소득 보장, 보편적 인구 보조금(universal demogrant), 시민 소득, 보장 사회 소득, 사회 배당(social dividend), 국민 배당 등으로 불리기도 한다.

보편적 기본소득 관념은 대체로 두 가지 근거에서 정당화된다(세키 히로노, 2009). 첫 번째는 모든 경제적 부와 가치가 사회적 협력에 의해 생산된다는 사실이다. 부의 생산은 개개인의 노동 능력의 성과나 결과의 차원에서가 아니라 개인들의 사회적 결합과 협력의 차원에서 이해될 수 있다는 것이다. 따라서 모든 개인은 이러한 사회적·공통적 자원으로부터 부를 획득할 권리가 있다는 것이 보편적 기본소득 이론의 주장이다. 두 번째는 생산에 필요한 도구, 기술, 지식은 공동체의 문화적 전통이나 유산에 속한다는 사실이다. 우리는 인류가 수만 년에 걸쳐 축적해온 기술과 지식을 향수하고 있으며, 그런 점에서 모두가 인류 공동체의 문화적 상속인이라 할 수 있다. 따라서 우리는 그러한 상속인으로서 배당받을 권리가 있다는 것이 보편적 기본소득 이론의 주장이다. 일차적으로는 천연자원 이용이나 공공 소유 산업에서 창출된 부가 보편적 기본소득으로 환류되어야 하겠지만, 사실상 사회적 협력의 산물에 다름 아닌 모든 경제적 가치 생산 활동이 보편적 기본소득의 대상이 된다고 볼 수 있다.

보편적 기본소득 관념의 이러한 두 가지 정당화 논리는 특히 오늘날의 정동 자본주의 경제에서 더 큰 적실성을 갖는다. 한편으로, 정동 자본주의 축적이 정보와 지식과 문화 등의 비물질재를 중심으로 조직되고, 생산은 점점 더 개별 공장을 넘어선 사회-공장 혹은 네트워크 속 인구들의 협력에 의해 이루어지기 때문이다. 전통적으로 기업은 부 생산의 신경 중심으로 간주되어왔지만, 오늘날에는 "훈련, 교육, 학습, 사회생활 그 자체가 네트워킹을 통해서 직접적으로 부를 생산한다"(Boutang, 2011: 151). 부와 가치 생산의 사회적·공통적 성격이 훨씬 더 강화된 것이다. 다른 한편으로, 인지 자본주의는 그것의 재생산을 위협하는 근본적인 내재적 불확실성을 안고 있기 때문이다(Boutang, 2011). 정보, 지식, 문화 등과 같은 인지 자본주의 핵심 재화는 공공재적 성격이 강하여 그것에 대한 사적 소유를 강제하기가 쉽지 않다. 기술적으로도, 디지털 정보 기술의 발전은 그것의 사적 소유권을 얼마든지 손쉽게 무력화할 수 있다. 나아가, 인지재와 정동재의 가치는 점점 더 대중들 사이의 공통 의견 형성에 의해 결정된다는 점에서 항상 유동적이며 불안정한 것일 수밖에 없다(Boutang, 2011: 144). 더욱이, 고용 유연화, 정규적 고용 관계의 약화, 내부 노동시장과 외부 노동시장의 분절화 등으로 대변되는 인지 자본주의 노동시장 조건은 매우 열악한 반면, 정규적인 직업 범주에는 속하지 않는 다양한 네트워크 활동들이 여전히 중요한 사회경제적 가치를 생산하고 있다. 따라서 정동 자본주의의 지식과 정보의 사적 독점과 불공정한 소득 분배 체제는 그것의 생산력 토대라 할 수 있는 지식과 학습의 확산 및 생산 능력 확대와 필연적으로 충돌한다. 정동 자본주의는 지식과 정보의 공유와 공정한 소득 분배를 확장함으로써 이러한 근본 모순을 해결해야 할 것인바, 보편적 기본소득은 인지 경제의 "지식과 혁신 창출 능력을 높이고 생산성과 총소득 수준에 긍정적 영향을"(Lucarelli and Fumagalli, 2008: 86) 미치는 유효한 정책 방안이 될 수 있을 것이다.

이처럼 보편적 기본소득은 자유/무료 노동에 대한 공통적이고 사회적인 화폐적 보상을 지향한다는 점에서 개인적 화폐 보상을 약속하는 소액결제 시스템과 근본적으로 구분된다. 그것은 개인이 가치 생산에 얼마나 투입하고 얼마나 산출했는지에 대한 보상이 아니며, 다른 사람들이 생산에서 창출한 부의 재분배 형태도 아니다. 보편적 기본소득은 네트워크 속 인구들의 폴리네이션을 포함한 다양한 자유/무료 노동이 창출한 가치를 적절하게 인정하고 정당하게 보상하는 사회 정책인 것이다(Boutang, 2011: 158). 지식, 정보, 문화, 소통, 사회조직, 혁신 능력, 유연성, 심성적 잉여, 정동, 브랜드 등으로 대표되는 정동 자본주의 비물질재의 가치는 기본적으로 사회적·공통적 생산의 결과물이며 많은 부분 네트워크 속 인구들의 자유/무료 노동에 의해 창출된 것이다. 오늘날 다양한 물질재와 비물질재의 브랜드 가치와 기업의 시장 가치, 지적 재산권을 통한 콘텐츠 벡터 계급의 독점적 지대 수익, 정보와 소통과 사회관계 유지의 플랫폼 제공을 통한 플랫폼 벡터 계급의 독점 지대 수익의 원천은 바로 이러한 자유/무료 노동과 사회적·공통적 생산이라는 것이다.

따라서 이에 대한 사적 전유로부터 발생하는 자본의 광범위한 불로소득은 더욱 적극적인 과세를 통해 사회적으로 환수해야 한다. 그리고 그것은 부동산과 금융 지대에 대한 과세와 더불어 보편적 기본소득의 중요한 재원이 될 수 있다. 루카렐리와 푸마갈리(2008)는 물질 지대와 비물질 지대에 대한 과세, 투기적 금융 거래에 대한 토빈세, 지적 재산권 지대에 대한 과세, 교육 시스템, 인적·사회적 자본, 네트워크, 규모 경제 등 대도시의 좋은 인프라에 의존하는 사업이 누리는 긍정적 영토 외부성 이용에 대한 과세, 사업 건물에 대한 강한 누진세, 해외 직접 투자에 대한 과세 등을 주요한 방안으로 제안한다. 이러한 재원 조달 방식은 한편으로는, 공통적·사회적으로 창출된 가치와 부를 사적으로 전용하는 자본의 지대적 성격이 초래한 불공정성을 교정하는 방책이 될 수 있다. 다른 한편으로는, 인지 경제의 발전을 위한 정보, 지식, 문화 등에 대한 사회의 집단적 투자(Vercellone, 2008)를 가능하게 하는 수단이 될 수 있다.

4. 결론

자본주의 경제에서 노동은 흔히 생계를 위해 불가피하게 수행해야 하는 강제적인 것 그리고 다른 사람의 명령과 처분에 맡겨진 것으로 이해된다. 그러나 이러한 노동 관념은 자본주의 생산이 주로 물질적 공장 노동으로 포괄되는 포드주의 시기까지의 노동의 성격을 설명하는 데 적합한 것이라 할 수 있는 반면, 사회적 부와 가치의 창출이 점점 더 공장의 담벼락을 넘어선 이른바 '사회-공장'에서 이루어지는 정동 자본주의 시대의 노동의 성격을 설명하는 데는 상당한 한계가 있다. 디지털 네트워크 속의 자유/무료 노동은 설사 생계를 위한 불가피한 노동이 아니라 할지라도 여전히 강제된 노동이며 특히 그것의 생산물은 대부분 다른 사람의 처분에 맡겨져 있는 상태다. 임금노동의 고용 계약서와 유사하게, 인터넷 플랫폼을 제공하는 기업의 약관에 대한 사용자들의 동의는 많은 자유/무료 노동의 생산물을 자본의 통제와 처분 아래에 두는 효과를 낳고 있다.

자유/무료 노동에 대한 물질적 보상을 적극적으로 고려해야 하는 이유는 두 가지이다. 첫째, 설사 자유/무료 노동이 많은 부분 기술적 완벽성에 대한 추구나 평판 자본의 획득 혹은 공유주의 가치의 확산 등과 같은 비물질적 동기에서 수행되고 비물질적 방식으로 보상받는 것이라고 할지라도, 그것이 창출한 물질적 가치를 현재와 같이 자유/무료 노동의 플랫폼을 제공한 자본이 일종의 지대 수익으로 전유하는 것은 부의 정당한 분배라는 사회경제적 규범과는 거리가 멀다. 둘째, 네트워크 속 인구들의 창의적이고 혁신적인 자유/무료 노동이 지속적인 인지 경제의 발전을 담보할 수 있도록 하기 위해서라도, 자유/무료 노동에 대한 사회의 물질적 보상은 더욱 적극적으로 모색될 필요가 있다. 콘텐츠 벡터 계급은 디지털 저작권 관리 시스템을 도입함으로써 네트워크 속 인구들의 아이디어와 정보에 접근을 더욱 제한하고 있지만, 이러한 디지털 공통재에 대한 사유화의 강화는 인지 경제의 생산력 토대라 할 수 있는 창조성과 혁신을 억압하는 장애물로 작용할 가능성이 더 높다.

자유/무료 노동에 대한 시장주의적 보상책으로 제기되는 소액결제는 소유권 관계의 복잡성이라는 문제뿐만 아니라 사실상 고도의 디지털 감시 시스템을 전제한다는 점에서 적절한 해결책으로 평가받기 어렵다. 자유/무료 노동에 대한 사회적·공통적 보상 방안이라 할 수 있는 보편적 기본소득은 자연 자원 부문을 넘어선 지식과 정보와 문화 영역에서 전개되고 있는 지대 추구 경제를 교정하고 인류 공통 문화유산의 정당한 상속이라는 사회적 가치를 훼손하지 않고 확산시키는 방안이라 할 수 있다.

제10장

결론: 4차 산업혁명과 정동 자본주의

최근 '산업 4.0' 혹은 '4차 산업혁명'이 오늘날 지구적 사회 변동의 새로운 추세를 표상하는 열쇠말로 급부상하고 있다(Drath and Horch, 2014; Helbing, 2015; Rüßmand et al., 2015). '산업 4.0'은 2011년 독일 연방 정부가 그것을 국가적 고급 기술(high-tech) 전략의 핵심 요소로 천명하면서 독일뿐만 아니라 세계 각국의 정책적·과학기술적·학술적 담론의 핵심 주제로 등장하기 시작했다. 미국에서는 종종 '산업 인터넷(Industrial Internet)'으로도 불리는 산업 4.0은 대체로 디지털 네트워킹 기술의 물질적 제조 부문으로의 전면 도입에 따른 사이버 세계와 물리 세계의 통합, 즉 '사이버 물리 시스템'의 구축을 가리키는 말로 이해할 수 있다. 사이버 물리 시스템은 작업장의 기기, 기계, 설비, 심지어는 공장 전체와 같은 물리적 대상이 동시에 실시간 데이터를 수집하고, 저장하고, 전달하고, 활용하는 하나의 복잡한 데이터 덩어리가 되고 또 상호 네트워크로 연결되어 서로 동작을 조율하거나 상황에 최적화된 작업을 스스로 수행할 수 있는 시스템이다. 그리하여 생산의 각 물리적 요소들은 네트워크 속에서 실시간으로 검색 가능하고, 탐색 가능하며, 분석 가능한 것이 된다. 그리고 그러한 데이터를 통해 물리적 요소들은 작업의 결함을 예측하고, 스스로 재조정하고, 변화에 적응하며 생산을 조직한다. 이처럼 사이버 물리 시스템은 스마트 공장의 출현을 낳고, 스마트 공장의 자동화되고 디지털화된 물리적 대상은 자체 상태를 스스로 최적화하고 작업 공정에 적합하게 스스로를 배치하며 인공 지능을 사용하여 생산과정의 복잡하고 다양한 직무를 스스로 수행하게 되는 것이다.

산업 4.0을 구성하는 핵심 기술 요소로는 사물 인터넷, 빅 데이터, 클라우드, 자율 로봇, 시뮬레이션, 증강 현실, 수평적·수직적 통합 시스템, 사이버 보안 등이 있다(Rüßmand et al., 2015). 이 중에서도 사물 인터넷, 빅 데이터, 그리고 클라우드가 특히 중요한 요소라 할 수 있다. 우선, 전자 태그, 무선 센서, 작동기 등이 탑재된 스마트 기기들의 글로벌 상호 연결망이라 할 수 있는 사물 인터넷은 기기들과 그 사용자들의 상태를 자율적으로 파악하고, 그에 관한 정보를 스스로 처리하여 다른 기기들에 전송하며, 전체 시스템의 순조로운 작동에 적합한 행동을 자율적으로 조직하는 네트워크화된 컴퓨팅 시스템이다. 이처럼 사물들 간 혹은 사물과 환경 간의 자율적 통신과 상호작용을 가능하게 해주는 능력 때문에, 사물 인터넷은 서비스가 항상 제공되는 네트워크로부터 서비스가 항상 상황에 반응하며 상황 맞춤형으로 제공되는 네트워크로의 이행을 추동하는 것으로 간주된다. 나아가, 그것은 물질적 재화의 제조뿐만 아니라 가정, 교통, 도시 행정, 치안, 공공 안전, 환경 모니터링, 의료, 교육, 부동산 등 우리의 사회생활 전반에서 많은 유용한 서비스를 창출할 기술로 평가할 수 있다.

다음으로, 물리적 대상에 장착된 센서와 전자 태그는 서로 유무선으로 연결되어 이전과는 비교할 수 없는 막대한 규모의 데이터, 즉 빅 데이터의 생성에 크게 이바지한다. 오늘날 빅 데이터는 우리의 거의 모든 일상 활동, 즉 쇼핑, 금융, 위치, 이동, 사회관계망, 클라우드 저장 파일, 이메일, 웹 페이지, 전자 도서, 검색, 동영상, 온라인 게임, 스마트 홈, 디지털 안경, 유전자 등과 관련한 활동으로부터 생겨나고 수집된다. 그 규모는 이전의 데이터 마이닝처럼 특정 과학자나 전문가에 의해 수집되고 관리될 수 있는 수준을 넘어서며, 그것에 대한 강력한 분석 기법은 방대한 양의 데이터를 샅샅이 검토하고 신속한 시스템 작동에 필요한 통찰력을 제공해주는 결정적 요소로 간주된다.

그리고 서버, 앱, 데이터베이스, 네트워크 인프라, 사업 솔루션 등을 포괄하는 클라우드는 오늘날의 거의 모든 인터넷 자원을 사실상 소수의 인터넷 서비스 제공자의 손에 집중하는 기술이라 할 수 있다. 인터넷 이용자들은 이제 자신들에게 필요한 서비스와 장치를 더 이상 스스로 구축하지 않는 대신, 일정한 사용료를 내고 클라우드 플랫폼으로부터 그것들을 임차한다. 그들은 기술, 서버, 저장 공간, 네트워크 등의 인프라 서비스와 데이터베이스, 웹 서버, 개발 장치 등의 사업 서비스 그리고 고객 관리, 이메일, 통신, 게임 등과 관련한 소프트웨어 서비스를 클라우드 플랫폼으로부터 얻는다. 클라우드 컴퓨팅은 2006년 아마존의 클라우드용 서버, 데이터 파일 저장, 데이터베이스, 트래픽 관리 등을 포괄하는 아마존 웹 서비스 사업과 함께 시작되었으며, 현재에는 아마존을 포함한 구글, 아이비엠, 애플, 마이크로소프트 등의 소수 클라우드 플랫폼에 의해 전 세계 인터넷 서비스가 제공되고 있다.

한편, 이러한 4차 산업의 기술은 종종 4차 산업혁명을 예고하는 것으로 간주되기도 한다. 흔히 1차 산업혁명은 1780년대 이래 수력과 증기기관으로 추동되는 기계 방적기와 기계화 시대, 2차 산업혁명은 1870년대 이래 전기의 발명으로 가능해진 조립 라인과 대량 생산의 전기화 시대, 3차 산업혁명은 1969년 이래 자동화 시스템의 디지털 프로그래밍에 따른 디지털화 시대로 정의된다. 그리고 최근 사이버 물리 시스템의 구축으로 현대 사회는 산업의 급격한 전환이 이루어지는 4차 산업혁명 시대로 규정되곤 한다. 그런데 이러한 산업혁명 담론은 각각의 경제적 시기를 조건 짓는 기술과 생산력에 초점을 맞추는 반면, 그러한 생산력에 대응하여 생산을 조직하는 사회적 관계, 즉 생산관계에 대한 역사적 설명까지도 포괄하는 것은 아니다. 그래서 지금까지의 대부분의 산업혁명 담론은 모든 산업혁명이 모든 인간에게 보편적 혜택을 가져다주는 것으로 설파될 뿐, 획기적으로 증대된 생산력의 결과물이 어떤 사회관계 속에서 어떤 방식으로 배분되는지는 잘 보여주지 않거나 심지어는 은폐한다는 비판에서 자유로울 수 없다.

실제로 이러한 문제는 각각의 산업혁명 유형에 조응하는 자본주의 유형을 대비시키면 좀 더 분명하게 드러난다. 우선, 증기기관과 기계화로 대변되는 1차 산업혁명은 산업 자본주의의 단계와 대응하는 것으로 볼 수 있다. 1차 산업혁명의 산업 자본주의는 단순 육체노동과 결합한 기계화로 인해 생산력의 비약적인 발전이 이루어진 시기라 할 수 있다. 그리고 조립 라인과 전기화로 대변되는 2차 산업혁명은 독점 자본주의의 성립을 가능하게 한 토대로 이해할 수 있다. 산업 자본주의의 생산력 발전에 따라 자본이 점점 더 소수에게 집중되고 집적되어 독점 자본주의가 출현했다고 볼 수 있다. 또한 자동화와 컴퓨터화로 대변되는 3차 산업혁명은 정보 자본주의의 시작과 연결될 수 있다. 정보 자본주의는 생산력 발전의 주축이 이전의 기계와 단순 육체노동보다는 정보와 지식으로 이행한 시기라 할 수 있다. 마지막으로, 디지털 플랫폼과 사이버 물리 시스템으로 대변되는 4차 산업혁명은 정동 자본주의의 본격화를 불러오는 것으로 평가할 수 있다. 정동 자본주의에서 자본주의 재생산은 직접적인 물질적 생산뿐만 아니라 인구의 일상적 생체 활동 전반에서 파생되는 데이터와 정동의 포착과 관리와 통제를 통해 이루어진다고 할 수 있다. 비물질재가 축적의 핵심 원천이 된 시대에, 물리 세계도 마침내 하나의 데이터 시스템이 되었으며, 모든 물리적 대상의 비물질재적 측면이 더욱 중시되는 경제 시스템이 바로 오늘날의 정동 자본주의인 것이다.

이처럼 최근의 4차 산업과 4차 산업혁명 담론을 자본주의의 역사적 진화라는 맥락에서 보면, 그것은 기본적으로 자본주의적 생산의 과정이 전 지구적으로 점점 더 사회화되어온 것의 결과로 이해될 수 있다. 독점 자본주의에서, 자본이 소수의 대기업들에게 집적되고 집중되어 물질재의 생산이 이들 기업에 의해 독점되면 될수록, 소수 독점 기업들의 생산 자체가 갖는 사회적 성격은 점점 더 커지게 된다. 그리고 정보 자본주의에서, 물질재보다 더 중요한 자본 축적의 원천으로 등장한 정보와 지식과 문화는 재화의 본래적 성격 자체가 인류의 오랜 사회적·공통적 생산의 산물이다. 나아가 정동 자본주의에서, 데이터와 정동은 디지털 네트워크로 연결된 모든 사물과 사람들의 일상적 상호작용을 통해 창출된다. 생산은 이미 개별 공장의 담벼락을 넘어서서 인구들의 전 지구적 네트워크, 즉 '사회-공장'에서 이루어진다. 그리하여 4차 산업과 4차 산업혁명은 디지털 네트워크 속의 모든 물리적 대상(사람과 사물)이 동시에 하나의 데이터 단위가 되고, 그러한 데이터로부터 그것의 활동과 작동이 새롭게 조직되는 정동 자본주의의 생산 시스템을 지칭하는 것이라 할 수 있다.

그런데 '생산'이 현대 경제에서 이와 같이 고도로 사회화되었다면, 부와 가치를 창출하는 '노동'도 이전처럼 반드시 자본-임금노동의 고용 관계라는 틀 안에서만 이해될 필요는 없을 것이다. 생산의 사회적·집합적 성격이 두드러지는 현대 경제에서 노동은 생계를 위해 개인의 능력과 시간을 임금과 교환한 것만이 아니라 가치를 창출하는 모든 활동을 아우르는 것으로 재규정될 수 있다는 것이다. 그리하여 노동은 자본-임금노동 관계에서 물질재의 생산과 더불어 시장에서 상품으로 직접 거래되는 아이디어, 상징, 이미지 등의 창출이나 편안함, 흥분감, 유쾌함 등을 제공하는 활동을 포괄하는 것이 된다. 또한, 그것은 상품의 소비와 관련된 사람들 사이의 사회관계, 공통 의견과 규범, 정서적 공감, 소속감, 취향 등과 같은 상품의 문화적 내용과 심성적 잉여를 만들어내는 활동을 지칭하는 것이 될 수 있다. 이는 대표적으로, 브랜드 가치의 형성이라는 차원에서 확인할 수 있는바, 소비자들이 브랜드 상품에 대한 평가를 공유하고, 아이디어를 교환하고, 서로 간의 동질감과 소속감을 확인하는 활동은 브랜드의 가치를 새롭게 창출하는 노동으로 이해될 수가 있다. 나아가, 오늘날 구글과 페이스북과 같은 인터넷 플랫폼 기업의 성장에서 볼 수 있듯이, 수십억 인터넷 이용자들이 온라인 플랫폼에서 일상적으로 서로 정보를 교환하고, 콘텐츠를 공유하며, 친구 관계를 발전시키는 모든 활동 그 자체가 막대한 가치를 창출하는 노동으로 간주될 수 있다.

노동에 대한 이처럼 새로운 관점은 일부에서 강조하는 로봇과 인공 지능이 초래하게 될 대량 실업의 미래에 대해서도 전혀 다른 태도를 갖는 것을 가능하게 해준다. 인공 지능은 2020년까지 세계 경제에서 500만 개의 직업이 사라지게 할 것이며, 향후 10~20년 사이에 지구적 수준에서 50%의 현존 일자리가 사라질 것으로 전망되기도 한다(Helbing, 2015: 4). 그러나 만일 4차 산업혁명이 현존하는 수많은 직업과 일자리를 위협한다고 하면, 이는 어찌 보면 자본의 잉여 가치 창출이 이전처럼 더 이상 고용된 노동에 국한하지 않게 되고, 노동 자체가 이미 상품의 생산과 소비 그리고 일상생활의 전반적 재생산과정 자체를 지칭할 정도로 사회화된 데 따른 것일지도 모른다. 오늘날의 4차 산업혁명과 정동 자본주의의 시대에, 디지털 네트워크 속의 인구의 고용 불안정성은 한층 더 높아졌다고 말할 수 있겠지만, 그렇다고 해서 현대 사회의 경제적 부와 가치를 창출하는 사회인구의 노동이 감소하거나 사라진다고 말할 수는 없다. 오히려 문제는 이처럼 사회화된 노동에 대한 정당한 물질적·화폐적 보상이 제대로 이루어지지 않고 있기 때문에 일자리와 고용 위협의 문제가 더욱 부각되고 있다는 점에서 찾아야 할 것이다. 예컨대, 빅 데이터가 흔히 21세기의 원유 혹은 천연가스로 비유되고, 연간 최대 6000억 원에 달하는 공개된 빅 데이터의 부가가치는 세계 인구 1인당 연간 700달러의 부가적 수익 규모에 해당한다는 계산이 4차 산업혁명의 잠재적 위력을 보여주곤 하지만(Helbing, 2015: 2), 우리가 진정으로 주목해야 할 문제는 21세기의 원유와 천연가스는 과연 누가 소유하며 연간 6000억 원의 부가가치 대부분은 도대체 누구의 손에 쥐어지는가 하는 점일 것이다.

사실, 4차 산업혁명과 정동 자본주의의 모든 것은 결국 디지털 네트워크 속에서의 데이터의 수집과 저장과 분석과 활용에 관한 것이라고 해도 과언이 아닐 것이다. 그러면 과연 이러한 데이터의 소유권은 누구에게 있는가라는 문제는 매우 중요하게 다루어져야 할 것이다. 논리적으로는, 그러한 데이터 창출에 관련된 모든 주체, 즉 컴퓨팅과 네트워킹 기기를 사용하여 자신에 관한 데이터를 생성한 개인들과 그러한 기기들의 사용을 위한 플랫폼을 제공한 기관이나 기업이 동등하게 데이터에 대한 정당한 소유권을 갖는다고 말할 수 있다. 그러나 현실적으로, 자신들이 생산한 데이터를 개인들이 실질적으로 통제하거나 소유하고 있다고 말하기는 어렵다. 개인들은 자신에 관한 데이터가 어떻게 수집되고 활용되는지를 거의 알지 못하며, 대부분 기업들이 그것의 자유로운 사용과 화폐화를 통해 막대한 경제적 수익을 얻는다. 구글과 페이스북과 같은 플랫폼 기업이 이러한 데이터의 독점적 화폐화를 통해 수익을 사적으로 전유하는 대표 기업들이라 할 수 있다. 그러나 이들 기업의 독점적 화폐화 모델의 정당성은 최근 유럽연합이나 경제협력개발기구와 같은 공공 부문뿐만 아니라, 데이터 화폐화 사업에 참여하고 있는 시장 부문에 의해서도 비판받고 있다.

공공 부문은 초국적 플랫폼 기업의 독점적 지위를 제한하거나 불공정한 시장 경쟁 관행을 바로잡기 위한 국제적 정책 수단을 도입하려고 노력하는 반면, 시장 부문은 사용자 데이터의 활용을 통해 창출되는 경제적 가치의 일부를 데이터 주체들에게 화폐적 형태로 직접적으로 되돌려주는 사업 모델을 발전시키고 있다. 이러한 시도들은 데이터와 콘텐츠의 생산자이자 소비자인 플랫폼 이용자들이 자신들이 감상하고 소비하는 콘텐츠에 대하여 자발적으로 소액의 화폐적 보상을 할 수 있도록 하는 유형, 콘텐츠 생산자들이 직접적으로 화폐적 형태의 비용을 지불받는 조건으로 자신들의 생산물에 대한 이용자들의 접근을 허락하는 모델, 플랫폼 기업이 이용자들의 콘텐츠와 데이터를 활용하여 얻은 광고 수익의 일부를 이용자들에게 분배하는 시도, 제공받은 이용자의 개인 데이터를 분석하여 일상생활의 다양한 비용을 절감할 수 있는 방안을 알려주는 유형, 그리고 이용자의 개인 데이터를 일정한 비용을 지불하여 직접적으로 수집하는 모델 등 다양한 형태로 나타나고 있다.

이들 모델은 대체로 개인 데이터 사업과 관련한 현재의 독점적 시장 질서를 변화시키려는 시도들이라고 할 수 있지만, 시장 구조 안에서의 자유로운 경쟁을 통해서 그것을 달성하려고 한다는 점에서, 기본적으로 시장주의적인 접근법이라 할 수 있다. 이러한 사업 모델이 비교적 최근에야 등장하기 시작했고 아직까지는 발전의 초기 단계에 머물러 있다는 점에서, 그것이 과연 구글, 아마존, 애플, 페이스북과 같은 거대 플랫폼 기업의 개인 데이터에 대한 독점적 화폐화 모델을 실질적으로 대체할 수 있을지에 대한 분명한 전망이나 평가를 내리기는 어렵다. 그럼에도 불구하고, 이러한 시도들은 개인 데이터 활용이 사회의 거의 모든 영역에서 더욱 폭증하게 될 빅 데이터와 사물 인터넷의 시대에 그것이 창출하게 될 경제적 부와 가치에 대한 공정한 사회적 배분 방안을 찾기 위한 하나의 노력으로 이해될 수 있다.

사실, 4차 산업의 출현과 정동 자본주의의 형성은 1960년대에 시작된 탈중심의 피투피 디지털 네트워킹이 전통적인 콘텐츠 벡터 계급과 최근의 플랫폼 벡터 계급에 의해 지속적으로 중앙집중화되어 종국적으로 거의 모든 인터넷 자원이 구글과 아마존을 포함한 현재의 정보 제국의 손에 독점된 결과물로 볼 수 있다. 탈중심적 디지털 네트워크의 구축을 가능하게 할 피투피 네트워킹은 기술적 측면에서는 패킷 스위칭 통신 시스템과 냅스터 그리고 비트토렌트, 문화적 차원에서는 해커주의 윤리와 규범, 사회운동 영역에서는 카피레프트 운동과 해적당의 실천, 그리고 정보 경제적 측면에서는 지적 재화 창작자와 배포자 사이의 이해관계 분리 등의 다양한 토대와 자원과 근거 위에서 끊임없이 시도되어 왔다. 그러나 이러한 탈중심화 동학은 콘텐츠 벡터와 플랫폼 벡터 계급의 강력한 중심화 동학에 의해 억압되고 통제되어 왔던바, 콘텐츠 벡터 계급은 한편으로는 지적 재산권을 사실상의 자연권적 관념으로 전환시키고 다른 한편으로는 디지털 저작권 관리라는 기술을 통해 디지털 재화의 복제를 원천적으로 봉쇄하려 하고 있으며, 플랫폼 벡터 계급은 클라우드 컴퓨팅으로의 모든 인터넷 자원의 집중과 독점을 통해 플랫폼 이용자들이 생산한 콘텐츠와 데이터를 통제할 뿐만 아니라 그것의 활용으로 막대한 수익을 전유하고 있다.

그런데 이러한 피투피와 클라우드의 탈중심화/중심화 동학은 최근 이른바 4차 산업혁명의 또 다른 핵심 기술로 종종 언급되는 블록체인의 등장과 함께 새로운 양상을 드러내 보이고 있다. 블록체인은 모든 피투피 네트워크 참가자들에게 조작 불가능하고 신뢰할 수 있는 거래 장부를 배포함으로써 화폐, 금융, 주택, 자동차, 투표, 관념, 평판, 사회관계, 소통 등 모든 형태의 자산 등록과 거래가 완벽하게 탈중심적이고 분산적인 방식으로 이루어지게 할 수 있는 시스템이다. 그것이 기존의 산업에 미치게 될 혁명적 효과는 현존하는 거의 모든 제3자 중개인 혹은 벡터 계급의 권력 기반을 심각하게 위협한다는 점에 있다. 예컨대, 블록체인은 더 이상 페이스북과 같은 클라우드 플랫폼에 의존하지 않고서도 모든 사용자들이 그 누구도 통제할 수 없는 자신들의 암호화된 메시지를 서로 직접적으로 교환하는 완벽하게 탈중심적이고도 분산적인 피투피 사회관계망 사이트의 구축을 가능하게 해준다. 혹은 자신들이 사용하지 않는 컴퓨터 저장 공간이나 중앙처리 장치 그리고 대역폭과 같은 자원을 전체 네트워크의 구동과 파일 저장에 사용함으로써 기존의 클라우드 서버나 데이터 센터와 같은 제3자 중개자에 더 이상 의존하지 않는 이용자들 사이의 완전히 새로운 분산 인터넷을 만드는 것도 가능하다.

물론 이러한 블록체인 기술의 탈중심화 동학이 기존 제3자 중개인 권력의 교란만을 불러오는 것은 아니다. 최근 글로벌 금융 산업은 제한된 범위의 참가자들만으로 구성된 컨소시엄 블록체인 구축을 통해 자산을 안전하고도 투명하게 관리하고 거래를 신속하고도 효율적으로 진행함으로써 막대한 규모의 글로벌 뱅킹 비용을 절감시키려 하고 있다. 말하자면, 블록체인이 산업 4.0의 금융 혁명을 초래하게 될 핵심 기술로 간주되고 있는 것이다. 따라서 피투피 네트워크로서의 블록체인에 내재된 탈중심화 동학은 오히려 그것의 도전을 새로운 이윤 창출의 수단으로 삼는 금융을 포함한 대다수 벡터 계급의 중앙집중적 권력 강화로 귀결될 가능성도 적지 않다고 말할 수 있다.

이상에서 살펴본 사물 인터넷, 클라우드 컴퓨팅 그리고 블록체인 등, 이른바 4차 산업의 핵심 기술에 관한 논의는 모두 사실상 지구적 수준에서 인구의 생체 활동 전반에서 창출되는 실시간 데이터의 수집과 관리와 분석과 활용이 스스로의 재생산에 관건적 요소가 되는 정동 자본주의의 기본 원리에 관한 것이라 할 수 있다. 다시 말해서, 공통재적 속성이 두드러지는 사회관계, 정보, 지식, 데이터, 정동 등과 같은 비물질재의 생산이 점점 더 잉여가치 창출의 중심축이 되고 있는 현대 경제에서 자본은 역설적으로 점점 더 생산의 외부 요소가 되고 있다. 우선, 지적 재산권 전략에 집중하는 대신 대부분의 물질재 생산은 아웃소싱하는 오늘날의 자본에게 노동을 직접 조직하고 규율하는 생산의 내적 기능은 이미 이전만큼 중요한 일이 아니게 되었다. 아울러, 경제적 부와 가치가 네트워크 속 인구들의 자발적인 대규모 협력에 의해 창출되는 집단지성의 시대에 자본의 경영 기능도 사실상 생산의 외부 요소가 되어버렸다고 말할 수 있다.

이처럼 이미 생산의 외부 요소가 되었음에도 불구하고, 현대의 자본은 재산에 대한 소유권을 토대로 여전히 '사회-공장'의 생산물을 사적으로 전유하고 있다. 그런 점에서, 이윤은 점점 더 지대가 되고 있으며, 현대 자본주의의 지배적 수익 형태가 이윤에서 지대로 이동하고 있다고 말할 수 있다. 그리고 지대가 가치를 창출하는 노동에 대한 수탈이라면, 현대의 지대는 네트워크 속 인구들의 광범위한 자유노동에 대한 수탈이라고 보아야 할 것이다. 정동 자본주의가 토지와 지식에 이은 정동이라는 새로운 공통재의 엔클로저에 토대를 두고 있다는 점에서, 정동을 생산하는 자유노동에 대한 물질적·화폐적 보상은 그것의 사회적 공통적 성격에 걸맞은 보편적 기본소득제의 도입 속에서 찾아야 할 것이다.

♈ 참고문헌

강남훈. 2008.「착취와 수탈」. ≪마르크스주의 연구≫ 5(4): 234~300.

길준규. 2006.「재건축 개발이익환수제도의 법적 문제」. ≪공법학연구≫ 7(3): 47~75.

김남두·이창호. 2005.「정보 사유와 공유의 레퍼토리와 은유적 내러티브」.『한국언론학보』49(6): 57~84.

김윤상. 2004.「토지공개념과 지대조세제」. ≪역사비평≫ 66: 118~135.

_____. 2005.「지공주의(地公主義)를 옹호한다」. ≪역사비평≫ 72: 140~169.

네그리(Antonio Negri)·하트(Michael Hardt). 2008.『다중:「제국」이 지배하는 시대의 전쟁과 민주주의』. 조정환·정남영·서창현 옮김. 세종서적.

뒤메닐(Gerard Dumenil)·레비(Dominique Levy). 2006.『자본의 반격: 신자유주의 혁명의 기원』. 이강국·장시복 옮김. 필맥.

마라찌, 크리스티안(Christian Marazzi). 2013.『금융자본주의의 폭력: 부채위기를 넘어 공통으로』. 심성보 옮김. 갈무리.

박현웅. 2012.「인지자본주의론에서의 '가치론' 문제」. ≪마르크스주의 연구≫ 9(1): 60~88.

백욱인. 2013.「빅데이터의 형성과 전유체제 비판」. ≪동향과 전망≫ 87: 304~331.

_____. 2014.「서비스 플랫폼의 전유 방식 분석에 관한 시론: '플랫폼 지대와 이윤'을 중심으로」. ≪경제와사회≫, 104: 174~196.

서로위키, 제임스(James Surowiecki). 2004.『대중의 지혜: 시장과 사회를 움직이는 힘』. 홍대운·이창근 옮김. 랜덤하우스.

세키 히로노(關曠野). 2009.「삶을 위한 경제: 왜 기본소득 보장과 신용의 사회화가 필요한가」. ≪녹색평론≫ 108(9/1).

신병현. 2014.「금융화 시기 지대의 독점적 조직화와 문화 과정」. ≪경제와사회≫ 103: 247~277.

안정옥. 1995.「현대 자본주의의 정보적 재구조화와 새로운 주체(성)의 구성: 네그리의 '사회적 공장'과 '사회화된 노동자'론에 대한 탐색」. ≪문화과학≫ 8: 46~73.

윤수종. 1995.「아우토노미아: 안토니오 네그리의 현대사회 분석」. ≪진보평론≫ 12: 70~94.

이우진. 2009.「토지공개념제 재정립을 위한 법적 검토: 토지초과이득세제 재도입을 중심으로」. ≪법학연구≫ 34: 63~84.

이항우. 2009.「네트워크 사회의 집단지성과 권위」. ≪경제와사회≫ 84: 278~303.

_____. 2013a.「동료생산과 시장: 디지털 공유 모델의 의의와 한계」. ≪경제와사회≫ 99: 153~183.

_____. 2013b.『클릭의 사회학: 페이스북에서 위키피디아까지 디지털 민주주의 깊이 읽기』. 이매진.

_____. 2014a. 「구글의 정동 경제: 사용자 정동 노동의 동원과 전용」. ≪경제와사회≫ 102: 208~236.
_____. 2014b. 「정동 경제의 가치 논리와 빅 데이터 폴리네이션」. ≪경제와사회≫ 104: 142~173.
임윤수. 2006. 「개발이익환수제도에 관한 연구」. ≪법학연구≫ 21: 1~20.
정보통신정책연구원. 2006. 『사회적 합의수준 제고방안』. 정보통신정책연구원.
젠킨스, 헨리(Henry Jenkins). 2008. 『팬, 블로거, 게이머: 참여문화에 대한 탐색』. 정현진 옮김. 비즈앤비즈.
조동원. 2009. 「정보 사유화의 울타리 걷어차기: 자유 소프트웨어 운동과 그 이상」. ≪문화과학≫ 60: 340~357.
조정환. 2010. 「인지자본주의에서 가치화와 착취의 문제: 자율주의의 관점」. ≪문화과학≫ 64: 19~48.
한국인터넷진흥원. 2007. 『공공기관의 웹 2.0 서비스 활성화 연구』. 한국인터넷진흥원.

Al-Khouri, Ali. 2012. "Data Ownership: Who Owns 'My Data'?" *International Journal of Management & Information Technology* 2(1): 1~8.
Andrejevic, Mark. 2009. "Exploring YouTube: Contradiction of User-Generated Labor." in Pelle Snickars and Patrick Vonderaw(eds.). *The YouTube Reader*. Lithuania: Logotipas. pp.406~423.
_____. 2011a. "Surveillance and Allienation in the Online Economy." *Surveillance & Society* 8(3): 278~287.
_____. 2011b. "Social Network Exploitation." *A Networked Self: Identity, Community and Culture On Social Network Site*. London: Routledge. pp.82~101.
_____. 2011c. "The Work That Affective Economics Does." *Cultural Studies* 25(4~5): 604~620.
Arvidsson, Adam. 2005. "Brands: A Critical Perspective." *Journal of Consumer Culture* 5(2): 235~258.
_____. 2009. "The Ethical Economy: Towards a Post-Capitalist Theory of Value." *Capital and Class* 33: 13~29.
_____. 2011. "General Sentiment: How Value and Affect Converge in the Information Economy." *The Sociological Review* 59(2): 39~59.
_____. 2013. "The Potential of Consumer Publics." *Ephemera* 13(2): 367~391.
Arvidsson, Adam and Elanor Colleoni. 2012. "Value in Informational Capitalism and on the Internet." *The Information Society* 28: 135~150.
Atzori, Luigi, Antonio Iera, and Giacomo Morabito. 2010. "The Internet of Things: A Survey." *Computer Networks* 4247: 1~19.
Auletta, Ken. 2010. *Googled: The End of the World as We Know It*. NY: Penguin Books.

Barlow, John Perry. 1996. "A Declaration of the Independence of Cyberspace." [On-line] https://www.eff.org/cyberspace-independence

Bauwens, Michel. 2005. "The Political Economy of Peer Production." *CTheory*. http://www.ctheory.net/articles.aspx?id=499

_____. 2009. "Class and Capital in Peer Production." *Capital and Class* 33(1): 121~141.

Beer, David and Roger Burrows. "Sociology and, of and in Web 2.0: Some Initial Considerations." Sociological Research Online 12(5). [On-line] http://www.socresonline.org.uk/12/5/17.html

Beer, David. 2008. "Social Network(ing) Sites…Revisiting the Story So Far: A Response to Danah Boyd & Nicole Ellison." *Journal of Computer-Mediated Communication* 13: 516~529.

Benkler, Yochai. 2006. *The Wealth of Networks: How Social Production Transforms Markets and Freedom*. New Haven: Yale University Press.

Benkler, Yochai and Helen Nissenbaum. 2006. "Commons-based Peer Production and Virtue." *The Journal of Political Philosophy* 14(4): 394~419.

Berlo, D. K., J. B. Lemert, and R. J. Mertz. 1970. "Dimensions for Evaluating the Acceptability of Message Sources." *Public Opinion Quarterly* 23(4): 563~576.

Berry, David. 2008. "The Poverty of Networks." *Theory, Culture & Society* 25(7~8): 364~372.

Böhm, Steffen and Chris Land. 2012. "The New 'Hidden Abode' Reflecting on Value and Labour in the New Economy." *The Sociological Review* 60(2): 217~240.

Boldrin, Michele and David Levine. 2008. *Against Intellectual Monopoly*. NY: Cambridge University Press.

Boutang, Yann Moulier. 2011. *Cognitive Capitalism*. MA: Polity Press.

Boyle, James. 2008. *The Public Domain: Enclosing the Commons of the Mind*. New Haven: Yale University Press.

Brito, J. and Andrea Castillo. 2013. *Bitcoin, A Primer for Policymakers*. VA: George Mason University.

Bryant, Antony. 2006. "Wiki and the Agora: It's Organizing, Jim, But Not as We Know It." *Development in Practice* 16(6): 559~569.

Bryant, S., A. Forte, and A. Bruckman. 2005. "Becoming Wikipedian: Transformation of Participation in a Collaborative Online Encyclopedia." In Proceedings of GROUP 2005.

Bucher, Taina. 2012. "Want to be on the Top? Algorithmic Power and the Threat of Invisibility on Facebook." *New Media & Society* 14(7): 1164~1180.

BusinessWeek, 2004. "Google: Whiz Kids or Naughty Boys?" [On-line] http://www.bloomberg.com/bw/stories/2004-08-18/google-whiz-kids-or-naughty-boys

Chesney, Thomas. 2006. "An Empirical Examination of Wikipedia's Credibility." *First Monday*

11(11).
Chopra, Samir and Scott Dexter. 2008. *Decoding Liberation: The Promise of Free and Open Source Software*. London: Routledge.
Ciffolilli, Andrea. 2003. "Phantom Authority, Self-Selective Recruitment and Retention of Members in Virtual Communities: The Case of Wikipedia." *First Monday* 8(12).
Clough, Patricia Ticineto 2003. "Affect and Control: Rethinking the Body 'Beyond Sex and Gender'." *Feminist Theory* 4(3): 359~364.
Cohen, Nicole. 2008. "The Valorization of Surveillance: Towards a Political Economy of Facebook." *Democratic Communique* 22(1): 5~22.
Collins, Stephen. 2009. "Copyright Infringement via BitTorrent Websites: Who's to Blame?" [On-line] http://works.bepress.com/stephen_collins/1/
Cova, Bernard and Daniele Dalli. 2009. "Working Consumers: the Next Step in Marketing Theory?" *Marketing Theory* 9(3): 315~339.
Cova, Bernard, Daniele Dalli, and Detlev Zwick. 2011. "Critical Perspectives on Consumers' Role as 'Producers': Broadening the Debate on Value Co-Creation in Marketing Processes." *Marketing Theory* 11(3): 231~241.
Cross, Tom. 2006. "Puppy Smoothies: Improving the Reliability of Open, Collaborative Wikis." *First Mondy* 9(4).
Ctrl-Shift. 2014. Personal Information Management Services: An analysis of an Emerging Market. [On-line] http://www.nesta.org.uk/sites/default/files/personal_information_management_services.pdf
Data Center Knowledge, 2011. "Report: Google Uses About 900,000 Servers." [On-line] http://www.datacenterknowledge.com/archives/2011/08/01/report-google-uses-about-900000-servers/
Davis, Richard. 1999. *The Web of Politics: The Internet's Impact on the American Political System*. Oxford: Oxford University Press.
Delimiter, 2014. "Google Australia: ~$1bn in revenue, $74k in tax." [On-line] http://delimiter.com.au/2012/05/03/google-australia-1bn-in-revenue-74k-in-tax/
DiBona, Chris, Danese Cooper, and Mark Stone. 2006. *Open Sources 2.0: The Continuing Evolution*. London: O'Reilly.
DMR. 2013. "By the Numbers: 80+ Amazing Google Search Statistics and Facts." [On-line] http://expandedramblings.com/index.php/by-the-numbers-a-gigantic-list-of-google-stats-and-facts/
______. 2015. "By the Numbers: 200+ Amazing Facebook User Statistics." [On-line] http://expandedramblings.com/index.php/by-the-numbers-17-amazing-facebook-stats/

Drath, Rainer and Alexander Horch. 2014. "Industry 4.0: Hit or Hype." [On-line] http://ieeexplore.ieee.org/stamp/stamp.jsp?arnumber=6839101

Driscoll, Michael. 2007. "Will YouTube sail into the DMCA's Safe Harbor or sink for Internet piracy?" *The John Marshall Review of Intellectual Property Law* 6: 550~569.

Duguid Paul. 2006. "The Limits of Self-Organization: Peer Production and Laws of Qualitity." First Monday 11(10). [On-line] http://www.firstmonday.org/ htbin/cgiwrap/bin/ojs/index.php/fm/article/view/1405/1323

Economist. 2015. "Cloud Computing: The Sky's Limit." [On-line] http://www.economist.com/news/leaders/21674714-shifting-computer-power-cloud-brings-many-benefitsbut-dont-ignore-risks-skys-limit?zid=291&ah=906e69ad01d2ee51960100b7fa502595

Ehmann Katherine, Large Andrew, and Beheshti Jamshid. 2008. "Collaboration in Context: Comparing Article Evolution Among Subject Disciplines in Wikipedia." *First Monday* 13(10).

Filippi, Primavera and Smari McCarthy. 2012. "Cloud Computing: Centralization and Data Sovereignty." *European Journal of Law and Technology* 3(2): 1~22.

Firat, A. and Nikhilesh Dholakia. 2006. "Theoretical and Philosophical Implications of Postmodern Debates: Some Challenges to Modern Marketing." *Marketing Theory* 6(2): 123~162.

Flanagin, A. J. and M. J. Metzer. 2000. "Credibility of the Internet/World Wide Web." *Journalism and Mass Communication Quarterly* 77(3): 515~540.

Forbes, 2015. "Capital Gain Rate Among World's Highest, But President Obama Wants More." [On-line] http://www.forbes.com/sites/robertwood/2015/03/25/u-s-capital-gain-rate-among-worlds-highest-but-president-obama-wants-more/

Forte, Andrea, Vanessa Larco, and Amy Bruckman, 2009. "Decentralization in Wikipedia Governance." *Journal of Management Information Systems* 26(1): 49~72.

Fuchs, Christian. 2010. "Labor in Informational Capitalism and on the Internet." *The Information Society* 26: 179~196.

Garcelon, Marc. 2009. "An Information Commons? Creative Commons and Public Access to Cultural Creations." *New Media & Society* 11(8): 1307~1326.

Gehl, Robert. 2009. "YouTube as Archive: Who Will Curate This Digital Wunderkammer?" *International Journal of Cultural Studies* 12(1): 43~60.

_____. 2011. "The Archive and the Processor: The Internal Logic of Web 2.0." *New Media & Society* 13(8): 1228~1244.

Geidner, Nick and Denae D'Arcy. 2013. "The Effects of Micropayments on Online News Story Selection and Engagement." *New Media & Society.*

Gerlitz, Carolin and Anne Helmond. 2013. "The Like Economy: Social Buttons and The Data-Intensive Web." *New Media & Society.*

Giles, Jim. 2005. "Internet Encyclopaedias Go Head to Head." *Nature* 438(7070): 900~901. [On-line] http://www.nature.com/nature/journal/v438/n7070/full/438900.html

Gill, Rosalind and Andy Pratt. 2008. "Precarity and Cultural Work In the Social Factory? Immaterial Labour, Precariousness and Cultural Work." *Theory, Culture & Society* 25(7~8).

Gillespie, Tarleton. 2006. "Designed to 'Effectively Frustrate': Copyright, Technology and the Agency of Users." *New Media & Society* 8(4): 651~669.

Google. 2013a. "Ten Things We Know To Be True." [On-line] http://www.google.com/intl/en/about/company/philosophy/

_____. 2013b. "Advertising." [On-line] http://www.google.com/intl/en/policies/technologies/ads/

_____. 2013c. "Privacy Policy." [On-line] http://www.google.com/intl/en/policies/privacy/

_____. 2013d. "Our Products and Services." [On-line] http://www.google.com/intl/en/company/products/

_____. 2013e. "About Google." [On-line] http://www.google.com/about/company/

Graham, Paul. 2005. "What Business Can Learn From Open Source." http://www.paulgraham.com/opensource.html

Granka, Laura. 2010. "The Politics of Search: A Decade Retrospective." *The Information Society* 26: 364~374.

Guardian. 2011. "Bloggers Take Legal Action Over Huffington Post Sale." http://www.theguardian.com/media/2011/apr/12/arianna-huffington-post-sale

_____. 2012. "Huffington Post Bloggers Lose Legal Fight For AOL Millions." http://www.thegurardian.com/media/2012/apr/01/huffington-post-bloggers-aol-millions

_____. 2014. "What is the 'Google tax'?" [On-line] http://www.theguardian.com/politics/2014/sep/29/what-is-google-tax-george-osborne

Gubbi, Jayavardhana, Rajkumar Buyya, Slaven Maruisic, and Marimuthu Palaniswami. 2013. "Internet of Things (IoT): A Vision, Architectural Elements, and Future Directions." *Future Generation Computer Systems* 29(7): 1645~1660.

Hacker, K. and J. van Dijk. 2000. *Digital Democracy: Issues of Theory and Practice*. Thousand Oaks: Sage.

Halavais, Alex. 2004. "The Isuzu Experiment." blog entry at A Thaumaturgical Compendium (29 August). [On-line] http://alex.halavais.net/index.php?p=794

Hardt, Michael and Antonio Negri. 1994. *Labor of Dionysus: A Critique of the State Form*. Minneapolis: University of Minnesota Press.

Harvey, David. 1982. *The Limits to Capital*. Oxford: Basil Blackwell.

_____. 2002. "The Art of Rent: Globalization, Monopoly and The Commodification of Culture."

Socialist Register 38:93~110.

Havens, John. 2013. "It's Your Data-But Others Are Making Billions Off It." [On-line] http://mashable.com/2013/10/24/personal-data-monetization/#jaw910MD.mq6

Hearn, Alison. 2010. "Structuring Feeling: Web 2.0, Online Ranking and Rating, and the Digital 'Reputation' Economy." *Ephemera* 10(3/4): 421~438.

Helbing, Dirk. 2015. "Societal, Economic, Ethical and Legal Challenges of the Digital Revolution: From Big Data to Deep Learning, Artificial Intelligence, and Manipulative Technologies." [On-line] https://arxiv.org/abs/1504.03751

Hesmondhalgh, David. 2010. "User-Generated Content, Free Labour and the Cultural Industries." *Ephemera* 10(4/4): 267~284.

Hesse, Carla. 2002. "The Rise of Intellectual Property, 700 B.C.-A.D. 2000: An Idea in the Balance." *Daedalus* Spring: 6~45.

Hewlett-Packard Development. 2013. Monetize Big Data. [On-line] http://www8.hp.com/h20195/V2/getpdf.aspx/4AA4-8041EEW.pdf?ver=1.0

Hill, K. A. and J. E. Hughes. 1998. *Cyberpolitics: Citizen Activism in the Age of the Internet.* Lanham: Rowman & Littlefield.

Hollingshead, A. B. 1996. "Information Suppression and Status Persistence in Group Decision Making: The Effects of Communication Media." *Human Communication Research* 23: 193~219.

Holmstrom, Nacy. 1997. "Exploitation." in Kai Nielsen and Robert Ware(eds.). *Exploitation: Key Concepts in Critical Theory.* Atlantic Highlands: Humanities Press International. pp.81~102.

Hoofnagle, Chris. 2009. "Beyond Google and Evil: How Policy Makers, Journalists and Consumers Should Talk Differently about Google and Privacy." *First Monday* 14(4). [On-line] http://firstmonday.org/ojs/index.php/fm/article/view/2326/2156

Hovland, C. I., I. L. Janis, and H. H. Kelly. 1953. *Communication and Persuasion: Psychological Studies in Opinion Change.* New Haven: Yale University Press.

Jakobsson, Peter and Fredrik Stiernstedt. 2010. "Pirates of Silicon Valley: State of Exception and Dispossession in Web 2.0." *First Monday* 15(7). http://firstmonday.org/ojs/index.php/fm/article/view/2799/2577

Jeppesen, Lars Bo and Lars Frederiksen. 2006. "Why Do Users Contribute to Firm-Hosted User Communities?: The Case of Computer-Controlled Music Instruments." *Organization Science* 17(1): 45~63.

Kallas, Priit. 2012. "Top 10 Social Networking Sites by Market Share of Visits 2008-2011." [On-line] http://www.dreamgrow.com/top-10-social-networking-sites-by-market-share-of-visits-2008-2011/

Kelty, Christopher. 2008. *Two Bits: The Cultural Significance of Free Software*. NC: Duke University Press.

Kiesler, Sara, Jane Siegel, and Timothy W. McGuire. 1984. "Social Psychological Aspects of Computer-Mediated Communication." *American Psychologist* 39(10): 1123~1134.

Kim, Jin. 2012. "The Institutionalization of YouTube: From User-Generated Content to Professionally Generated Content." *Media, Culture & Society* 34(1): 53~67.

Kinsella, Stephan. 2001. "Against Intellectual Property." *Journal of Libertarian Studies* 15(2): 1~53.

Klang, Mathias. 2005. "Free software and open source: The freedom debate and its consequences." *First Monday* 10(3). http://www.firstmonday.org/htbin/cgiwrap/bin/ojs/index.php/fm/article/view/1211/1131

Klein, Naomi. 2000. *No Logo: Taking Aim at the Brand Bullies*. New York: Picador.

Kleiner, Dmytry. 2010. *The Telekommunist Manifesto*. Amsterdam: Institute of Network Cultures.

Kleiner, Dmytri and Brian Wyrick. 2007. "Infoenclosure 2.0." *Mute* 2(4). [On-line] http://www.metamute.org/editorial/articles/infoenclosure-2.0

Konforty, Dor, Yuval Adam, Daniel Estrada, and Lucius Gregory Meredith. 2015. *Synereo: The Decentralized and Distributed Social Network*. https://coss.io/documents/white-papers/synereo.pdf

Kozinets, Robert, Andrea Hemetsberger, and Hope Schau. 2008. "The Wisdom of Consumer Crowds: Collective Innovation in the Age of Networked Marketing." *Journal of Macromarketing* 28(4): 339~354.

KPMG. 2015. "Corporate Tax Rates Table. [On-line] https://home.kpmg.com/xx/en/home/services/tax/tax-tools-and-resources/tax-rates-online/corporate-tax-rates-table.html

Kreiss, Danie, Magan Finn, and Fred Turner. 2011. "The Limits of Peer Production: Some Reminders from Max Weber for the Network Society." *New Media & Society* 13(2): 243~259.

Krippner, Greta. 2005. "The Financialization of the American Economy." *Socio-Economic Review* 3(2): 173~208.

Krowne, Aaron and Anil Bazas. 2004. "Authority Models for Collaborative Authoring." HICSS 2004 Proceedings (January).

Ku, Raymond. 2001. "The Creative Destruction of Coypright: Napster and the New Economics of Digital Technology." *University of Chicago Law Review* 69(1). [On-line] http://chicagounbound.uchicago.edu/uclrev/vol69/iss1/7

Laat, Paul. 2004. "Evolution of Open Source Networks in Industry." *The Information Society* 20: 291~299.

Lanier, Jaron. 2013. *Who Owns the Future?* NY: Simon & Schuster Paperbacks.

LATimes. 2011. "Arianna Huffington Says Huff Po Writer's Lawsuit Is 'Utterly Without Merit.'" http://www.latimes.com/business/technology/2011/04/arianna-huffington-on-jonathan-tasini-writer-lawsuit-there-are-no-mertis-to-the-case.html

Lazzarato, Maurizio. 1996. "Immaterial Labor." in Paolo Virno and Michael Hardt(eds.). *Radical Thought in Italy: A Potential Politics*. Minneapolis: University of Minnesota Press. pp.133~150.

Lee, Edwards, Bethany Klein, David Lee, Giles Moss, and Fiona Philip. 2012. "Framing the Consumer: Copyright Regulation and the Public." *Convergence* 19(1): 9~24.

Lee, Shaker. 2006. "In Google We Trust: Information Integrity In The Digital Age." *First Monday* 11(4). [On-line] http://firstmonday.org/ojs/index.php/fm/article/view/1320/1240

Lessig, Lawrence. 2004. *Free Culture: The Nature and Future of Creativity*. NY: Penguin Books.

Levy, Pierre. 1997. *Collective Intelligence: Mankind's Emerging World in Cyberspace*. Basic Books.

Levy, Steven. 2010. *Hackers: Heroes of the Computer Revolution*. Cambridge: O'Reily.

_____. 2011. *In the Plex: How Goolge Thinks, Works, and Shapes Our Lives*. London: Simon & Schuster.

Lih, A. 2004. "Wikipedia as Participatory Journalism: Reliable Sources? Metrics for Evaluating Colloborative Media As a News Source." in *Proceedings of 5th International Symposium on Online Journalism*. Austin, TX.

Lucarelli, Stefano and Andrea Fumagalli. 2008. "Basic Income and Productivity in Cognitive Capitalism." *Review of Social Economy* LXVI(1): 71~92.

Mackenzie, Pamela, Jacquelyn Burkell, Lola Wong, Caroline Whippey, Samuel Trosow, and Michael McNally. 2012. "User-Generated Online Content 1: Overview, Current Status, and Context." *First Monday* 17(6). http://www.firstmonday.org/htbin/cgiwrap/bin/ojs/index.php/fm/article/view/3912/3266

Magnus, P. D. 2008. "Early Response to False Claims in Wikipedia." *First Monday* 13(9).

Marketwatch. 2014. "Facebook Inc. Overview." [On-line] http://www.marketwatch.com/investing/stock/fb

Massumi, Brian. 1998. "Requiem for Our Prospective Dead." in E. Kaufman & J. Heller(eds.). *Deleuze and Guattari: New Mapppings in Politics, Philosophy and Culture*. Minneapolis: University of Minnesota Press. pp.40~64.

McDonald, Paul. 2009. "Digital Discords in the Online Media Economy: Advertising versus Content versus Copyright." in Pelle Snickars and Patrick Vonderau(eds.). *YouTube Reader*. Lithuania: Logotipas. pp.387~405.

Mejias, Ulises. 2010. "The Limits of Networks as Models for Organizing the Social." *New Media & Society* 12(4): 603~617.

Meng, Bingchun and Fei Wu. 2012. "Commons/Commodity: Peer Production Caught in the Web of the Commercial Market." *Information, Communication & Society* 16(1): 125~145.

Miliard, Mike 2008. "Wikipediots: Who Are These Devoted, Even Obsessive Contributors to Wikipedia?" Salt Lake City Weekly. [On-line] http://www.cityweekly.net/utah/article-5129-feature-wikipediots-who-are-these-devoted-even-obsessive-contributors-to-wikipedia.html

Miorandi, Daniele, Sabrina Sicari, Francesco De Pellegrini, and Imrich Chlamtac. 2012. "Internet of Things: Vision, Applications and Research Challenges." *Ad Hoc Networks* 10: 1497~1516.

Mirowski, Philip. 2001. "Re-engineering scientific credit in the era of the globalized information economy." *First Monday* 6(12). http://www.firstmonday.org/htbin/cgiwrap/bin/ojs/index.php/fm/article/view/903/812

Moglen, Eben. 1999. "Anarchism Triumphant: Free Software and the Death of Coypright." *First Monday* 4(8). http://www.firstmonday.org/htbin/cgiwrap/bin/ojs/index.php/fm/article/view/684/594

Moore, Phoebe and Athina Karatzogianni. 2009. "Parallel Visions of Peer Production." *Capital and Class* 31(1): 7~11.

Mosco, Vincent. 2016. "Marx in the Cloud." in C. Fuch and V. Mosco(eds.). *Marx in the Age of Digital Capitalism* . Boston: Brill. pp.516~535.

Mueller, Milton. 2008. "Info-communism? Ownership and freedom in the digital economy." *First Monday* 13(4). http://www.firstmonday.org/htbin/cgiwrap/bin/ojs/index.php/fm/article/view/2058/1956

Neus, Andreas. 2001. "Managing Information Quality in Virtual Communities of Practice." Paper presented at IQ 2001: The 6th International Conference on Information Quality at MIT. [On-line] http://opensource.mit.edu/papers/neus.pdf

NYTimes, 2014. "Technology Titans Lead Ranking of Most Valuable Brands." [On-line] http://www.nytimes.com/2014/10/09/business/media/tech-companies-lead-ranking-of-most-valuable-brands-.html?_r=1#

O'Reilly, Tim. 2005. "What is Web 2.0: Design Patterns and Business Models for the Next Generation of Software." [Online] http://www.oreilly.com

OECD. 2007. *Participative Web: User-Created Content.* http://www.oecd.org/dataoecd/57/14/38393115.pdf

OECD and the Dutch Ministry of Economic Affairs. 2000. Data for Intangibles in Selected OECD Countries. http://www.cbs.nl/NR/rdonlyres/B8CD6247-DF0C-4828-8B2E-3783408CDA

0C/0/OECDezRapp.pdf
Orlowski, A. 2004. "Google Mail Is Evil: Privacy Advocates." *Register* (3 April).
Papacharissi, Zizi. 2004. "Democracy Online: Civility, Politeness, and the Democratic Potential of Online Political Discussion Groups." *New Media & Society* 6(2): 259~283.
Pasquinelli, Matteo. 2009. "Google's RageRank Algorithm: A Diagram of the Cognitive Capitalism and the Rentier of the Common Intellect." in Kornard Becker and Felix Stalder(eds.). *Deep Search*. London: Transaction Publishers.
Perens, Bruce. 2005. "The Emerging Economic Paradigm of Open Source." *First Monday pecial #2*. http://www.firstmonday.org/htbin/cgiwrap/bin/ojs/index.php/fm/article/view/1470/1385
PEW Internet & American Life Project. 2007. "Data Memo: 36% of Online American Adults Consult Wikipedia."
Poe, Marshal. 2006. "The Hive." *The Atlantic Online*. [On-line] http://www.theatlantic.om/doc/print/200609/wikipedia
Postigo, Hector. 2011. "Questioning the Web 2.0 Discourse: Social Roles, Production, Values, and the Case of the Human Rights Portal." *The Information Society* 27: 181~193.
Pouwelse, Johan, Pawel Garbacki, Dick Epema, and Henk Sips. 2008. "Pirates and Samaritans: A Decade of Measurements on Peer Production and Their Implications for Net Neutrality and Copyright." *Telecommunication Policy* 32: 701~712.
PR Newswire, 2013. "Teckler Launches Service That Gives Money to Content Generators." [On-line] http://www.prnewswire.com/news-releases/teckler-launches-service-that-gives-money-to-content-generators-207529501.html
Pratt, Andy and Rosalind Gill. 2008. "Precarity and Cultural Work In the Social Factory? Immaterial Labour, Precariousness and Cultural Work." *Theory, Culture & Society* 25(7~8).
Raymond, Eric. 1999. *The Cathedral and the Bazaar: Musings on Linux and Open Source by an Accidental Revolutionary*. CA: O'Reilly & Associates.
Reuters. 2013. "Google pays $55 million tax in Britain on 2012 sales of $5 billion." [On-line] http://www.reuters.com/article/2013/09/30/us-google-tax-britain-idUSBRE98T0L120130930
Rimmer, Matthew. 2003. "The Dead Poets Society: The Copyright Term and the Public Dmain." *First Monday* 8(6). http://www.firstmonday.org/htbin/cgiwrap/bin/ojs/index.php/fm/article/view/1059/979
Roosendaal, Arnold. 2011. "Facebook Tracks and Traces Everyone: Like This!" Tilburg Law School Legal Studies Research Paper Series.
Rüßmann, Michael, Markus Lorenz, Philipp Gerbert, Manuela Waldner, Jan Justus, Pascal Engel, and Michael Harnisch. 2015. "Industry 4.0: The Future of Productivity and Growth in Manufacturing Industries." [On-line] http://www.inovasyon.org/pdf/bcg.perspectives_Indus

try.4.0_2015.pdf
San Francisco Chronicle. 2004. "For Early Googlers, key word is $$$." [On-line] http://www.sfgate.com/news/article/For-early-Googlers-key-word-is-Founders-2786378.php
Sanger, Larry. 2004. "Why Wikipedia Must Jettison Its Anti-Elitism." Kuro5hin.org (31 Dec). [On-line] http://www.kuro5hin.org/story/2004/12/30/142458/25
Sarma, Amardeo and Joao Girao. 2009. "Identities in the Future of Internet of Things." *Wireless Pers Commun* 49: 353~363.
Scholz, Trebor. 2008. "Market Ideology and the Myths of Web 2.0." *First Monday* 13(3). [On-line] http://www.uic.edu/htbin/cgiwrap/bin/ojs/index.php/fm/article
Shen, Yushi, Yale Li, Ling Wu, Shaofeng Liu, and Qian Wen. 2014. *Enabling the New Era of Cloud Computing: Data Security, Transfer, and Management*. PA: Information Science Reference.
Short, J., E. Williams, and B. Christie. 1976. *The Social Psychology of Telecommunication*. London: Wiley.
Spitz, David and Starling D. Hunter. 2005. "Contested Codes: The Social Construction of Napster." *The Information Society* 21: 169~180.
Spoerri, Anselm. 2007. "What is Popular on Wikipedia and Why?" *First Monday* 12(4).
Stallman, Richard. 2002. *Free Software Free Society: Selected Essays of Richard Stallman*. MA: SoHa Books.
Statista. 2014. "Google's advertising revenue from 2001 to 2014." [On-line] http://www.statista.com/statistics/266249/advertising-revenue-of-google/
_____. 2015. "Number of monthly active Facebook users worldwide as of 1st quarter 2015." [On-line] http://www.statista.com/statistics/264810/number-of-monthly-active-facebook-users-worldwide/
Stromer-Galley, Jennifer. 2003. "Diversity of Political Conversation on the Internet: Users' Perspectives." *Journal of Computer-Mediated Communication JCMC* 8(3).
Stvilia, Besiki, Michael Twidale, Les Gasser, and Linda Smith. 2005. "Information Quality Discussions in Wikipedia." In proceedings of ICKM05.
Sunstein, Cass. 2001. *Republic.Com*. Princeton: Princeton University Press.
Swahney, Mohanbir, Gianmario Verona, and Emanuela Prandelli. 2005. "Collaborating to Create: the Internet As a Platform for Customer Engagement in Product Innovation." *Journal of Interactive Marketing* 19(4): 5~17.
Swan Melanie. 2015. *Blockchain: Blueprint for a New Economy*. CA: O'Reilly Media.
Tapscott, Don and Anthony Williams. 2006. *Wikinomics: How Mass Collaboration Changes Everything*. NY: Portfolio.

Techcrunch. 2012. "Google France Faces Fine Of $1.3 Billion For Tax Noncompliance. Google Denies The Accusation." [On-line] http://techcrunch.com/2012/11/01/google-france-faces-fine-of-1-billion-for-tax-noncompliance-google-denies/

Techcrunch. 2013. "Revenue-Sharing 'Knowledge Community' Teckler Launches Its First Mobile App." [On-line] http://techcrunch.com/2013/12/30/teckler-iphone/

Terranova, Tiniana. 2000. "Free Labor: Producing Culture for the Digital Economy." *Social Text* 18(2).

______. 2004. "Free Labor." in Trebor Scholz(ed.). *Digital Labor: The Internet as Playground and Factory*. NY: Routledge. pp.33~57.

The Guardian. 2011. "Bloggers Take Legal Action Over Huffington Post Sale."

______. 2012. "Huffington Post Bloggers Lose Legal Fight For AOL Millions."

The Haritage Foundation. 2015. "2015 Index of Economic Freedom." [On-line] http://www.heritage.org/index/explore?view=by-variables

The Motley Fool. 2013. "Google Stock: Buy It and Hold It For Life." [On-line] http://www.fool.com/investing/general/2013/05/20/google-stock-buy-it-and-hold-it-for-life.aspx

The Verge, 2012. "How Facebook makes money: 85 percent from ads, 12 percent from Zynga." [On-line] http://www.theverge.com/2012/2/1/2764825/facebook-revenue-ads-12-percent-zynga

Torvalds, Linus. 2002. "Re: [Patch] Remove Bitkeeper Documentation from Linux Tree." http://uwsg.indidan.edu/hypermail/linux/kernel/0204.2/1018.html

Trott, Ben. 2007. "Immaterial Labour and World Order: An Evaluation of a Thesis." *Ephemera* 7(1): 203~232.

Turner, Fred. 2006. *From Counterculture to Cyberculture*. Chicago: The University of Chicago Press.

______. 2009. "Burning Man at Google: A Cultural Infrastructure for New Media Production." *New Media & Society* 11(1&2): 73~94.

US Today. 2013. "Facebook squeaks onto the Fortune 500." [On-line] http://www.usatoday.com/story/money/business/2013/05/06/facebook-fortune-500-2013/2139223/

Vaidhyanathan, Siva. 2011. *The Googlization of Everything (and why we should worry)*. LA: University of California Press.

van Dijk, J. 2009. "Users Like You? Theorizing Agency in User-Generated Content." *Media, Culture & Society* 31(1): 41~58.

van Dijk, J. and D. Niegorg. 2009. "Wikinomics and Its Discontents: A Critical Analysis of Web 2.0 Business Manifestos." *New Media & Society* 11: 855~874.

Vercellone, Carlo. 2008. "The New Articulation of Wages, Rent and Profit in Cognitive Capitalism." https://halshs.archives-ouvertes.fr/halshs-00265584

Viegas, F., M. Wattenberg, and K. DAve. 2004. "Studying Cooperation and Conflict Between Authors with History Flow Visualizations." In Proceedings of CHI 2004.

Viegas, Fernanda, Martin Wattenberg, Jesse Kriss, and Frank van Ham. 2007. "Talk Before You Type: Coordination in Wikipedia." in *proceedings of 40th International Conference on System Sciences.*

Virno, P. 1996. "Virtuosity and Revolution: The Polical Theory of Exodus." in M. Hardt and P. Virno(eds.). *Radical Thought in Italy: A Potential Politics.* Minneapolis: University of Minnesota Press. pp.189~210.

Waldman, Simon. 2004. "Who Knows." *Guardian.*

Wallace, Danny and Connie Fleet. 2005. "The Democratization of Information?: Wikipedia as a Reference Resource." *Reference & User Service Quarterly* 45(2): 100~103.

Wark, McKenzie. 2004. *A Hacker Manifesto.* MA: Harvard University Press.

Waswko, Jane and Mary Erickson. 2009. "The Political Economy of YouTube." in Pelle Snickars and Patrick Vonderau(eds.). *YouTube Reader.* Lithuania: Logotipas. pp.372~385.

Weber, Rolf. 2010. "Internet of Things: New Security and Privacy Challenges." *Computer Law & Security Review* 26: 23~30.

Weber, Steven. 2005. *The Success of Open Source.* MA: Harvard University Press.

Willmott, Hugh. 2010. "Creating 'Value' Beyond the Point of Production: Branding, Financialization and Market Capitalization." *Organization* 17(5): 517~542.

Wired. 2014. "Obama criticises Google for exploiting European tax loopholes." [On-line] http://www.wired.co.uk/news/archive/2014-07/28/google-european-tax

_____. 2015. "Monetizing the Machine: Business Models for the Internet of Things." [On-line] http://insights.wired.com/profiles/blogs/monetizing-the-machine-business-models-for-the-internet-of-things#axzz3pe3EeDcH

World Economic Forum. 2011. Personal Data: The Emergence of a New Asset Class. [On-line] http://www3.weforum.org/docs/WEF_ITTC_PersonalDataNewAsset_Report_2011.pdf

YouTube. 2013. "Community Guidelines." http://www.youtube.com/t/terms?gl=GB

Zeller, Christian. 2008. "From the Gene to the Globe: Extracting Rents Based on Intellectual Property Monopolies." *Review of International Political Economy* 15(1): 86~115.

Zwick, Detlev. 2013. "Utopias of Ethical Economy: A Response to Adam Arvidsson." *Ephemera* 13(2): 393~405.

Zwick, Detlev, Samuel Bonsu, and Aron Darmody. 2008. "Putting Consumers to Work: 'Co-creation' and New Marketing Govern-mentality." *Journal of Consumer Culture* 8(2): 163~196.

೧ 찾아보기

〈용어〉

ⓞ

〈인명〉

☙ 지은이 ／ 이항우

• 충북대학교 사회학과 교수

• 서울대학교 사회학과 학사·석사/ 뉴욕주립대학교 박사

• 주요 저서: 『보수의 이념과잉 진보의 정치빈곤: 한국 사회정치 담론구조와 전략(2000~2015)』(2016), 『클릭의 사회학: 페이스북에서 위키피디아까지 디지털 민주주의 깊이 읽기』(2013), 『충북민주화운동사』(공저, 2012), 『정보사회의 이해』(공저, 2011)

• 주요 역서: 『현대 사회·정치 이론』(2006)

한울아카데미 2025

정동 자본주의와 자유노동의 보상

독점 지대, 4차 산업, 그리고 보편적 기본소득

지은이 | 이항우
펴낸이 | 김종수
펴낸곳 | 한울엠플러스(주)
편　집 | 배유진

초판 1쇄 인쇄 | 2017년 8월 16일
초판 1쇄 발행 | 2017년 8월 30일

주소 | 10881 경기도 파주시 광인사길 153 한울시소빌딩 3층
전화 | 031-955-0655
팩스 | 031-955-0656
홈페이지 | www.hanulmplus.kr
등록번호 | 제406-2015-000143호

Printed in Korea
ISBN 978-89-460-7025-7 93300 (양장)
ISBN 978-89-460-6367-9 93300 (학생판)

* 책값은 겉표지에 표시되어 있습니다.
* 이 도서는 강의를 위한 학생판 교재를 따로 준비했습니다.
  강의 교재로 사용하실 때는 본사로 연락해주십시오.